UX/UI 디자인을 위한 설문조사

세상에서 가장 쉬운 유저 리서치

UX/UI 디자인을 위한 설문조사

Survey for UX Research

캐롤라인 자렛 지음
김주희 옮김

미국과 영국의 통계,
디지털 정부기관
UX 추천도서!

옥스퍼드 출신
UX 서베이 전문
컨설턴트의 역작!

유엑스리뷰

추천사

캐롤라인은 설문조사를 하려는 사람들을 위한 필독서를 탄생시켰다. 이 책은 처음부터 끝까지 탄탄한 설문조사를 만들기 위해 필요한 모든 단계를 소개한다. 시행하고 있는 설문조사를 개선하고자 하는 경험이 풍부한 전문가부터 설문조사가 처음인 이들까지 모두에게 적합한 책이다. 참신하면서도 명료한 언어로 대중이 접근하기 쉬운 설문조사 방법을 알려주며 실용적인 방식으로 근거를 제시한다. 특히 설문조사를 진행하는 것이 정말 올바른 선택인지 독자 스스로가 깨닫게 해준다. (많은 경우 이를 점검하는 단계를 간과한다.) 설문조사에 대해 다룬 최고의 책이다. 이 책을 읽고 큰 깨달음을 얻길 바란다.

-로라 윌슨Laura Wilson, 영국통계청 데이터 품질 허브Data Quality Hub 담당

캐롤라인은 UX계 최고의 설문조사 전문가다. 그녀의 설문조사에 대한 방대한 지식을 총정리한 책이 드디어 세상에 나왔다! 이 책은 설문조사란 무엇인가부터 사람들의 답변을 분석하는 방법까지 설문조사의 모든 것을 아우르고 있다. 너무나도 실용적인 이 책이 설문조사에 대한 모든 궁금증을 해결해줄 것이다.

-파비니 가브리엘 프티Pabini Gabriel-Petit, UXmatters.com 에디터

이 책은 대충 만든 설문조사를 유용한 설문조사로 만들어주는 연마 도구와 같다. 리서치업계는 점점 더 빠르게 변화하고 있다. 이 책은 특히 디지털 산업의 변화 속도에 뒤처지지 않게 도와줄 것이다.

-아킬 벤자민Akil Benjamin, COMUZI 전략국장

조사기법으로 설문조사를 활용하고 있다면 또는 활용할 계획이라면 반드시 읽어야 할 책이다. 캐롤라인은 친숙한 언어로 설문조사의 전체 과정을 훌륭한 예시, 유용한 스토리, 양질의 조언을 곁들여 안내해준다. 성공

적인 설문조사를 위해 필요한 모든 요소와 결과값에 영향을 미칠 수 있는 다양한 문제를 최소화하는 방법을 잊지 않게 해주는 귀여운 '설문조사 문어'를 그 어떤 책에서 볼 수 있겠는가.

-제니스 지니 레디시Janice Ginny Redish, 《콘텐츠 UX 디자인Letting Go of the Words》 저자

사용자 경험 디자인 실무를 맡고 있는 사람들이 오랫동안 기다려온 책이다. 그동안 제품 사용자의 니즈를 파악하기 위한 도구로 설문조사를 제대로 활용하지 못했다면 이제는 더 이상 주저할 필요가 없다. 설문조사 방법론의 장인 캐롤라인의 문장 하나하나에서 자신감을 얻을 수 있을 것이다. 읽기에도, 활용하기에도 매우 즐거운 책이다.

-다나 치스넬Dana Chisnell, 벨퍼 과학국제문제연구소Belfer Center for Science and International Affairs 연구원, 미국 디지털 서비스U.S. Digital Service 정책 설계가

이 책과 '설문조사 문어'에 깊은 찬사를 보낸다! 이 책은 정량적 조사를 통해 사용자 중심 관행을 심화하고자 하는 모든 이들의 필독서다. 양질의 설문조사 이면에 숨겨진 전반적 사고방식의 모든 측면을 빈틈없이 파헤친 이 책을 통해 더 나은 질문자로 성장할 수 있을 것이다.

-미사키 하타Misaki Hata, NHS 디지털 서비스 디자이너

이 책을 많은 독자와 공유할 수 있게 되어 너무나 기분이 좋다. 캐롤라인은 언제 설문조사를 해야 하는지, 어떻게 하면 잘할 수 있는지 친절하게 알려준다. 양질의 조사를 수행하면 양질의 결정도 내릴 수 있다.

-캐서린 서머즈Kathryn Summers, 볼티모어대학교 교수

이 책의 활용법

이 책은 설문조사를 해야 하거나 하기 원하지만 방법을 모르는 사람들을 위한 책이다. 이미 설문조사를 하고 있지만 좀 더 개선하고 싶은 마음이 있는 사람들 또한 이 책에서 원하는 가치를 얻을 수 있을 것이다.

이 책을 활용하는 몇 가지 방법을 소개하겠다.

- 일단 읽어라. 처음부터 끝까지 쭉 읽어라. 설문조사 전 과정과 그 과정 중에 마주하게 되는 몇몇 주제에 대해 알게 될 것이다.
- 시간 압박을 받고 있어 이 책을 느긋하게 읽을 수 없는 상황이라면 곧바로 8장 '최소한 이것만은 지켜라'를 읽어라. 설문조사를 업그레이드할 시간이 1시간밖에 주어지지 않았을 때 무엇을 해야 하는지, 하루 만에 설문조사를 준비해야 할 때 어떻게 해야 하는지, 다행히 일주일이라는 시간이 주어진 경우에는 어떻게 계획을 세워야 하는지 등에 대한 제안 사항이 담겨 있다.
- 서론을 읽고 효과적인 설문조사를 위한 7단계를 숙지한 뒤 가장 필요하다고 생각하는 단계 부분을 좀 더 집중적으로 읽어라.

자주 묻는 질문

Q. 그동안 형편없는 설문조사를 정말 많이 봤다. 최고의 설문조사란 설문조사를 아예 하지 않는 것이 아닐까?

A. 불행히도 우리는 형편없는 설문조사를 자주 접한다. 어떤 조직의 담당자는 모든 고객에게 지속적으로 설문지를 뿌려대는 것이 피드백을 받을 수 있는 가장 좋은 방법이라고 생각한다. 설문조사 응답률이 형편없지만 그것이 많은 오류를 생성할 뿐만 아니라 고객을 불편하게 한다는 사실을 전혀 알지 못한다. 설문조사가 형편없으면 데이터 역시 형편없을 가능성이 크다. 어떤 방법이든 잘못 적용하면 잘못된 데이터를 얻게 된다.

Q. 최고의 설문조사 도구는 무엇인가?

A. 설문조사 도구는 지속적으로 변화하기 때문에 특정 도구를 추천하면 안 된다는 사실을 깨달았다. 하지만 '스포트라이트 F: 설문조사 도구 선택 시 물어보아야 할

질문들을 준비했다. 설문조사 도구를 선택할 때 물어보아야 할 핵심 질문들이다.

Q. 리커트 척도를 사용할 때 응답 포인트를 몇 개로 정하는 것이 가장 바람직한가?

A. 이에 대해 빠르게 답하자면 5개다. 보다 복잡한 답변을 원한다면 응답 포인트 개수 결정에 도움을 주는 순서도인 [그림 H.9]를 확인하기 바란다. 이에 대한 근거는 '스포트라이트 H: 1부터 5까지의 척도(리커트 및 평정척도)'에서 확인할 수 있다.

Q. 이 책에 웃고 있는 설문조사 문어가 나오는데 실제 모습과 다르다. 어떻게 받아들여야 하는가?

A. 서론에서 설문조사 문어를 만나게 될 것이다. 총조사오차 Total Survey Error를 만화 형식으로 나타낸 그림이다. 실제 문어는 팔 사이에 입이 있고 촉수가 없다. 문어의 특성 중 내가 가장 좋아하는 것은 파란색 피다.

Q. 끔찍한 설문조사를 요청받았는데 전달해도 되는가?

A. 물론이다! 더 많은 예시를 모아둘 수 있다면 언제나 환영이다. 하지만 내가 그 설문조사를 어떻게 해줄 수는 없다. 나의 웹사이트(effortmark.co.uk)에 연락처가 있으니 언제든 도움을 청하기 바란다.

Q. 형편없는 설문조사를 진행하는 사람에게 다른 시도를 해보라고 설득할 수는 없을까?

A. 있다! 설문조사 담당자 또는 기관에 연락해 이 책을 구입해 읽을 것을 요청하라.

CONTENTS

추천사   4
이 책의 활용법   6
자주 묻는 질문   6
서문_스티브 크룩   12
들어가며   16

☑ [시작하기에 앞서] 설문조사란 무엇인가

설문조사는 일련의 과정이다   20
총조사오차는 전반적인 문제를 줄이는 데 초점을 둔다   23
설문조사 문어   24
우리의 목표는 간단 설문조사다   27
사례 연구 1: 메일침프에서 얻은 인사이트   29
스포트라이트 A: 설문조사의 네 가지 유형   33

☑ 1장 목표: 설문조사의 목표를 수립하라

모든 질문을 적어라   40
최고핵심질문을 선택하라   44
설문조사를 하는 것이 올바른 선택인지 확인하라   46
주어진 시간과 필요한 도움을 결정하라   54
목표 관련 주의 사항   56
이 시점이면 알게 될 사실   57
스포트라이트 B: 순추천지수와 상관관계   58
스포트라이트 C: 만족도   64

☑ 2장 표본: 답변할 사람을 찾아라

모든 사람이 설문조사에 응하지는 않는다	72
설문지 전달 방식에 따라 응답률이 달라진다	73
응답은 신뢰, 노력, 보상에 달려 있다	74
필요한 답변 수를 결정하라	83
질문하고자 하는 사람을 찾아라	88
많은 응답보다 적절한 응답이 낫다	96
표집 과정 관련 주의 사항	104
이 시점이면 알게 될 사실	106
스포트라이트 D: 통계적 유의성	108

☑ 3장 질문: 질문을 작성하고 테스트하라

질문 답변을 위한 4단계를 이해하라	118
좋은 질문은 이해가 쉽다	120
좋은 질문은 쉽게 찾을 수 있는 답을 요구한다	123
좋은 질문은 답변하기 편하다	130
좋은 설문지는 응답하기 쉽다	136
인지적 인터뷰로 질문을 테스트하라	137
질문 관련 주의 사항	139
이 시점이면 알게 될 사실	141
스포트라이트 E: 개인정보	142
스포트라이트 F: 설문조사 도구 선택 시 물어보아야 할 질문들	148
사례 연구 2. 보조공학을 사용하는 사람들을 대상으로 설문조사 수행하기	156
스포트라이트 G: 설문조사 방식 선택	159

☑ 4장 설문지: 설문지를 만들고 테스트하라

설문지 관련 주의 사항	172
좋은 질문은 응답하기 쉽다	173
이미지를 신중하게 선택하라	190
질문의 순서를 생각하라	198
설문지를 테스트하라	206
최종 설문지 스크린샷을 찍어라	210
이 시점이면 알게 될 사실	211
스포트라이트 H: 1부터 5까지의 척도(리커트 및 평정척도)	212

☑ 5장 현장 업무: 사람들이 응답하게 하라

초청장, 감사카드, 후속 조사에 대해 결정하라	236
시범 테스트를 수행하라	246
현장 업무를 시작하고 살펴라	248
현장 업무 관련 주의 사항	249
이 시점이면 알게 될 사실	250
사례 연구 3. 응답률 2배로 늘리기	251

☑ 6장 응답: 데이터를 답변으로 바꾸어라

데이터를 정리하라	257
누구의 응답을 사용할지 정하라	265
수치적 데이터를 파악하라	270
열린 답변에서 주제를 찾아라: 코딩	279
응답 관련 주의 사항	291
이 시점이면 알게 될 사실	293
스포트라이트 I: 좋은 차트는 읽기도 쉽고 솔직하다	294

✓ 7장 보고서: 의사결정자에게 결과를 보여주어라

알게 된 사실을 수치적으로 생각하라	304
어떤 소식을 언제 전할지 정하라	307
전달할 때 사용할 형식을 정하라	309
역피라미드를 선택하라	314
같은 결과라도 보여주는 방법은 다양하다	315
최고의 인사이트를 얻어라	321
보고서 관련 주의 사항	324
이 시점이면 알게 될 사실	326

✓ 8장 최소한 이것만은 지켜라

7단계 설문조사 과정	330
1시간밖에 없을 경우 해야 할 일	331
하루가 주어진 경우 해야 할 일	332
일주일이 주어진 경우 해야 할 일	334
설문조사 체크리스트	336
결국은 '반복'이다	340
감사의 말	341

서문

스티브 크룩 Steve Krug

《사용자를 생각하게 하지 마Don't Make Me Think》 저자

10년 전 캐롤라인이 이 책을 쓰겠다고 말했을 때가 기억난다. 그녀의 말을 들은 순간 훌륭한 아이디어라고 생각했다. 당시 나는 설문조사와 같은 '정량적' 방식보다는 '정성적' UX 조사 방법(특히 사용성 평가)에 열광하고 있었기에 스스로 설문조사를 해본 적이 없었다.

나의 관심은 한쪽으로 치우치긴 했지만 (나는 사용성 평가를 찬양하는 책을 두 권이나 썼다.) 설문조사에 대해 젬병이고 싶진 않았다. 정량적 조사 방법의 가치를 알고 있었고, 신속한 설문조사를 이용해 '얼마나 많은 사람이 x를 하는가?', '얼마나 많은 사람이 y보다 x를 좋아하는가?'와 같은 구체적인 질문에 대한 유용한 답변을 얻을 수 있다고 생각해왔다. 그래서 캐롤라인이 내가 원하는 책을 집필해 그 모든 작업을 쉽게 만들어줄 것이라는 이야기를 듣고 매우 기뻤다.

> 엄청난 노력 없이도
> 설문조사를 잘할 수 있는 방법
>
> 캐롤라인 자렛
> −《흥하는 양식Forms that Work》의 저자

그러나 캐롤라인의 이야기를 들으면서 그녀가 집필하고자 하는(적어도 그녀가 집필하고 싶었던) 책이 사실은 다음과 같다는 사실에 놀랐다.

> **당신이 설문조사를
> 하지 말아야 하는 이유**
>
> 캐롤라인 자렛
> ─《흥하는 양식Forms that Work》의 저자

나는 캐롤라인이 농담을 하는 것이라고 생각했다. 사람들이 설문조사를 하지 않도록 설득하는 책은 내가 생각하는 책보다 판매율이 저조할 것이라고 지적해주었다. 하지만 얼마 지나지 않아 캐롤라인의 말이 반만 농담이라는 것을 알게 되었다. 사람들이 캐롤라인에게 설문조사에 대한 도움을 요청할 때 '설문조사를 하지 마세요'가 다음과 같은 이유로 그들에게 전할 수 있는 최고의 조언이라고 느끼는 경우가 많았기 때문이다.

- 잘못된 설문조사를 너무나도 많이 보았다.
- 아예 하지 말았어야 하는 설문조사를 너무나도 많이 보았다.

우리 모두에게 다행스럽게도 캐롤라인은 결국 내가 원하는 책을 집필했다. 그녀는 10년 이상 고된 작업을 수행했다. 그녀가 수행한 작업은 다음과 같다.

- 매우 많은 설문조사 관련 도서와 연구 논문 읽기(우리는 그럴 시간이 없다.)
- 그 모든 자료를 흡수하고 이해하기(우리에게 시간이 있다고 해도 할 수 없을 것이다.)
- 수많은 설문조사 회의와 워크숍에 참석해 다양한 사람과 대화하며 그들의 최고(그리고 최악) 설문조사 관행에 대해 배우기
- 이렇게 배운 것을 스스로 설문조사하고, 다른 이들이 설문조사하는 것을 도

와주며 쌓은 실무 경험과 통합하기
- 이해할 수 있는 조언으로 요약하기(캐롤라인이 정말 잘하는 일이다.)
- 책으로 만들기(책을 집필해본 사람으로서 강력히 반대하는 일이다. 작업량이 어마어마한데 특히 좋은 책을 만들려면 더욱더 그렇기 때문이다.)

여러분도 나와 같이 형편없는 설문조사를 많이 받아왔을 것이라고 장담한다. 개인적으로 난감할 때는 '기타' 혹은 '해당 사항 없음'이라고 답변하고 싶은데 그런 선택지가 없을 때다. 예를 들어, 다음과 같은 질문에 어떻게 답변해야 할까?

가장 최근 방문한 유명 커피 체인점에서 바리스타가 나와 친해지기 위해 노력했다.	강력히 동의하지 않는다.				강력히 동의한다.
	1	2	3	4	5

1번이라 답하면 친절한 바리스타들의 이미지가 나빠지고, 5번이라 답하면 거짓말을 하는 것이 된다. 설문조사를 만든 사람들은 나에게 질 나쁜 데이터를 제공하도록 강요하고 있는 것이다. 즉, 그들은 부정적인 결과를 얻게 된다. 그러니 내가 왜 시간을 들여 그들을 도와주겠는가? 그래도 나는 항상 응답을 하는데, 바리스타들이 점수를 깎이는 것을 원치 않기에 5번이라 답한다. 하지만 설문조사를 하면서도 결코 만족스럽지 않다.

앞으로 이 책에서 캐롤라인은 '기타'라는 선택지를 포함하는 것과 같은 수많은 구체적인 사안을 다루는 방법들에 대해 논할 것이다. 그보다 더 가치 있는 정보는 어떤 종류의 질문을 해야 하는지(그리고 어떻게 물어보아야 하는지), 어떤 종류의 사람들에게 물어보아야 하는지(그리고 얼마나 많은 사람에게 물어보아야 하는지), 얻게 되는 결과를 가지고 무엇을 해야 하는지와 같은 큰 그림을 보여주는 사안들에 대한 명확한 설명이다.

지난 수년간 이 책의 원고를 읽으며 배운 덕에 캐롤라인이 '간단 설문조사'라 칭하는 설문조사를 이제 꽤 쉽게 할 수 있게 되었다. 내가 중점을 두는 것은 명확한 소수의 질문을 포함하는 설문조사로, 그 결과를 통해 중요한 결정을 내릴 수 있다. 가장 최근에는 20년 만에 웹사이트를 다시 디자인하기 전에 사람들이 나의 웹사이트를 어떻게 사용하는지 몇 가지 질문에 대한 답을 얻고자 설문조사를 진행했다.

  설문조사를 하고 싶었던 적이 있다면, 보다 나은 설문조사를 하고 싶다면 잘 찾아왔다. 캐롤라인이 우리를 위해 이 많은 작업을 해준 것을 진심으로 기뻐해야 한다.

들어가며

여러분은 1달러를 얻을 수 있다면 무엇을 하겠는가? 놀랍게도 1달러(그렇다. 겨우 1달러다!)는 사람들이 질문에 답변하고자 하는 의지에 큰 영향을 미칠 수 있다. 이 1달러 이야기는 설문조사 방법론 학자 지니 M. 제임스Jeannine M. James와 리처드 볼스타인Richard Bolstein의 실험에 나온다. 그들은 1달러와 함께 봉투에 동봉되어 전달되는 서면 설문조사와 설문조사를 해 전달하면 보상으로 50달러(경품이 아니다)를 보장받는 설문조사 응답에 대한 효과를 비교했다. 결과는 어땠을까? 전자의 효과가 더 좋았다.

만약 이런 결과를 예상했다면 나보다 앞선 사람이라 할 수 있다. 나는 이 결과가 너무나 놀랍고 흥미로웠다. 나는 수년간 많은 기관과 함께 설문조사 양식을 보다 쉽게 만드는 작업을 해왔다. 이 과정에는 질문을 보다 쉽게 만드는 방법과 사람들이 그 질문들에 보다 정확하게 답변하도록 하는 방법을 이해하는 것도 포함된다.

질문들에 대한 글을 읽으며 설문조사 방법론에 대한 방대한 문헌을 발견하게 되었다. 그 과정에서 총조사오차의 개념을 발견했다. '통계적 유의성'이라는 말을 들어봤는가? 통계적 유의성은 설문조사에서 오차가 생길 수 있는 원천 중 하나와 수학적으로 관련되어 있다. 바로 표집오차다. 안타깝게도 오류의 유형은 이외에도 굉장히 많다. 총조사오차는 이 모든 오류의 총집합이다.

갑자기 수많은 아이디어가 연결되자 설문조사에 대한 열정이 생겼다. 동료들도 내게 설문조사를 도와달라고 요청하기 시작했다. 그러던 어느 날 제니스 지니 레디시와 루 로젠펠드Lou Rosenfeld가 내게 책을 써보는 것이 어떻겠냐고 제안했고, 그렇게 이 책이 탄생했다.

용어 정의부터 시작한다

총조사오차가 설문조사로부터 양질의 결과를 얻기 위해 매우 중요하다는 확신은 생겼지만 사실 처음에는 총조사오차에 대한 일부 설명이 이해가 되지 않았다. 그래서 1장을 시작하기에 앞서 설문조사에 대한 나의 정의와 설문조사 문어(쾌활한 미소와 8개의 촉수를 가진 생물체. 각 촉수는 총조사오차를 나타낸다)를 소개하도록 하겠다.

7단계 설문조사 과정을 소개한다

사람들이 내게 설문조사에 대한 도움을 요청할 때 부탁하는 한 가지는 설문조사 설계에 대한 워크숍을 진행해달라는 것이다. 나는 과정이 있는 것이 유용하다는 점을 배웠기에 7단계 설문조사 과정을 만들었다.

첫 4단계는 다음과 같다.

1. **목표:** 설문조사의 목표를 수립하라.
2. **표본:** 답변할 사람을 찾아라.
3. **질문:** 질문을 작성하고 테스트하라.
4. **설문지:** 설문지를 만들고 테스트하라.

그런 다음 응답하기를 원하는 사람들에게 설문지를 전달한다.

5. **현장 업무:** 사람들이 설문조사에 응답하게 하라.

현장 업무의 가장 좋은 점은 답변을 받는다는 것이다. 답변을 받고 나면 그 답변들을 유용한 결과로 바꾸는 방법을 다음 두 단계에서 확인할 수 있다.

6. **응답:** 데이터를 답변으로 바꾸어라.
7. **보고서:** 결과를 의사결정자들에게 제시하라.

이 과정에서 설문조사를 통해 정확한 결과를 도출할 수 있도록 하기 위해 수행할 수 있는 테스트들을 마주하게 될 것이다.

보너스 장: 최소한 이것만은 지켜라

할 일이 너무 많아 보이는가? 숨기지 않겠다. 설문조사를 하기 위해선 많은 시간과 노력, 신중한 선택이 필요하다. 하지만 좋은 소식도 있으니 너무 걱정하지 말라. 꽤 빠르게 양질의 결과를 얻을 수 있는 방법이 있다. 그 방법들을 보너스 장(8장)에서 살펴보도록 하겠다. 보너스 장을 집필하도록 격려해주고 자신의 트레이드마크 문구인 '최소한 이것만은 지켜라'를 사용할 수 있게 허락해준 스티브 크룩에게 감사를 전한다.

스포트라이트와 사례 연구

각 장 사이에서 스포트라이트와 사례 연구를 확인할 수 있다. 스포트라이트는 특별한 주의가 필요하다고 생각되는 기술적 주제를 담고 있다. 이 책을 집필하며 실무적인 요소를 반영하고자 했기에 사람들이 실제로 설문조사를 어떻게 사용하는지 많은 이야기를 들어보았다. 사례 연구는 특히 유용하다고 생각한 일부 이야기를 담고 있다. 이야기를 나눠준 모든 분들께 감사드린다.

[시작하기에 앞서]
설문조사란 무엇인가

매일 적어도 하나 이상의 웹사이트가 다음과 같이 팝업 설문조사에 응답해달라고 요청한다.

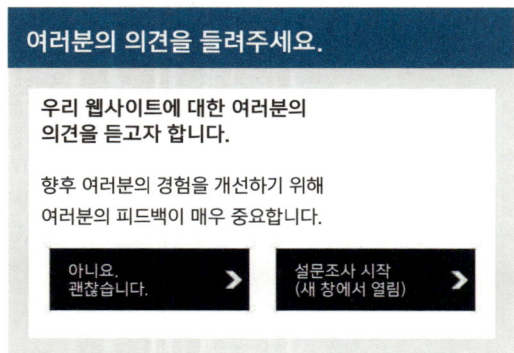

[그림 0.1] 팝업 설문조사 창

사람들은 '설문조사 시작'이라는 버튼 때문에 (이런 식으로 설문조사를 제공하는 경우가 많다.) 설문조사를 답변해야 하는 질문 목록으로 생각하는 경향이 있다. 그러나 설문조사는 유용한 답을 얻기 위해 양질의 질문을 하는 과정 전반을 의미하기도 한다.

설문조사는 일련의 과정이다

내가 '설문조사'라 할 때 무엇을 의미하는지 보다 명확하게 하기 위해 다음과 같이 용어를 정의하도록 하겠다.

- **설문지:** 답변을 원하는 사람들에게 전달하는 일련의 질문
- **설문조사:** 의사결정을 하는 데 사용할 수 있는 수치를 얻기 위해 특정 표본 집단 사람들이 답변할 질문을 묻는 과정

자, 그럼 지금부터 설문조사 정의의 요소들을 하나씩 살펴보자.

설문조사는 사람들에게 질문에 답하도록 요청한다

사람들에게 질문하는 것은 꽤 쉽다. 하지만 질문에 답변하게 만드는 일은 참으로 어렵다. 사람들이 질문에 답변하도록 설득하는 내용은 3장에서 자세히 배우게 될 것이다.

설문조사는 특정 집단에 질문을 던진다

내가 '특정 집단'이라고 말하는 것은 설문조사에 답하길 원하는 사람들을 정확하게 선택할 필요가 있다는 의미다. 이상적인 설문조사란 '모두에게 질문하는' 설문조사라고 생각하는 사람이 많다. 물론 모든 사람에게 질문하는 설문조사 유형도 존재한다. 그런 설문조사를 '센서스census'라 한다.

하지만 센서스도 사실은 모든 사람에게 질문하지는 않는다. 특정 집단을 대상으로 하며, 누구를 대상으로 할지에 대한 구체적인 규칙이 있다. 예를 들어, 미국 통계국U.S. Census Bureau은 미국 국민을 대상으로 10개년 인구조사를 운영한다. 여기서 '미국 국민'은 50개 주와 컬럼비아 특별구를 포함한다. 그렇다면 미국이 관리하지만 정확히 미국에 속하지는 않는 괌은? 다음 세 가지 질문을 해보자.

1. 괌에 있는 사람들은 포함되는가, 제외되는가?
2. 센서스 시행일에 태어난 아기들은 포함되는가, 제외되는가?
3. 미국에 방문한 외국 국적인들은 포함되는가, 제외되는가?

답은 1번과 2번은 포함, 3번은 제외다. 1장에서 질문할 사람을 결정할 때 필요한 신중함에 대해 다루도록 하겠다.

[그림 0.2] 괌 주민들은 1920년 이후 미국 10개년 인구조사에 포함되었다. 이는 2000년도의 포스터다.

출처: www.census.gov/history/www/programs/geography.island_area.html

설문조사는 특정 표본을 대상으로 한다

신뢰할 수 있는 설문조사는 모두가 아닌 특정 표본을 대상으로 한다. 모두를 대상으로 설문조사를 하면 온갖 문제가 발생한다. 예를 들면 모든 사람에게 설문지를 보냈는데 기술적으로 무언가가 잘못되면 설문조사를 할 수 있는 사람이 남지 않는다.

얼마나 많은 사람을 대상으로 하는지, 그 대상을 어떻게 찾는지는 2장에서 자세히 배우게 될 것이다.

설문조사는 수치로 결과를 나타낸다

설문조사는 정량적 연구기법이다. 설문조사를 하기로 결정했다면 결국 수치로 결과를 얻는 것을 선택한 것이다. (여러 수치가 나올 수도 있지만 일단 최소 하나의 수치는 나온다.)

물론 직접 의견을 작성(정성적 답변)하도록 요청하는, 비수치적 답변을 얻을 수 있는 질문들을 설문지에 포함할 수도 있다. 그러나 주요 목표가 정성적 답변이라면 정성적 방법을 사용하는 것이 나은 선택일 수 있다. 1장에서 다양한 종류의 방법을 배우게 될 것이다.

설문조사는 의사결정을 도와준다

당신이 미국통계청과 같은 곳에서 일한다면 교육기금과 같은 자원을 각 주에 어떻게 배분할지를 결정하는 것처럼 여러 가지 목적을 위해 다양한 사람이 사용할 참고 통계 자료를 만들 때 설문조사 답변을 사용하게 될 것이다.

하지만 대부분의 사람은 이보다 간단한 일을 한다. 설문조사 결과를 기반으로 각 조직에서 내릴 특정 의사결정에 집중하는 것이다. 어떠한 목적을 위해 답변을 원하는 것이 아니라면 왜 군이 설문조사를 하겠는가?

총조사오차는 전반적인 문제를 줄이는 데 초점을 둔다

당신이 설문조사로부터 타당하면서도 측정하고자 하는 것을 정확하게 측정해주는 결과를 얻을 수 있도록 돕는 것이 나의 목표다. 그리고 그 결과는 신뢰할 수 있어야 한다. 예를 들어, 완전히 동일한 설문조사를 다시 한다 해도 동일한 결과를 얻을 것을 예상할 수 있어야 한다(다른 변수가 거의 없다는 가정하에). 이를 위해서는 주로 서로 연결되어 있는 여러 가지 문제를 다루어야 한다.

하나를 먼저 살펴보자. '얼마나 많은 사람에게 질문해야 할까'는 중요한 사항으로, 2장의 중요 주제에 포함된다. 당신은 설문조사 요청에 모두 응하는가, 아니면 시간을 들일 설문조사를 선택하는가?

모든 설문조사에 응한다면 정말 존경한다! 나는 연구를 위해 한동안은 요청받은 설문조사에 모두 응했지만 보통은 명확히 설문조사를 '선택하는' 쪽이고, 그런 경우가 훨씬 일반적이다. 주제가 흥미롭다면 보다 많은 사람이 설문조사에 응할 것이므로 질문하는 사람의 수 또한 설문조사를 하는 이유(1장 참조)와 물어보는 질문(3장 참조)에 달려 있다. 결국은 항상 이 모든 것들 간의 연결고리를 탐구하게 될 것이다.

이를 반대로 생각해보면 피해야 할 많은 함정을 발견할 수 있다. 관련성 없는 질문이 너무 많으면 많은 사람이 중도에 설문조사를 포기할 것이고, 최종 답변 수를 동일하게 맞추기 위해 더 많은 요청을 해야 할 것이다. 하나의 오류는 또 다른 오류로 계속 이어질 수 있다. 전반적인 목표는 오류를 최소한으로 줄이고 균형을 맞추는 것이다.

총조사오차는 여러 오류를 종합하고 있다

설문조사 방법론 학자들은 설문조사 요소는 물론 오류도 서로 관련되어 있기 때문에 설문조사를 할 때 모든 선택지를 살펴보며 전반적인 오류를 최소화하는 것을 목표로 한다. 이를 요약해서 말하면 다음과 같다.

'총조사오차는 모든 개별 설문조사 오류의 결과다.'

설문조사 문어

설문조사 과정은 다음과 같다.

- 당신이 질문하고자 하는 것
- 질문하고자 하는 대상
- 최종 결과(수치)

설문조사 전 과정에서 내리는 모든 선택을 추적하기 위해 이 모든 것을 [그림

0.3]과 같이 설문조사 문어로 나타냈다. 각각의 설문조사를 개별적으로 설명하겠지만, 설문조사 문어는 이 모든 것이 사실은 어느 정도 연결되어 있다는 것을 보여준다.

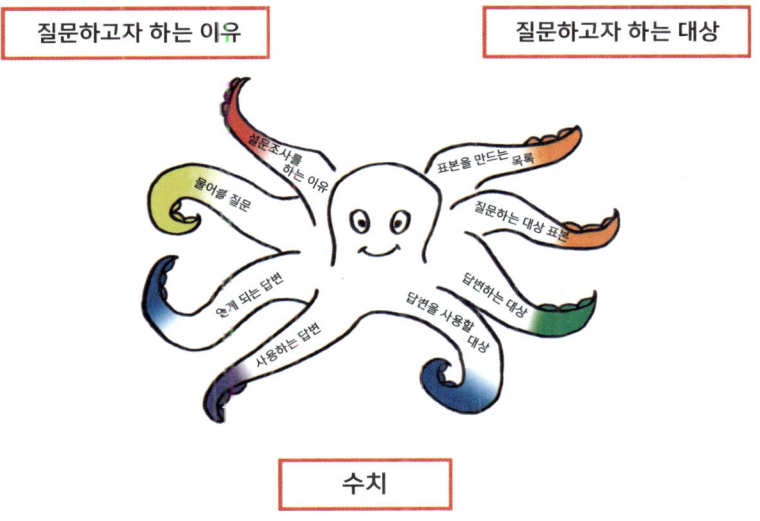

[그림 0.3] 설문조사 문어의 촉수는 설문조사에서 내리게 되는 선택들을 나타낸다.

1장부터 4장까지는 설문지를 작성하고 테스트하면서 설문조사 문어의 윗부분 절반(그림 0.4)에 초점을 둘 것이다.

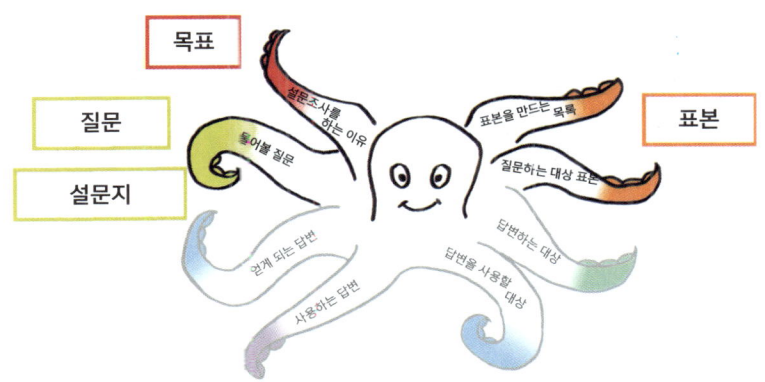

[그림 0.4] 준비 단계에는 목표, 표본, 질문, 설문지가 있다.

그런 다음 현장 업무(초청장부터 후속조사에 이르는 설문조사 과정)에서는 답변하는 사람들에 대해 생각해볼 것이다(그림 0.5 참조).

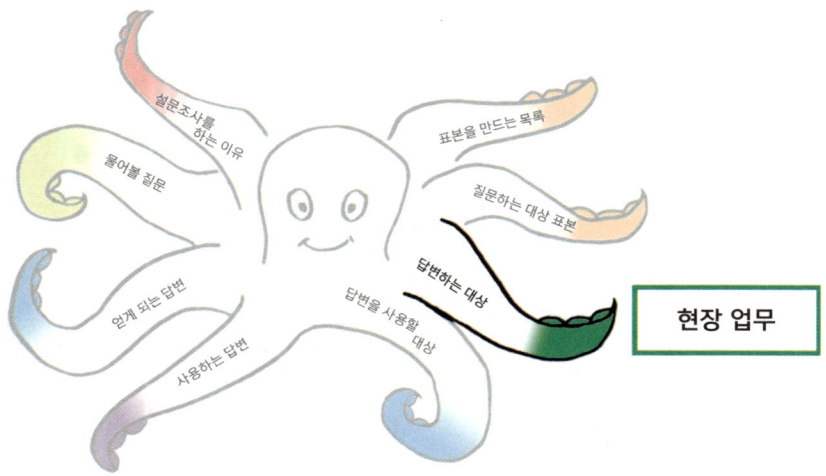

[그림 0.5] 현장 업무는 답변 할 사람들에게 설문지를 전달하는 과정이다.

그리고 답변과 보고서를 살펴볼 때는 마지막 촉수 3개를 중점적으로 다룰 것이다(그림 0.6 참조).

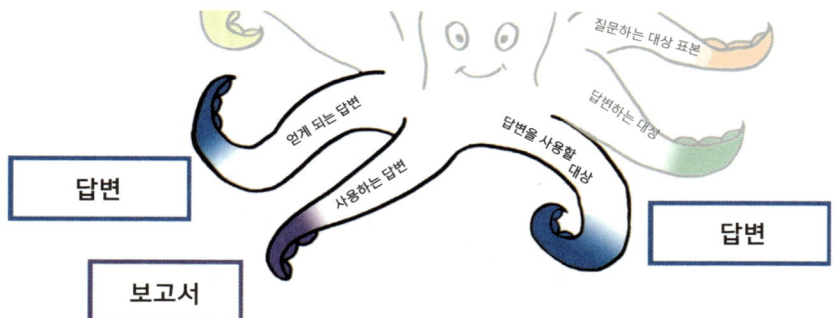

[그림 0.6] 답변을 어느 정도 얻었다면 그 다음에는 그 답변을 인사이트로 바꾸는 작업을 생각해야 한다.

일단 설문조사 문어에 대해 알아야 할 중요 사항은 다음과 같다.

- 모든 것이 연결되어 있다.

- 앞으로 계속 설문조사 문어의 모든 요소를 만나게 될 것이다.
- 설문조사 문어에 나온 모든 요소에 대해 좋은 선택을 내린다면 탄탄한 결과를 얻게 될 것이다.

우리의 목표는 간단 설문조사다

설문조사는 할 일이 많아 매우 힘이 드는데, 보다 나은 설문조사를 신속하게 할 수 있다는 나의 주장에는 어떤 근거가 있을까? 잠시 역사를 돌아보자.

1940년대 설문조사: 대규모 설문조사

미국통계청이 [그림 0.7]의 사진을 찍은 1940년대에는 설문조사 현장 업무가 상당히 힘들었다. 클립보드를 한가득 든 설문조사관 군단이 출동해 사람들에게 대면으로 질문하곤 했다. 사실 정원보다는 집이나 사무실에서 설문조사를 진행하는 경우가 많았다. 우편 설문조사는 전문 인쇄소에 인쇄를 맡겨야 했기에 계획 과정이 길었고, 전화 설문조사는 시간이 많이 걸렸다.

[그림 0.7] 정원에서 인구조사 인터뷰를 진행하는 모습

출처: www.census.gov/history/www/genealogy/decennial_census_records/

따라서 빈도를 줄이는 것이 중요했고, 결국 설문지에 최대한 많은 질문을 집어넣게 되었다. 그리고 설문조사가 자주 이루어지지 않았기 때문에 기관들은 가능한 모든 분석을 뒷받침해줄 수 있는 큰 규모의 표본을 얻고자 했다. 그 결과, 대규모 설문조사가 규범이 되었다.

- 문제는 질문 하나가 더해질 때마다 설문조사 부담도 더해진다는 것이다. 답변자들이 해야 할 일이 더 어려워진다는 것은 답변하는 사람이 줄어 더 많은 답변자를 찾아야 함을 의미한다. 표본이 커지면 비용도 늘어난다.
- 모든 답변을 얻으면 많은 것을 물어보았기 때문에 할 일이 많다.

대규모 설문조사는 매우 어렵다. 하지만 그런 설문조사를 해야 한다면 도와주겠다.

21세기 설문조사: 간단 설문조사

기술은 1940년대 이후 계속 발전해왔다. 인터넷으로 편리함이 더해지면서 소규모 설문조사를 많이 할 수 있게 되었다. 긴 전화 통화가 아닌 문자로 질문을 할 수 있게 되었고, 인쇄도 훨씬 간단해졌다. 즉, 이제는 짧고 간단명료한 설문조사를 많이 할 수 있다. 이런 설문조사가 바로 간단 설문조사다.

이상적인 간단 설문조사는 답변을 얻고자 하는 흥미로운 질문 하나만 던진다. 설문지를 전달하는 사람들에게 질문하고자 하는 것이 정말 그 질문이 맞는지를 테스트한다.

사례 연구 1. 메일침프에서 얻은 인사이트

메일침프Mailchimp의 슬로건은 '보다 나은 이메일을 전송합니다'다. 메일침프는 훌륭한 사용자 경험 팀을 꾸려 사람들이 연락처 관리, 이메일 전송, 이메일 캠페인 결과 추적을 하도록 도와 준다.

메일침프에서 설문조사를 연구 방법 중 하나로 사용하고 있어 그중 하나에 대한 설명을 부탁했다. 메일침프의 로리사 울프람 흐바스Laurissa Wolfram-Hvass와 페르난도 고디사Fernando Godina가 질문에 대한 답변을 해주었다.

Q. 프로젝트에 대한 설명을 부탁드린다.

A. 과거 연구를 통해 많은 고객이 구독자 데이터를 다른 시스템으로부터 메일침프 애플리케이션으로 불러온다는 사실을 알고 있었다. 하지만 우리가 몰랐던 사실은 '이 과정에서 고객들이 구체적으로 어떤 문제를 겪는 가'였다.

Q. 사용성 평가 대신 설문조사를 하기로 결정한 이유는 무엇인가?

A. 우리는 주어진 질문에 대해 그때마다 적합한 연구 방법을 택한다. 이미 가지고 있는 데이터를 살펴본 뒤 그 다음 단계를 진행하기 위한 최적의 방법을 결정한다. 이번에는 데이터 불러오기에 대한 과거 연구로부터 이미 수집해놓은 데이터를 검토했을 때 실질적인 트렌드를 알 수 없어 더 많은 사람의 의견이 필요했다. 사용성 평가는 작업 흐름의 세부 사항과 사용자 인터페이스 문제 파악에 매우 적합하지만 우리는 그 시점에 도달하지 못한 상태였다. 사용자 인터페이스 문제를 파고들기 전에 데이터 불러오기 과정에서 사람들이 겪는 보다 광범위한 문제들을 먼저 다루어야 했다.

짧은 기간 안에 최대한 많은 고객을 대상으로 하고자 했기 때문에 설문조사를 선택했다. 하루 이틀 안에 설문조사를 전달받을 대상자 목록을 만들고, 설문조사 질문을 작성하고, 팀으로부터 해당 질문들에 대한 피드백을 받고 설문조사를 만들어 소규모 시범 집단에 전달해 최종 대상자들에게 전달하기 전에 개선 과정을 거쳤다. 그 결과, 일주일 안에 정보를 얻을 수 있는 데이터를 수집하게 되었다.

처음에는 설문조사라는 조사 방법을 선택하지만 끝까지 설문조사로만 가는 경우는 거의 없다. 설문조사만으로 특정 문제를 해결하거나 모든 연구 질문에 대한 답을 얻을 수 없는 경우가 많다. 그러나 설문조사는 신속하게 기준치를 세우고 추가적인 탐색이 필요한 분야를 식별하도록 도와준다.

Q. 특정한 접근 방식을 따랐는가, 아니면 자체적으로 진행했는가?

A. 자체적으로 설문조사 방법을 개발했다. 첫 번째 단계인 '목표'는 우리에게 가장 중요한 단계였다. 일련의 목표를 분명히 정한 다음, 그 목표에 따라 조사 과정을 이끌고 의사결정의 지침으로 삼았다. 이를 통해 다음 단계로 넘어갈 때 중심을 잡을 수 있었다. 물론 답변을 수집해 최대한 빠르게 결론에 도달하고자 했지만 과정 중에 실험하거나 자체적으로 조절할 수 있는 여유가 없을 때는 억지로 맞추려고 하지 않았다.

Q. 설문조사를 개발할 때 인터뷰를 진행했는가?

A. 이번 프로젝트를 진행하는 동안 인터뷰를 두 차례 진행했다. 첫 번째는 설문조사를 배부하기 전이었고, 두 번째는 답변 총계를 내고 코딩을 한 다음이었다. 처음에는 10여 명의 고객을 대상으로 메일침프로 정보를 불러오는 방법에 대해 인터뷰했다. 이러한 인터뷰를 통해 고객으로부터 수집해야 하는 피드백 종류를 식별해 설문조사 질문에 대한 시작점을 찾을 수 있었다.

2차 고객 인터뷰는 모든 설문조사 답변을 수집한 후에 진행했다. 이러한 인터뷰를 통해 설문조사 데이터를 스토리로 바꿀 수 있었다. 설문조사의 정량적 데이터에 대한 맥락을 제공하는 데 사용할 수 있는 정성적 스토리가 생긴 것이다.

Q. 설문조사를 할 고객을 어떻게 찾았으며, 어떠한 표본 규모를 선택했는가?

A. 정기적으로 구독자 목록을 불러온다고 말해준 5,150명의 고객 목록이 있었다. 인간적인 면을 더하기 위해 설문조사 초청장에 각 대상자의 이름을 사용하기로 했다. 그 결과, 메일침프 프로필에 이름을 저장해놓은 2,626명의 사람을 추릴 수 있었다. 기존 목록의 절반 정도가 된 것이다. 표본은 작아졌지만 응답률은 높아질 것이라 생각했다.

그런 다음 설문조사를 받을 시범 집단 100명을 무작위로 선정했다. 다른 대상자들에게 전달하기 전에 시험해보고 문제가 있으면 미리 해결하기 위함이었다. 시범 집단 100명은 설문조사의 문제를 발견하기에는 충분한 규모이면서, 해결해야 할 문제가 있다 해도 데이터에 큰 영향을 미치지 않을 정도의 작은 규모였다.

Q. 나는 그 과정을 '목록 추리기'라 부른다. 마지막 질문이다. 설문조사를 하는 사람들을 위한 최고의 팁은 무엇인가?

A. 우리는 이번 프로젝트를 통해 정말 많은 것을 배웠다. 목표와 대상을 생각할 때 적용할 수 있는 세 가지 팁을 먼저 제시하겠다.

- 설문조사 대상자를 추려라: 설문조사의 목표에 부합하는 사용자를 선택할 때 구체적인 기준을 세워라.
- 구체적이고 직접적이어야 한다: 목표를 명확히 하고 목표를 사용자에게 전달하라.
- 목표/목적을 계속 생각하라: 프로젝트를 진행하다보면 중심을 잃기 쉽다. 우리는 네 가지 핵심 질문에 답하고자 했으며 이 질문들을 계속해서 상기시켰다. 좋은 아이디어가 생각나도 네 가지 질문에 답하는 데 도움이 되지 않는다면 잠시 미뤄두었다. 이를 통해 범위를 좁히고 빠르게 진행할 수 있었다.

다음은 설문지 작성에 대한 팁이다.

- 설문지는 짧게 만들어라: 우리는 설문조사에 7개의 질문을 넣었다(관리가 가능했다면 질문 수를 더 줄였을 것이다). 설문지를 짧게 만들 수 있었던 유일한 방법은 파악하고자 하는 특정 고객 행위에 집중하는 것이었다.
- 가능하다면 체크박스(선다형/다중 답변)를 활용하라: 다른 때라면 다른 방식으로 했을 부분이다. 고객들이 자신들의 과정을 우리에게 설명할 수 있도록 하고자 했기 때문에 대부분이 열린 질문이었다. 하지만 그 모든 데이터를 답변별로 태그하고 분석하는 것은 엄청난 일이었다. 다음에는 가장 보편적인 답변을 만들어 응답자들이 그중에서 선택하게 하거나, 우리가 놓친 부분에 대해서는 '기타' 옵션을 통해 답변을 채울 수 있도록 할 것이다.

마지막으로 다음 두 가지가 가장 중요하다.

- 인간적인 설문조사를 만들어라: 인간적으로 설문조사를 작성하고 대상자의 이름을 넣어 전달하라.
- 신속하게 진행하라: 후속 활동이 있다면 신속하게 진행하라. 기술적인 문제는 즉각적으로 대응하고 일주일 내에 후속 인터뷰를 진행하라.

Q. 인터뷰에 응해주어 감사하다.

스포트라이트 A
설문조사의 네 가지 유형

이 책에서는 의사결정에 활용할 수 있는, 결과가 수치로 나오는 과정으로서의 설문조사에 집중하고자 한다. 설문조사는 의사결정을 하는 데 사용할 수 있는 수치를 얻기 위해 특정 표본 집단 사람들이 답변할 질문을 묻는 과정이다. 어쩌면 이렇게 생각할 수도 있다.

'나는 잘 모르겠어. 설문조사를 그런 식으로만 활용할 수 있을까? 다른 유형의 설문조사도 본 것 같은데?'

빙고! 그 생각이 맞다. 나는 설문조사를 다음과 같이 네 가지 유형으로 나눌 수 있다고 생각한다.

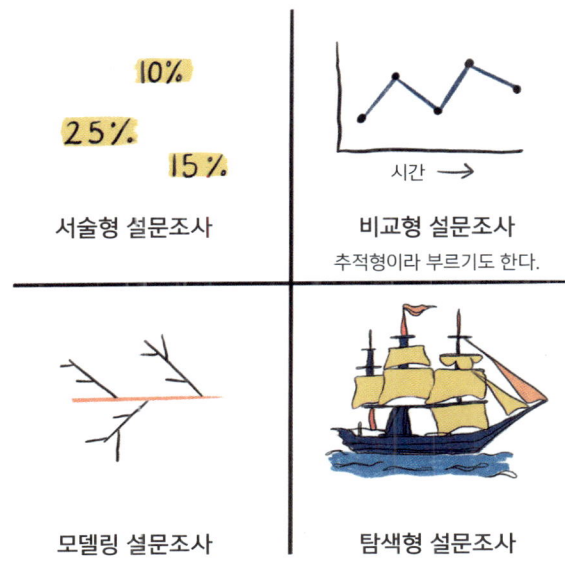

[그림 A.1] 설문조사의 네 가지 유형: 서술형, 비교형, 모델링, 탐색형

서술형 설문조사를 통해 유의미한 수치를 얻을 수 있다

이 책에서는 전반적으로 '서술형 설문조사'에 집중한다. 서술형 설문조사를 통해 특정 집단에 대한 유의미한 수치를 얻을 수 있다. 여기서 수치라는 것은 '고객 중 17%가 10세 미만의 아동과 집에서 함께 거주한다', '일주일에 최소 1회 요구르트를 구매하는 사람들 중 12%는 지난 1년간 바나나맛 구매를 시도했다'와 같은 것이다.

비교형 설문조사는 어떠한 수치가 시간에 따라 변화하는지를 알려준다

어떠한 것을 특정 사건 전후로 측정하고 싶다면? 아니면 서술적 수치가 다른 이유로 인해 시간에 따라 변화한다는 것을 발견한다면? 이러한 경우에는 '추적형 설문조사'라고 알려진 '비교형 설문조사'가 필요하다.

비교형 설문조사는 특정 집단에 대해 유의미한 수치를 가지고 동일한 방법을 사용하여 얻은 다른 수치와 비교하거나 동일한 방법을 사용하여 이미 얻어놓은 수치와 비교한다. 시장조사자들은 많은 비교형 설문조사를 수행한다. 예를 들어, 바나나맛 요구르트 광고 캠페인의 영향력을 알고자 한다면 광고 전후를 비교하는 설문조사를 시행할 것이다.

특정 캠페인 기간 동안이 아닌 보다 긴 기간 동안의 시장에서의 브랜드 입지를 평가하고자 한다면 비교형 설문조사를 추적형 설문조사로 변형한다. 비교형 설문조사에 속하는 또 한 가지 멋진 유형의 설문조사가 있다. 바로 '종단면 설문조사'다. 이는 오랜 기간 동안 정기적으로 반복되는 비교형 설문조사다. '오랜 기간'에 해당하는 기간이 어느 정도인지는 해당 맥락에 전적으로 달려 있다. 빠르게 변화하는 웹사이트의 경우, 매시간 설문조사를 진행할 수도 있다. 내가 알고 있는 설문조사 중 가장 오랜 기간 진행한 것은 스위스 국가 청소년 설문조사 CH-X로, 1854년에 시작되어 현재도 진행 중이다.

[그림 A.2] 스위스 국가 청소년 설문조사의 역사. 설문조사 데이터를 사용한 최근 출간물

출처: www.chx.ch/fr/publications/volume25

앞서 '동일한 방법을 사용하여'라고 언급했다. 2개의 설문조사를 제대로 비교하기 위해서는 설문조사를 수행하는 시간 외에는 모든 것이 정확하게 동일해야 한다. 설문조사에 응답할 때 '그 질문은 더 이상 관련성이 없어 보이는데?'라고 생각했다면 조사자들이 정확한 비교를 위해 동일한 질문을 고수해야 하는 추적형 설문조사를 접한 것일 수 있다.

CH-X를 수행하는 오랜 기간이 지나며 질문 중 다수가 바뀌었다. 따라서 비교형 및 종단면 설문조사에서 핵심적으로 고려해야 할 사항은 '어느 것을 계속 동일하게 유지할 수 있을까?'와 '이 설문조사가 유용성과 관련성을 계속 유지할 수 있도록 반드시 바꾸어야 하는 것은 무엇일까?'다. 질문 순서를 바꾸는 것과 같은 사소한 변화도 결과에 영향을 미칠 수 있기 때문에 이는 어려운 일이 될 수 있다.

나는 매우 행복한 결혼생활을 하고 있다. 그래서 설문조사 방법론 학자 하워드 슈만Howard Schuman과 스탠리 프레서Stanley Presser가 수행한 실험에 놀라지 않을 수 없었다. 그들은 두 가지 질문에 대한 두 집단의 답변을 비교했다.

- 전반적으로 봤을 때 요즘 당신의 삶은 어떠한가? 매우 행복한가, 꽤 행복한가,

[시작하기에 앞서] 설문조사란 무엇인가 **35**

아니면 그다지 행복하지 않은가? **(전반적 행복)**
- 전반적으로 봤을 때 당신의 결혼생활은 매우 행복한가, 꽤 행복한가, 아니면 그다지 행복하지 않은가? **(결혼생활의 행복)**

A집단은 전반적 행복 질문을 먼저 받은 다음 결혼생활의 행복 질문을 받았으며, 52%가 전반적 행복에 '매우 행복하다'고 답했다. B집단은 결혼생활의 행복 질문을 먼저 받은 다음 전반적 행복 질문을 받았으며, 38%만이 전반적 행복에 '매우 행복하다'고 답했다. 흥미롭게도 결혼생활의 행복 질문에 대한 결과는 비슷했다. A집단은 70%가, B집단은 63%가 '매우 행복하다'고 답했다.

아직까지 결혼생활의 행복에 대한 설문조사를 요청한 고객은 없었으나 이 설문조사 결과는 내가 행복과 만족도에 대해 보다 신중해지도록 만들어주었다. 행복과 만족도는 고객들이 정말 자주 요청하는 주제이므로 '스포트라이트 C: 만족도'에서 구체적으로 다루도록 하겠다.

내가 '마지막 것까지 설문조사 결과를 비교할 수 있도록 하자'보다는 '설문조사의 유용성과 관련성을 유지하자' 쪽을 더 선호한다는 사실을 알게 될 것이다. 그리고 설문조사를 계속 반복하도록 당신을 다그칠 것이다.

모델링 설문조사는 결과에 영향을 미치는 요인을 찾는다

설문조사의 세 번째 유형은 '모델링 설문조사'다. 모델링 설문조사는 결과와 연관된 요인을 찾아내고자 하는 것을 목표로 일부 결과와 관련된 주제에 대한 여러 가지를 질문한다. 한 예시로, 한 스페인 학자 집단은 10대들의 감사함, 괴롭힘, 자살 위험 간의 상호작용을 조사하고자 했다. 1,617명의 청소년에게 이 세 가지 주제를 다루는 설문조사에 응답하게 했고, 통계법을 사용하여 (예를 들어) 괴롭힘을 당한 청소년 중 감사함이 높은 이들이 자살 위험이 낮은지를 모델링했다. 답은 '여자아이들은 그렇고, 남자아이들은 그렇지 않다'였다. (레이, 퀸타나 오르트 Rey, Quintana-Orts 외, 2019)

이와 같은 모델링 설문조사는 대규모 설문조사인 경우가 많다. 통계 프로그램에서 작업할 수 있도록 여러 가지 요인에 대한 것을 물어보아야 하기 때문이다.

탐색형 설문조사는 가능한 모든 정보를 수집한다

설문조사의 마지막 유형은 많은 고객이 도움을 요청하는 '탐색형 설문조사'다. 탐색형 설문조사는 특정 집단에 대해 가능한 모든 정보를 수집한다. 보통 고객들은 그들이 내려야 할 분명한 결정 사항을 가지고 있지 않다. 특정 집단 중 누가 해당되고 누가 해당되지 않는지도 결정하지 않은 경우가 많다. 설문조사를 조사 시작 단계로 보는 것이다. 그리고 여기에는 아무 문제가 없다. 교류하는 사람들을 모두 무시하는 조직보다는 무엇이라도 알아보고자 하는 조직이 훨씬 낫다.

그러나 전체적으로 보면 이 책의 핵심 메시지는 의견을 듣고자 하는 사람들에 대해 별로 아는 것이 없을 때 설문조사가 이를 알아보는 방법의 첫 번째 선택지는 아니라는 것이다. 먼저 인터뷰 같은 것을 하거나 당신이 관심을 두고 있는 것을 하는 사람들을 관찰할 방법을 찾은 뒤 설문조사를 통해 얻고자 하는 것이 무엇인지 좀 더 알게 되었을 때 설문조사를 고려하는 것이 훨씬 나은 선택이다.

설문조사를 혼합형으로 시작하는 경우도 있다

스포트라이트 A를 시작하며 '설문조사를 대략적으로 네 가지 유형으로 나눌 수 있다'라고 언급했다. 실제로는 나의 동료들이나 고객들이 설문조사라는 아이디어에 열광해 사람들에게 온갖 것을 한 번에 물어보고 스포트라이트 A에서 설명한 모든 것을 한 번에 수행하는 것을 목표로 한다는 사실을 알게 되었다.

또한 해당 설문조사로부터 정확히 무엇을 얻고자 하는지, 어떠한 것을 다음으로 미룰 수 있는지를 신중하게 생각할 때 보다 나은 결과를 얻게 되리라는 점도 알게 되었다. 1장에서 이에 대해 더욱 자세히 다루도록 하겠다.

1장. 목표

설문조사의 목표를 수립하라

1장에서는 당신이 왜 설문조사를 하는지 그 이유를 생각해보기로 한다.

1장을 다 읽을 때쯤이면 물어볼 수 있는 질문 목록을 당신이 답변을 필요로 하는, 보다 간략한 질문 목록으로 바꾸어놓게 될 것이다.

[그림 1.1] 어떤 과녁을 목표로 하는지 알면 맞히기가 더 쉽다.

모든 질문을 적어라

잠시 두 가지 유형의 질문에 대해 이야기하도록 하겠다.

- 연구 질문
- 설문지에 들어갈 질문

'연구 질문'은 당신이 연구하고자 하는 주제를 의미한다. 이 단계에서는 연구 질문이 굉장히 정확할 수도 있고(미국 10년 주기 인구조사 연도 중 4월 1일에 해당하는 미국 거주 인구는?), 굉장히 모호할 수도(요구르트 구매자들로부터 무엇을 알아낼 수 있는가?) 있다.

'설문지에 들어가는 질문'은 다르다. 3장에서 작성하게 될 질문들이다. 하지만 걱정할 필요 없다. 지금 시점에서 연구 질문을 잘 정리해놓아야 하지만, 내 경험에 따르면 보통은 질문 초안, 주제, (좋고 나쁜) 아이디어들이 뒤엉켜 있는 경우가 많다.

모든 질문을 적도록 하라. 다양할수록 좋다. 반복되어도 괜찮다.

당신의 잠재의식에게 기회를 주어라

만약 당신이 혼자서 작업을 하거나 어떤 팀에서 설문조사 업무를 진행할 때 주된 책임을 맡고 있다면, 질문 작성 시간을 두 세션으로 나누어 중간에 충분한 휴식 시간을 보내는 것이 좋다. 수면 시간은 잠재의식으로 하여금 당신이 진정으로 알아내고자 하는 것을 발견할 기회를 제공해준다. 현실적으로 숙면을 취할 수 없다면 상쾌한 공기를 마시며 산책을 하거나 친구와 수다를 떨며 쉬어라. 휴식이 될 만한 것이라면 무엇이든 좋다.

질문에 대해 여러 가지 제안을 받아라

만약 당신이 팀으로 일하거나 어떠한 조직에 속해 있다면 설문조사를 한다는 말이 나올 때마다 동료들이 질문에 대한 온갖 종류의 제안을 산더미처럼 내놓는 경우가 많을 것이다. 처음에는 이와 같은 상황이 조금 벅찰 수 있으나 가능하다면 최대한 빠른 시일 내에 모두가 질문에 대한 제안을 하도록 독려하는 것이 최선의 방법이다. 그래야 당신이 그 모든 제안을 신중히 평가하고, 진행하고자 하는 설문조사의 특정 목표에 집중하며 후속 설문조사와 다른 연구를 위한 질문들을 잘 선정할 수 있기 때문이다.

초반에 너무 많은 제한을 두면 실제로 현장 업무를 시작하기 하루 전, 심지어는 1시간 전에 모든 사람이 설문지에 추가 핵심 질문을 끼워 넣는 사태가 벌어질 수도 있다. 그때는 몇몇 추가 질문을 제대로 테스트해보기에는 이미 늦기 때문에 설문조사 전체를 망칠 수도 있다.

하지만 설문조사의 목표를 세우고 있는 단계라면? 완벽하다! 최대한 많은 질문을 수집해야 한다. 동료, 이해관계자, 관리자 등 관심이 있다고 생각되는 사람이라면 누구든지 질문을 제공하도록 하자. 워크숍을 진행하는 경우, 내향적인 사람들을 위해 어느 정도 조용한 질문 작성 시간을 주어 글을 쓰며 자신만의 질문 아이디어를 제공할 수 있도록 기회를 주어야 한다.

모든 제안을 모을 큼직하고 멋진 스프레드시트나 접착용 노트 한 묶음, 그 외에도 당신에게 맞는 아이디어 수집 도구라면 무엇이든 만들어보자. 이상적으로는 분명한 데드라인을 만드는 것이 좋다. 특정 날짜까지 제출하는 제안 사항은 설문조사 질문 후보가 되지만 그 날짜를 놓치면 다음 기회로 밀려나는 것이다. 이렇게 하면 간단 설문조사를 위한 아이디어를 얻는 데 많은 도움이 된다.

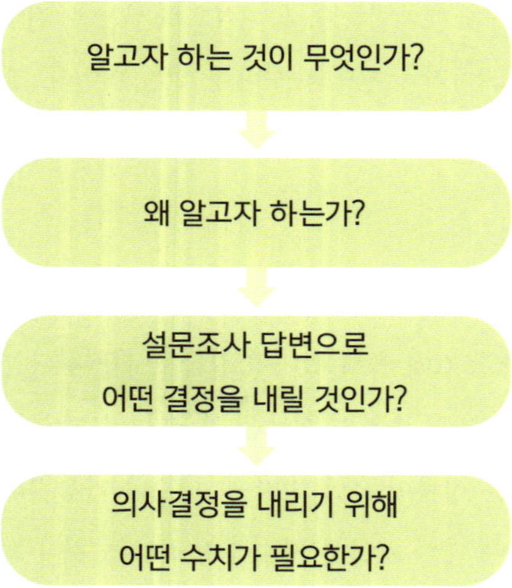

- 알고자 하는 것이 무엇인가?
- 왜 알고자 하는가?
- 설문조사 답변으로 어떤 결정을 내릴 것인가?
- 의사결정을 내리기 위해 어떤 수치가 필요한가?

[그림 1.2] 설문조사 답변으로 어떤 결정을 내릴 것인가?

질문 아이디어를 테스트하라

질문 아이디어를 수집하거나 생각해냈다면 이제 [그림 1.2]에 자세하게 나와 있는 네 가지 질문으로 테스트해야 한다.

질문하라: 알고자 하는 것이 무엇인가

놀랍게도 내가 생각해낸 질문이나 동료들로부터 수집한 질문들이 실제로 알고자 하는 것과 관련이 없는 경우가 많다는 것을 경험하곤 한다. 많은 경우 나는 다음과 같은 질문으로 아이디어들을 테스트해봤다.

"좋아. 그러니까 지금 '○○ 질문'에 대해 생각하고 있는 거지? 그래서 네가 알고자 하는 건?"

이렇게 테스트를 해보면 질문 아이디어와 그러한 질문을 하는 이유 간에 차이가 있음을 발견하게 된다. 다음과 같이 물어보는 것이 가장 흔한 테스트 방식일 것이다.

"이 질문 아이디어에 만족하는가?"

이렇게 테스트하는 것도 괜찮기는 하지만 너무 일반적인 방법이다.

질문하라: 왜 알고자 하는가

나는 주로 다른 사람들과 함께 설문조사 작업을 한다. '가능한 모든 제안 사항'에서 설문조사의 목표를 위한 합리적인 질문 목록을 만들기 위해 나는 이렇게 물어본다.

"이 질문들에 대한 답변을 왜 알고자 하는가?"

그런 다음 [그림 1.2]에 있는 질문으로 다시 테스트해본다.

혼자 작업하는 경우에는 '왜 알고자 하는가'에 '이번에'나 '지금 당장'을 추가해 물어보면 도움이 된다. 나의 아이디어들을 관리할 수 있는 수준으로 만들어주는, 실용적인 측면에 집중할 수 있도록 도와주는 방법이다. 생각해보면 팀으로 작업할 때도 나쁜 아이디어는 아니다. 팀원 모두가 모든 사람에게 모든 것을 한 번에 다 질문할 필요는 없다는 것을 깨닫게 해준다.

질문하라: 설문조사 답변으로 어떤 결정을 내릴 것인가

결정을 내리려고 하는 게 아니라면 설문조사를 왜 하는가? 제안된 각각의 질문을 세심하게 살펴보고 그 질문에 대한 답변이 결정을 내리는 데 도움을 줄지 생각해보라. 지금 단계에서는 질문의 표현 방식이나 사람들이 그 질문에 답변을 할지는 걱정할 필요가 없다.

그러나 질문에 대한 답변이 결정을 내리는 데 도움이 되지 않는다면 그 질문은 한쪽으로 치워 두어야 한다. 이때는 단호해야 한다! 질문 자체는 훌륭할지도 모른다. 질문에 대한 답변이 궁금할 수도 있다. 하지만 당신이 정말로 집중해야 하는 것은 최대한 간략하고 유용한 설문조사를 만드는 것이 아닌가. 그리고 그 질문을 아예 버릴 필요는 없다. 다음 설문조사를 위한 아이디어로 남겨놓으면 된다.

여기까지 왔다면 답변을 바탕으로 어떤 결정을 내릴지 알 수 있는 몇 가지 후보 질문이 생겼을 것이다.

질문하라: 의사결정을 내리기 위해 어떤 수치가 필요한가

앞서 설문조사는 정량적 방법이며, 수치로 결과가 나온다는 점을 강조했다. 이 시점에서는 가끔은 후보 질문이 있어도 의사결정을 내리는 데 그에 대한 수치적 답변이 필요하지 않은 경우가 있다는 사실을 깨닫게 될 것이다. 그래도 괜찮다. 하지만 그 경우에는 설문조사가 올바른 방법이 아닐 수도 있다. 그렇다고 지금까지 해온 일이 쓸모없지는 않다. 잘 활용해 보다 적절한 방법을 준비하는 데 사용할 수 있기 때문이다.

최고핵심질문을 선택하라

후보 질문 중 하나만 답변을 얻을 수 있다면 어떤 질문을 택하겠는가? 이 질문이 바로 최고핵심질문MCQ, Most Crucial Question이다. 최고핵심질문은 차이를 만드는 질문, 의사결정을 위한 필수 데이터를 제공해줄 질문이다.

질문을 다음과 같은 방식으로 정리할 수 있다.

우리가 질문해야 할 것은 _____ 이다.

그래야 _____ 를 결정할 수 있다.

이 단계에서는 이 질문이 연구 질문(당신이 아는 언어일 수도, 전문 용어로 가득한 질문일 수도 있다)인지, 설문지에 넣을 질문인지(답변하는 사람들에게 익숙한 단어를 사용하는 것) 걱정하지 마라.

목표를 테스트하라: 최고핵심질문을 공격하라

최고핵심질문의 모든 단어를 공격해 정말 의미하는 것이 무엇인지 정확히 알아내야 한다. 다음 예시를 보자.

'당신은 우리의 잡지를 좋아하십니까?'

- '당신'은 누구인가? 구매자? 구독자? 독자? 추천인? 판매 회사? 또는 다른 사람?
- '좋아하다'의 의미는 무엇인가? 감탄한다? 추천한다? 구매할 계획이다? 실제로 구매한다? 집착적으로 모든 호를 수집한다? 선물로 잡지를 준다?
- '우리'의 의미는 무엇인가? 브랜드로서의 우리? 부서? 팀? 공급업체?
- '잡지'의 의미는 무엇인가? 잡지의 모든 측면? 종이 출판 잡지? 온라인 버전? 페이스북 페이지? 가장 최근에 읽은 기사? 일부만 포함되고 다른 부분은 포함되지 않는가? 잡지를 읽었는지 여부가 중요한가?

설문조사 방법론 학자 애니 페팃Annie Pettit은 질문을 공격하는 훌륭한 방법을 찾았다. 그는 질문으로 시작한다.

"마지막으로 우유를 구매했을 때가 언제입니까?"

다음은 애니가 '구매하다'와 '우유'라는 단어를 공격하는 방법이다.

> 잠깐, 우유를 구매했는지 여부가 중요한가? 아니면 실제로 우유 구매에 돈을 지불하지 않는 여건도 가능한가? 젖소가 있는 농장에 살고 있는 사람들이나 편의점을 소유하고 있는 사람들이라면?

> 소의 우유만 의미하는가? 산양유, 양유, 물소 우유, 낙타유, 순록유는? 아니면 우유로 표기되어 있는 견과류나 콩, 아몬드, 쌀, 코코넛과 같은 것은? 시리얼에 액체류를 넣어 먹는지를 알고자 하는 것인가?
> (그리고 애니는 초콜릿 우유도 포함되는지 여부와 같은, 훨씬 더 많은 내용을 추가했다.)

특정 집단을 결정하라

최고핵심질문을 제대로 공격했다면 다시 돌아가 '특정 집단(답변을 얻고자 하는 집단)'에 대해 생각해보라.

질문 설명에 다음 내용을 추가하라.

우리가 질문해야 할 대상은 ＿＿＿＿＿＿＿＿이다. (답변을 얻고자 하는 집단)
질문은 ＿＿＿＿＿＿＿＿이다. (최고핵심질문)
그래야 ＿＿＿＿＿＿＿＿를 결정할 수 있다. (의사결정)

질문할 특정 집단이 아직 모호하다면(모든 사람이거나 거의 그 정도로 분명하지 않다면) 질문에 대한 공격을 다시 해볼 필요가 있다. 이 시점에서 답변을 얻고자 하는 집단에 대해 분명하게 정의해두면 2장으로 넘어갔을 때 엄청난 도움이 될 것이다.

설문조사를 하는 것이 올바른 선택인지 확인하라

연구 질문이 사람들에게 반드시 질문을 해 탐색해야 하는 것인가, 아니면 그들을 관찰하는 것이 더 나은가? '왜(정성적 질문)'를 알고자 하는가, 아니면 '얼마나(정량적 질문)'를 알고자 하는가? 다음 용어 정의를 살펴보자.

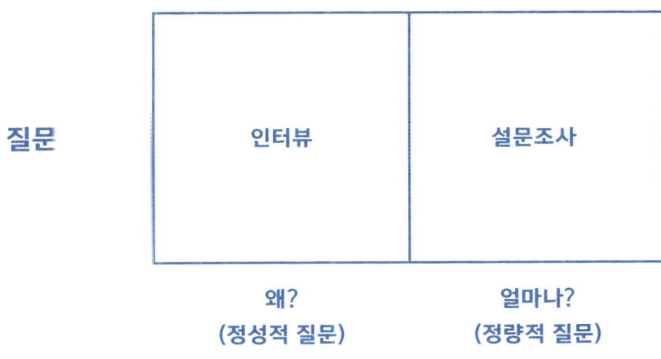

[그림 1.3] 인터뷰는 정성적 성격으로, 설문조사는 정량적 성격으로 비교한다.

- '설문조사'는 의사결정을 하는 데 사용할 수 있는 수치를 얻기 위해 특정 표본 집단 사람들이 답변할 질문을 묻는 과정이다.

이 정의를 다음 용어 정의와 비교해보겠다.

- '인터뷰'는 면접관이 질문을 하고 면접 대상이 답변을 하는 대화다. 이러한 답변으로 그 사람의 관점, 의견, 행동에 대한 동기를 파악할 수 있다.

설문조사와 인터뷰 모두 질문에 의존한다. [그림 1.3]에 나와 있듯 인터뷰는 '왜(정성적 질문)'에 대한 것이고 설문조사는 '얼마나(정량적 질문)'에 대한 것이다.

사람들이 반드시 최고핵심질문에 답변해야 하는가

다음은 한 프린터 제조업체의 설문조사에서 나온 질문으로, 내가 좋아하는 질문 중 하나다.

'한 달에 몇 페이지를 인쇄하십니까?'

나는 이 질문에 답할 수 없었다. 1페이지보다는 많고, 그 달에 종이 한 상자를 구입하지는 않았으니 종이 한 상자보다는 적다는 것은 알고 있었다. 그렇다고 해서 종이 한 상자에 몇 장이 들어가는지 알아보고 싶은 마음까지는 들지 않았다.

그래서 대충 추측해서 답했다. 이러한 답은 데이터의 질을 상당히 떨어뜨린다.

하지만 여기서 정말 아이러니한 것은 나의 프린터가 프린터 제조업체의 고객 피드백 프로그램에 연동되어 인쇄하는 페이지 수의 정보를 정확하게 제공하고 있었다는 점이다. 업체는 분석 정보를 통해 분명 수치를 알 수 있었을 것이다.

다음은 내가 최근에 받은 이메일이다.

> 우리는 당사의 웹사이트 방문객들에게
> 팝업 창이 구매 욕구를 저하시키는지에 대해 질문하여
> 팝업 창 제거 여부를 결정해야 합니다.

이 회사가 팝업 창 제거를 망설일 만한, 팝업 창 사용에 대한 좋은 사업적 이유가 분명히 있을 것이라 생각한다. 하지만 사람들에게 '구매 욕구를 느끼는지'에 대해 질문하면 신뢰할 수 없는 답변을 얻을 가능성이 크다. 웹사이트 방문객은 구매 욕구는 느끼지만 실제로 구매를 하지 않거나, 구매 욕구가 없는데도 구매할 수도 있다. 이에 대해서는 3장에서 '예측 곡선'을 살펴볼 때 다시 다루도록 하

[그림 1.4] 분석과 A/B 테스트는 사람들에게 질문하지 않고도 얼마나 많은 사람이 특정 행위를 하는지 관찰하는 방법이다.

겠다.

이런 질문에는 훨씬 더 좋은 정량적 방법이 있다. 바로 A/B 테스트다. 두 가지 버전을 제시하고 분석을 통해 어떤 버전이 원하는 결과에 더 많은 기여를 하는지 결정하는 것이다. A/B 테스트와 다른 많은 유형의 분석은 사람들을 질문으로 귀찮게 하지 않으면서 조용히 그들을 관찰한다. 이는 [그림 1.3]의 설문조사와 대비된다.

'왜'를 알고 싶은가

이제 우리가 [그림 1.5]의 4개 분면을 다루고 있다는 것을 눈치 챘을 것이다. 사람들이 무엇인가를 하는 이유가 항상 명백한 것은 아니다 예를 들어, 사람들이 웹사이트에서 무엇인가를 찾지 못한다고 할 때 검색 기록 분석을 통해 그들이 '무엇을' 찾고 있었는지는 알 수 있지만 '왜' 찾고 있었는지는 알 수 없다. 바로 검색을 시도했을까? 몇 번 클릭했는데 안 된 것일까? 찾고 있는 것에 대해 웹사

관찰	사용성 평가 현장조사	분석 A/B 테스트
질문	인터뷰	설문조사
	왜? (정성적 질문)	얼마나? (정량적 질문)

[그림 1.5] 적절한 방법을 선택하기 위한 표

이트에서 사용하는 용어를 봤지만 다른 용어를 생각하고 있었기 때문에 이를 인지하지 못한 것일까?

종종 보게 되는 또 다른 최고핵심질문은 다음과 같다.

> 우리는 당사의 웹사이트 방문객들에게
> '당사의 웹사이트에서 마음에 들지 않는 점이 무엇입니까?'를 질문하여
> 무엇을 개선해야 할지를 결정 해야 합니다.

'마음에 들지 않는 점이 무엇입니까?'라는 질문은 수치적 답변을 얻을 수 없다는 문제를 차치하고도 '마음에 들지 않는 점이 무엇입니까?'와 '우리가 무엇을 개선해야 하는가?' 간의 직접적인 연결점의 부재라는, 보다 근본적인 문제가 있다. 사람들이 어떤 것을 마음에 들어 하지 않는 이유를 알아야 이를 어떻게 변화시킬 것인지에 대한 아이디어를 얻을 수 있다.

인터뷰를 활용할 수도 있겠지만 대부분의 사람이 편하거나 불편하게 생각했던 모든 세부 사항을 다 기억하고 있을 것이라 기대할 수는 없다. 사람들이 사용하고 있을 때 관찰하는 것이 그들에게는 훨씬 편한 방법이고, 조사하는 사람에게도 훨씬 풍부한 데이터를 가져다준다.

사용성 평가에서는 주로 연구 시설에서 어떤 업무를 다루는 참가자를 관찰할 수 있다. 아니면 자연스러운 환경으로 사람들을 관찰하러 나갈 수도 있다. 이것이 바로 현장조사다.

'얼마나'와 '왜'를 함께 고려하라

4분면 표는 언제나 각 아이디어가 별개인 느낌을 준다. 그렇지 않은가? 그러나 실제로 이 기법들은 서로를 보완한다. [그림 1.6]은 4분면 표를 활용한 사례다.

- 분석을 통해 한 제품의 매출이 감소한 것을 알 수 있었다.
- 사용성 평가는 사람들이 웹사이트가 더 이상 관리되지 않는다고 생각해 제품도 분명 최신 제품이 아니라고 생각한다는 것을 보여주었다.

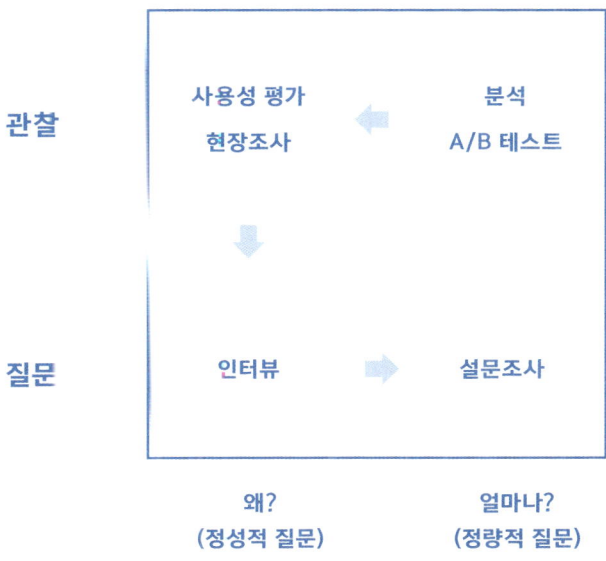

[그림 1.6] 4분면 표에서 가능한 여러 루트 중 하나의 예시

- 동시에 진행된 인터뷰는 사람들이 제품 구매 결정과 실제로 제품을 사용하는 시점 간에 긴 간격을 두는 경우가 많다는 것을 보여주었다.
- 설문조사는 최신 제품이 아니라는 인식 문제가 제품을 사용할 때까지 시간이 걸리는 문제보다 더 많은 사람에게 영향을 미치고 있음을 알려주었다.

'삼각법'을 시도해볼 것을 적극 추천한다. 삼각법은 조사 방법을 혼합하여 사용하고 결과를 비교해 전반적인 인사이트를 개선하는 것이다.

발표 초안은 '왜'와 '얼마나' 중에서 하나를 결정할 수 있게 도와준다

몇 년 전, 사용자 경험 컨설턴트 나탈리 웹Natalie Webb과 설문조사에 대해 대화를 나누었다. 나탈리는 내게 이런 팁을 주었다.

"설문조사에서 얻을 수 있다고 기대하는 결과를 기반으로 해서 발표 초안을 만드세요."

처음에는 이상한 아이디어 같아 보였지만 하면 할수록 질문하고자 하는 것과 설문조사 결과로 얻게 될 수치가 정말로 의사결정에 도움이 되는지 충분히 생각

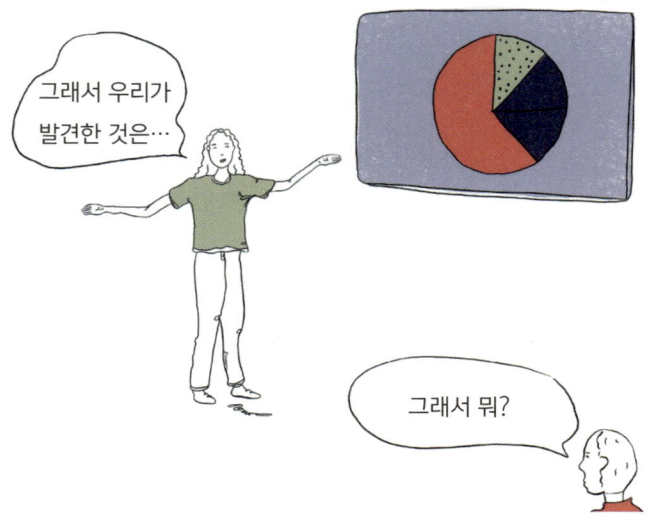

[그림 1.7] 발표 초안은 설문조사에서 '그래서 뭐?' 부분을 생각해볼 수 있게 해준다.

해보았는지를 시험할 수 있는 좋은 방법이라는 생각이 들었다. [그림 1.7]의 '그래서 뭐?'에 해당하는 부분이다.

발표 초안을 먼저 만들면 조사 방향에 어떤 제한이 생기지는 않을지 걱정했다. 팀이 무엇을 할지 자유롭게 사고하지 못하도록 막아 배울 수 있는 영역을 좁힐 수도 있다고 생각했다. 하지만 시간이 지나면서 이것이 바로 설문조사가 가진 힘의 일부라는 것을 깨닫게 되었다. 어떤 것이 '얼마나' 되는지 알아내고자 하는 것이기 때문에 시작하기 전에 '왜'를 먼저 이해해야 한다. '왜'를 충분히 알지 못하면 관찰과 인터뷰로 시작해야 한다.

어떤 종류의 수치가 필요할지 생각하라

'그래서 뭐?' 부분과 의사결정에 필요한 수치를 생각해보는 것도 지금 시점에서 고려해야 할 또 다른 포인트에 도움이 된다. 바로 '결과로 어떤 종류의 수치가 필요한가?'다. 이런 질문을 하기에는 이르다고 생각할 수도 있지만, 통계 전문가들은 데이터 수집 후가 아닌 수집 전에 통계 전략을 잘 만들어야 한다고 이야기한다.

어떠한 질문에 특정 방식으로 답변하는 사람들의 실제 수치를 알아야 하는가? 예를 들어, 사무실 이전을 계획하는 것에 대한 설문조사를 지원했을 때 사무실이 새로운 곳으로 이전하면 통근 시간이 길어진다고 답하는 사람이 몇 명인지 파악하고자 했다.

각 답변에 따라 비율을 알아보아야 할까? 예를 들어, 사무실을 새로운 곳으로 이전하면 퇴사할 것이라는 사람들의 비율과 사무실 이전을 받아들일 것이라는 사람들의 비율을 비교하고자 했다.

평균(산술평균)이 필요한가? 예를 들어, 평균 통근 시간이 1시간 이상 늘어나는 것이 사무실 이전 아이디어를 무산시킬지 여부를 고려했을 수 있다.

중간값(모든 수치를 가장 큰 수부터 작은 수의 순서로 놓았을 때 가운데에 위치한 값)이 필요한가? 평균은 한두 개의 지나치게 큰 값으로 인해 쉽게 왜곡될 수 있다. 한 사람의 통근 시간이 갑자기 10시간이 되어버린다면 평균은 크게 증가하겠지만 중간값은 그렇게 많은 영향을 받지 않는다.

그리고 설계에 있어서는 '범위'와 '최빈값'을 살펴보는 경우가 많다. 범위는 가장 큰 값과 작은 값의 차이다. 어떤 직원은 통근 시간이 10시간 걸리는데 어떤 직원은 이전 예정인 사무실 바로 위층에 살고 있어 통근 시간이 0시간인 경우 범위는 10시간이 되는 것이다. 최빈값은 가장 빈도수가 높은 값으로, 여러 가지 설계에 있어서의 어려움 때문에 매우 신중히 고려해야 한다. 최빈값으로 답변한 사람들을 위해 설계하고, 어떤 이유로든 '해당 규범'과 맞지 않는 사람들을 실수로 제외하지 않기 위함이다.

또 어떤 것이 있을까? 비교형 설문조사를 수행한다면 지금 진행하는 설문조사에서 어떤 부분을 다음 설문조사와 비교할지 고려할 것이며, 모델링 설문조사라면 온갖 종류의 첨단 통계 분석을 사용하거나 다른 방식을 사용할 것이다.

설문조사 답변으로 무슨 계획을 하고 있든, 이 단계에서 이러한 통계를 신중히 고려하는 것은 작업에 들이는 시간의 가치를 발휘해줄 것이며, 최고핵심질문과 이를 어떻게 활용할 계획인지 다시 한 번 검토하게 해줄 것이다.

주어진 시간과 필요한 도움을 결정하라

최고핵심질문이 있으니 어떤 의사결정을 내릴지 알고 있고, 그 결정을 내리기 위해 필요한 수치 유형에 대해 어느 정도 생각해본 상태일 것이다. 이제 시간과 누가 관계되어야 하는지 생각해볼 시점이다. 먼저 주어진 시간을 생각해보자.

- 언제 결과를 도출해야 하며, 이에 투자할 수 있는 시간은 얼마나 되는가?
- 함께 일할 팀원들이 있다면 팀원들은 어느 정도의 시간을 낼 수 있는가?
- 설문조사를 기반으로 한 보고서를 언제 제출할 것인가?

다음으로 도구를 생각해보자.

- 당신이나 당신의 팀은 설문조사 도구를 가지고 있는가?
- 도구를 어떻게 사용하는지 알고 있는가?
- 도구를 구매하거나 구독해야 하는가?

마지막으로(가장 중요한 부분이다) 누가 관계되는지 생각해보자.

- 팀원 외에 설문조사에 관계되어야 하는 사람은 누구인가? 예를 들어 개인정보 또는 법률 관련 담당자가 필요한가?
- 설문조사 결과를 받아볼 사람은 누구인가?
- 결과를 기반으로 내릴 의사결정 과정에 관계되는 사람은 누구인가?

인터뷰를 먼저하고 설문조사를 나중에 하라

설문조사를 먼저 진행하고 일부 사람을 대상으로 후속 인터뷰를 하려고 계획하는 사람이 은근히 많다. 이런 실수를 저질러서는 안 된다. 원칙은 인터뷰를 먼저하고 설문조사를 나중에 하는 것이다. 인터뷰 중에서도 특히 유용한 두 가지 방법이 있다.

- 설문조사 주제를 특정 집단 사람들이 어떻게 생각하는지 알아볼 수 있는 인터뷰(2장 참조)
- 인지적 인터뷰(설문조사 질문에 국한되는 특수 유형의 인터뷰). 이는 질문이 효과가 있는지 파악할 수 있도록 도와준다(3장 참조).

그리고 설문조사에서 최선의 결과를 얻기 위해서는 이 인터뷰에 더해 [그림 1.8]에 나온, 4분면 표의 다른 기법 두 가지로 보완해야 한다.

- 설문지에 대한 사용성 평가(4장 참조).
- 사용성 평가와 설문조사 자체 간의 시범 테스트(5장 참조)

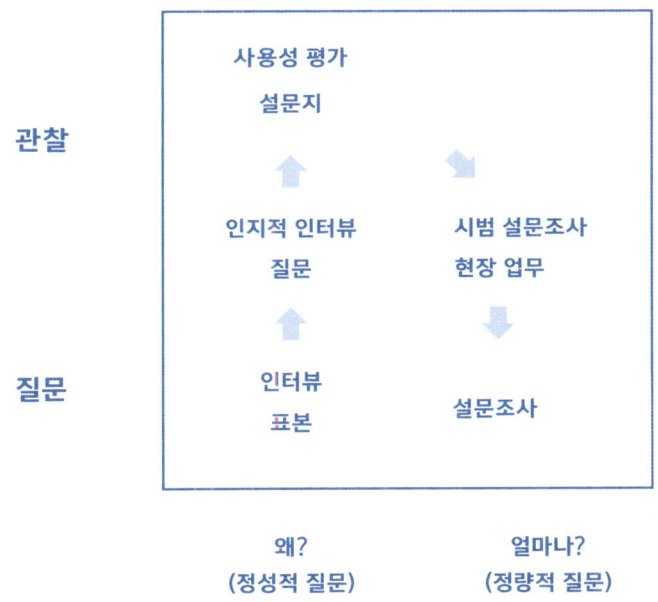

[그림 1.8] 설문조사에 대해 알아가는 여정 중에 4분면 표의 다른 기법들도 사용할 것이다.

주어진 시간에 맞추어 이 모든 활동을 어떻게 수행할지 몇 가지 아이디어를 얻고자 한다면 8장으로 건너뛰어도 좋다. 참고로 최근에 작업한 설문조사는 최고 핵심질문 하나를 만드는 데 4일이 걸렸다.

목표 관련 주의 사항

나는 수년간 설문조사에 있어 순수주의자인 편이었다. 누군가가 내게 "설문조사의 목표를 선택할 때 주의해야 할 사항은 무엇인가요?"라고 물었다면 나는 "해당 연구는 설문조사가 적합하지 않은데 설문조사를 하겠다고 고집부리는 것입니다"라고 답했을 것이다.

하지만 요즘은 나도 꽤 유순해졌다. 동료들이나 고객들이 설문조사를 하는 것이 이상적인 상황이 아닌데 온갖 이유를 들며 설문조사를 고수하는 경우가 있다는 것을 알고 있다. 당신도 이런 상황이라 해도 걱정할 필요 없다. 계속 좋은 선택을 하고, 간단 설문조사를 목표로 삼고, 최대한 많이 반복하라. 결과가 어떻게 나오든 보다 나은 설문조사를 하는 방법을 배우게 될 것이다.

우리끼리만 하는 이야기이지만, 나는 1장의 다른 목표에 대해서도 좀 더 느긋하게 생각하기로 했다. 최고핵심질문을 딱 하나로 추리지 못했는가? 아직 최고핵심질문이 수십 개가 있다면, 분명 안 될 말이다. 하지만 대여섯 개 정도의 후보가 있다면? 그렇게 나쁘지는 않다. 3장을 시작하면서 추려 나갈 수 있다. 어떤 의사결정을 내릴지 명확하지 않은가? 일단 해보고 몇 단계를 더 수행한 다음 다시 생각해보라. 어쨌든 반복할 수 있는 부분이니까.

하지만 팀이나 고객에게 이런 방식을 자주 말해주진 않을 것이다. 하나의 최고핵심질문을 만들고 어떤 의사결정을 내릴지 명확하게 알고 있을 때 나머지 설문조사 과정이 훨씬 더 용이해지고 속도가 난다는 사실을 알고 있기 때문이다. 그렇기에 이를 위해 팀과 고객들을 설득하려 꽤 많은 노력을 들인다.

목표와 질문이 맞아야 타당성이 생긴다

설문조사 과정 중 마주하게 될 첫 번째 어려움에 대해 알려주겠다. 1장에서는 설문조사 문어의 첫 번째 촉수를 살펴보고 있다. [그림 1.9]에 나와 있는 '설문조사를 하는 이유' 부분이다.

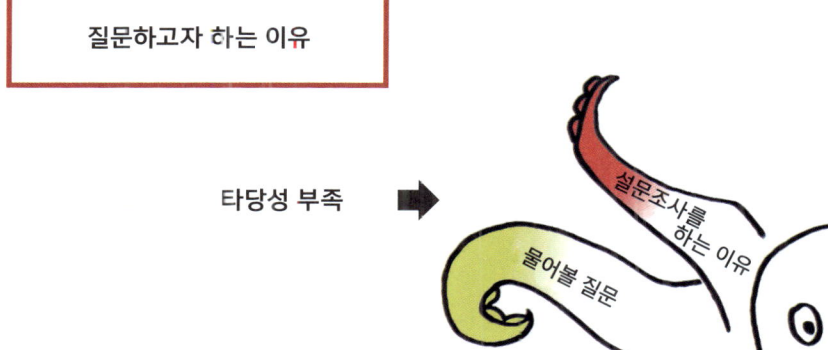

[그림 1.9] 타당성 부족

촉수 간에는 항상 오류가 존재한다. 이 경우에는 '타당성 부족'이다. 타당성 부족은 물어볼 질문이 설문조사를 하는 이유와 질문하고자 하는 것이 일치하지 않을 때 발생한다. 다르게 표현하면 다음과 같다.

'설문조사는 물어볼 질문과 설문조사를 하는 이유, 질문하고자 하는 것이 일치할 때 타당성을 가진다.'

그러니 설문조사를 하는 이유, 의사결정, 최고핵심질문에 최대한 공을 들여라.

이 시점이면 알게 될 사실

설문조사 과정의 다음 단계를 보다 쉽게 이행해나가기 위해 이 시점에서 알면 많은 도움이 되는 것들이 있다.

- 설문조사에 대한 자료
- 질문에 대한 답변을 얻고자 하는 사람들(**특정 집단**)
- 의사결정에 도움을 줄 최고핵심질문
- 최고핵심질문을 사람들이 답변해야 하는지 여부
- 설문조사를 하는 것이 올바른 선택인지 여부

스포트라이트 B
순추천지수와 상관관계

아마도 가장 자주 보게 되는 설문지는 많은 기관에서 끊임없이 보내는 후속 설문인 '우리의 서비스를 평가해주세요'일 것이다. 많은 경우 잘 알려져 있는 단일 질문인 순추천지수NPS, Net Promoter Score를 사용한다. [그림 B.1]을 보자.

> 친구/동료에게 _____을
> 얼마나 추천하고 싶으십니까?
> 0(전혀 추천하고 싶지 않다)에서
> 10(정말 추천하고 싶다) 사이의 점수로
> 문자 답변 부탁드립니다.

[그림 B.1] 전화 상담 후 문자 메시지로 전달되는 NPS의 예시

NPS의 목표는 '충성도' 측정이다

NPS의 창시자들은 충성도를 측정하고자 했다. 그들은 충성도를 고객이 재구매하거나 다른 사람에게 소개해 구매하게 된 경우를 종합한 것으로 정의했다. 그들은 충성도의 다양한 측면을 살펴보는 여러 가지 방대한 질문을 수집했다. 예를 들어, 'X사가 당신의 충성도를 누릴 자격이 된다는 것에 얼마나 동의하십니까?'와 같은 질문이 있다.

대규모 설문조사에 들어가는 모든 질문은 수천 명의 고객에게 전달되었고, 동시에 동일한 고객들로부터 실제 구매 정보와 소개 정보를 수집했다. 일부 고객

은 먼저 질문을 받은 다음 충성도를 추적했고, 다른 고객들은 먼저 충성도를 추적한 다음 질문을 받았다.

NPS는 통계적 상관관계를 활용해 최고핵심질문을 선택한다

이 팀은 통계적 모델링 도구를 사용해 '어떤 설문조사 질문이 충성도와 가장 강력한 통계적 상관관계를 보이는지 결정하여 고객이 무엇을 할지 효과적으로 예측하는 최소 한 가지 질문을 찾아 회사의 성장 예측에 도움이 되도록' 했다. (라이켈트, 마크 Reichheld, Markey, 2011)

상관관계가 있다는 것은 변화가 관계성이 있다는 의미다. 서로에 의해 변화하는 두 가지를 비교하면 그 둘의 상관관계를 계산할 수 있다. 상관관계는 두 가지가 관계성 있게 변화하는 정도로, 그리스 문자 ρ(로)로 나타내는 경우가 많다. [그림 B.2]를 보자.

- ρ가 +1이면 하나가 커지면 다른 하나도 정확히 동일한 정도로 커진다.
- ρ가 -1이면 하나가 커지면 다른 하나도 정확히 동일한 정도로 작아진다.
- ρ가 0이면 알 수 있는 유일한 것은 하나에 변화가 생길 때 다른 하나에 무슨 일이 일어날지 알 수 있는 방법이 없다는 것이다('상관관계가 없다'라고 하기도 한다).

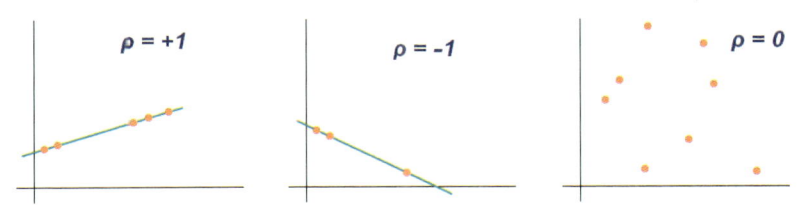

[그림 B.2] 정확한 상관관계 +1, -1, 상관관계 없음 0

출처: https://commons.wikimedia.org/wiki/file:correlation_coefficient.png

실제 세상에서는 정확한 숫자로 떨어지는 상관관계를 발견하는 것은 매우 드문 일이다. [그림 B.3]에 나와 있듯 하나가 변화하면 다른 하나도 어느 정도 같은 방

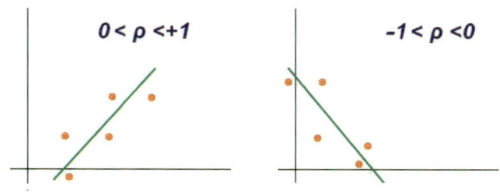

[그림 B.3] 전형적인 상관관계는 좀 더 흐트러져 있다.

출처: https://commons.wikimedia.org/wiki/file:correlation_coefficient.png

향으로 변화하는 0에서 1 사이의 상관관계나, 하나가 변화하면 다른 하나는 반대 방향으로 어느 정도 변화하는 -1에서 0 사이의 상관관계가 훨씬 더 일반적이다.

인과관계가 상관관계를 만든다

어떤 경우에는 하나의 사건이 다른 사건의 원인이 되기 때문에 상관관계가 생길 수 있다. '인과관계'는 하나의 변화가 다른 하나에서 예측 가능한 변화를 일으키는 정도를 의미한다. 남편이 주방 테이블에 양상추, 토마토, 오이를 둔 것을 본다면 다음 식사로 샐러드를 준비(인과관계)하고 있다는 것을 예측할 수 있다. 하지만 남편이 야채를 냉장고에서 꺼낸 것이 아니라 마트에서 장을 봐와 냉장고에 넣기 전일 수도 있기 때문에 상관관계가 있지는 않다.

'충성도'를 다시 살펴보자. 만약 어떤 고객이 이미 다른 사람에게 소개를 해주었다면, '친구/동료에게 얼마나 추천하고 싶으십니까?'에 높은 숫자로 답할 것이다. 하지만 미래 행동에 대한 예측은 절대 정확할 수 없기 때문에 확실하게 그렇다고 할 수는 없다. 그래도 이 고객은 과거의 행동을 생각해 그에 따라 답변을 정할 수는 있다. 또한 어떤 사람들은 다음 사항에 해당될 수도 있다.

- 사람들에게 소개를 해준 적이 있는데 그 후 좋지 않은 경험을 해 더 이상 소개해주고 싶지 않다.
- 한 동료에게 소개를 해준 적이 있는데 이제 직업이 바뀌어 더 이상 소개할 일이 없을 것이다.

- 관심이 있을 만한 사람이 딱 한 명이라 이제 더 이상 소개할 사람이 없다.
- 내가 소개한 사람은 나의 적이라 친구/동료가 아니다.

그 외 다른 상황은 당신의 상상에 맡기겠다.

상관관계는 인과관계를 만들지 않는다

반대로는 통하지 않는다. 관련이 없는 것들도 강력한 상관관계가 있는 경우가 있다. 예를 들어, [그림 B.4]에서 '모차렐라 치즈 1인당 소비'는 '토목공학 박사학위 취득 건수'와 거의 완벽한 상관관계를 보여주고 있다. 2000년부터 2009년까지 $\rho=0.96$이다.

이와 같은 허위적 상관관계 때문에 모든 통계학 도서에서 '상관관계가 인과관계를 의미하지 않는다'라고 하는 것이다. '충성도'에 대해 오늘은 제품을 친구에게 추천하겠다고 말할 수 있지만 그렇다고 미래에 내가 정말 그 제품을 구입할까? 친구에게 추천하는 것이 본인의 구매를 일으킨다고 할 수 있을까?

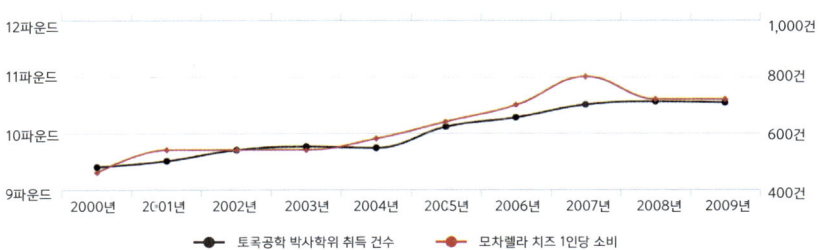

[그림 B.4] 허위적 상관관계

출처: www.tylervigen.com/spurious-correlations

NPS는 상관관계를 일반적 예측으로 사용한다

NPS의 이론은 모든 업계의 고객은 '친구 또는 동료에게 추천'에 대한 답변에 따라 세 가지 집단으로 나눌 수 있다는 것이다(표 B.1 참조).

[표 B.1] 순추천집단 및 행동

집단	예상되는 미래 행동	답변
추천고객	계속 구매하면서 다른 사람에게도 소개해줄 충성 고객	9와 10
중립고객	만족은 하지만 경쟁사에 취약한 열정적이지 않은 고객	7과 8
비추천고객	부정적인 소문으로 브랜드 이미지를 손상시킬 수 있는 고객	0에서 6

NPS는 독특한 점수 계산법을 사용한다

NPS는 [그림 B.5]에 나와 있듯 구체적이면서도 조금 독특한 계산법을 사용한다.

- 중립고객을 무시한다.
- 추천고객의 퍼센트를 계산한다.
- 비추천고객의 퍼센트를 계산한다.
- 비추천고객의 퍼센트를 추천고객의 퍼센트에서 차감해 순추천지수를 계산한다.

퍼센트를 계산할 때 중립고객이 전체 총합에 나오긴 하지만, 중립고객의 보통 정도의 긍정적인 의견은 최종 총합에 나타나지 않는다.

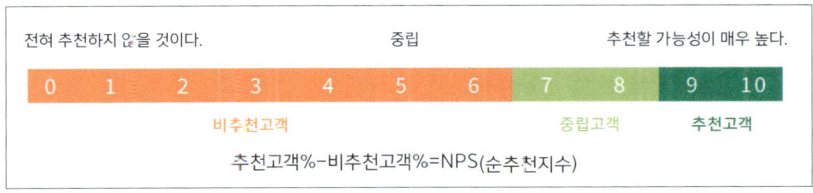

[그림 B.5] NFS 계산법

브랜드에 집중하는 것이 적절한지 확인하라

브랜드가 전부인 소비자 제품을 판매한다면 순추천지수가 좋은 방법일 수 있다. 순추천지수 웹사이트는 포르쉐, 버라이즌, 애플 등 NPS를 사용한 여러 유명 브랜드를 언급하고 있다.

브랜드가 그다지 중요하지 않은 경우를 주의하라. 암 병동 같은 경우 브랜드가 그렇게 큰 핵심 요소일까? 그런데도 실제로 '이 병등을 친구나 가족에게 추천하시겠습니까?'라는 질문을 본 적이 있다. 어색한 반응이 나온다면 다행이고, 최악의 경우 큰 화를 불러일으킬 만한 질문이다.

반드시 NPS를 사용해야 한다면 라이켈트의 책을 읽어라

순추천지수 사용 여부에 대한 결정권이 당신에게 있지 않을 수 있다. 많은 이해관계자가 NPS가 최고핵심질문이라 믿으며 이를 고집할 것이다. 순추천지수는 충분히 긴 간격을 두고 설문조사를 할 때 전반적으로 개선할 수 있는 방법으로, 프레드 라이켈트Fred Re chheld가 처음 제안했다(라이켈트는 분기별 조사를 제안했다). 충분히 긴 간격을 두어야 점수가 크게 변화하면 이를 파악하고, 문제가 있으면 해결하기(아니면 계속 개선을 위해 노력) 위해 행동을 취할 시간이 생긴다.

설문지나 다른 곳에 NPS 사용을 진지하게 고려하고 있다면 NPS를 사용하는 의도를 명확하게 설명해주는 라이켈트의 저서 중 하나를 읽어보기 바란다. 투자한 시간만큼 충분한 보상을 얻을 수 있을 것이다.

스포트라이트 C
만족도

만족도는 설문조사에서 많은 사람이 질문하고자 하는 주제이나 까다로운 주제가 될 수 있다. 한 예시로 사고 실험을 해보자.

열대 휴양지로 멋진 여행을 다녀왔다고 상상해보자. 여행을 마치고 상쾌한 기분으로 집으로 돌아왔다. 이 여행의 만족도는 어떨까? 이번에는 여행을 마치고 탑승한 비행기에서 옆자리에 앉은 사람과 대화를 한다고 상상해보자. 그 사람의 가족은 나와 다른 여행사를 통해 여행 비용을 절반만 들였다고 한다. 당신의 만족도는 어떻게 될까?

전자의 경우에는 만족도가 높고, 후자의 경우에는 만족도가 낮아질 것이다. 같은 경험을 했지만 평가 점수가 낮아지는 것이다. 만족도라는 것이 얼마나 믿을 수 없는지를 보여주는 예시다.

그럼에도 '만족했는가?'는 자주 보이는 최고핵심질문이며, 가장 주목받는 질문이다. 그리고 설문조사자에게 특히 어려운 주제다. 그렇기 때문에 이번 스포트라이트에서 이에 대해 다루고자 한다.

만족도는 결국 비교에 대한 것이다

만족도는 사람들이 하는 비교에 달려 있다. 위의 사고 실험에서 내가 비교한 두 가지 예시는 다음과 같다.

- 이상적인 유형의 여행과 이번 여행의 비교(우수성)
- 같은 여행을 다녀온 사람들이 다른 비용으로 여행했는지의 여부(공정성)

다음은 정말 충격적이었던 또 다른 유형의 비교와 만족도의 예시다. 동메달리스트와 은메달리스트에 대한 연구에 따르면, 평균적으로 동메달리스트가 은메달리스트보다 결과에 더 만족했다고 한다. (메드벡, 메이디, 길로비치, Medvec, Madey, Gilovich, 1995) 보통 은메달리스트는 자신의 결과를 금메달리스트와 비교하지만 동메달리스트는 대체로 메달을 획득한 것 자체를 만족스러워하는 듯하다. 두 예시 모두 '만약에 ~했었다면'의 상황과 비교하는 것이다.

나는 만족도에 있어 비교의 중요성을 리처드 L. 올리버Richard L. Oliver 교수의 저서 《만족도: 소비자에 대한 행동적 관점Satisfaction: A Behavioral Perspective on the Consumer》을 통해 알게 되었다. 가능한 비교 세 가지는 '우수성'과 '공정성', '일어날 수 있었던 사건'에 대한 것이다. 리처드는 다음 사항도 언급했다.

- **기대 사항:** 실제로 일어난 일과 일어나길 기대했던 일을 비교(꿈의 휴가를 간다고 생각했지만 호텔은 끔찍했다.)
- **필요:** 경험이나 제품이 니즈를 충족했는지의 여부(평소 입는 사이즈로 티셔츠를 구매했는데 배송된 제품은 너무 컸다.)

그리고 마지막으로 '이게 뭐지?' 또는 '누가 이런 걸 신경 써?'라는 생각이 드는 비교가 있다. 어떤 조직에서 내가 1초도 생각해본 적 없는 것에 대해 나의 만족도를 물을 때 그렇다. 다음과 같은 예시가 있다.

한 고객이 내게 탈취제에 대한 설문조사에 코멘트를 해달라고 요청한 적이 있다. 나는 45초 이상 생각해본 적 없는 주제에 대한 질문에 45분 동안 답을 해야 했다. 힘든 일이었지만 어떤 경우에는 비교 대상이 없을 수도 있다는 것을 깨닫게 해주었다. 그리고 [표 C.1]을 통해 알 수 있듯 이런 경우에 느끼는 감정은 무관심이다.

[표 C.1] 다른 결과를 낳을 수 있는 경험의 비교

어떤 경험과 비교하는가?	그로 인해 드는 생각 또는 감정
없음	무관심
기대 사항	더 좋아짐/더 나빠짐/달라짐
니즈	충족됨/충족되지 않음/중간
우수성(이상적인 제품)	좋음/품질이 떨어짐(또는 '꽤 괜찮음')
다른 사람의 대우	공정/불공정
일어났을 수 있었던 일	지지/후회

직접 이 표를 만들어보니 만족도가 왜 그렇게 믿을 수 없는 개념인지 알 수 있었다. 그래서 이제 어떤 팀의 만족도에 대한 설문지 작성을 도와줄 때 다음과 같은 질문을 한다.

- 팀에서 생각하고 있는 비교는 무엇인가?
- 팀에서 질문하고자 계획하고 있는 특정 집단 사람들에게 어떤 비교가 유의미할 것인가?
- 팀에서 계획하고 있는 의사결정은 무엇이며, 어떠한 비교가 그러한 의사결정에 도움이 될 것인가?

특정하고자 하는 감정에 대해 생각하라

많은 사람이 다음과 같이 말하곤 한다.
"우리는 만족도에 대한 질문을 하고자 합니다."
하지만 그들이 정말로 바라는 것은 다음과 같다.
"우리는 사람들이 우리를 좋아하는지 알고자 합니다."
아니면 다른 감정이 관여되어 있을 수도 있다. 사람들이 즐거워할까? 신나 할까? 화가 날까? 무관심할까?

감정에 대한 답변을 측정하는 것을 최고핵심질문으로 정하는 경우, 어떤 감정을 다루는지 아는 것이 첫 번째 단계가 된다. 한 가지 방법은 응답자들에게 지금 감정을 표현하는 단어나 문장을 적으라고 요청하는 것이다. 매우 다양한 답변이 나올 수 있다. 이 답변들에 '만족한다' 또는 '불만족한다'가 있을 것이라 생각하는가?

제안을 원한다면 마이크로소프트 제품 반응 카드(베네데크, 마이너, Benedek, Miner, 2002)를 살펴보라. 형용사가 적혀 있는 118개의 카드가 있는데, 그중 일부는 다음과 같다.

- 접근이 쉬운
- 고급의
- 성가신
- 흥미로운
- 이해하기 쉬운
- 매력적인

어떤 경험을 측정하고자 하는지 생각하라

나와 같은 경험을 해 본 사람이 있을 것이다. 어떠한 기관의 자료가 필요한데 웹사이트에서는 제공받을 수 없어 고객서비스센터에 전화를 했다. 친절하게 전화를 받은 사람은 기관의 정책 때문이라고 설명해주었다. 나는 고객서비스센터에는 감사했고, 기관에는 화가 났다. 얼마 후 [그림 C.1]과 같은 이메일을 받았다.

나는 어떻게 답변했어야 했을까? 원하는 것을 얻지 못했으니 '나빴습니다'라고 해야 할까? 그러면 내 전화를 받은 사람에게 문제가 생길 수도 있는데? 아니면 내 질문에 친절하게 답변해준 사람을 생각해 '좋았습니다'라고 해야 할까? 그러면 내 문제를 해결하지 못한 부분은 무시되는데?

기억나는 특정 감정에 대해 반드시 질문해야 한다면 [표 C.2]처럼 매우 신중하게 질문을 설계해야 한다.

> 당사의 고객서비스에 대한 귀하의 의견을 듣고자 합니다.
> 잠시 시간을 내 간단한 질문 한 가지에 답변 부탁드립니다.
> 아래 두 링크 중 하나를 클릭해주십시오.
>
> **귀하가 제공받은 지원을 어떻게 평가하시겠습니까?**
>
> 좋았습니다. 만족했습니다.
>
> 나빴습니다. 만족하지 못했습니다.

[그림 C.1] 핵심이 없는 만족도 설문지 초청장

[표 C.2] 고려해야 할 몇 가지 목표 및 접근 방식

목표	접근 방식
서비스의 세부 부분에 대해 알아보려면…	실제 최고핵심질문과 가장 주목받을 만한 질문에 특별히 더 노력 기울이기
감정적 반응을 파악하고자 하는데 어떤 것이 적용되는지 확실하지 않다면…	형용사로 답변을 요청하거나 마이크로소프트 제품 반응 카드 사용하기
전반적으로 브랜드에 대해 파악하고 당신의 조직이 '친구에게 추천하는 것'이 합리적인 곳인지 알아보려면…	순추천지수와 스포트라이트 B에서 본 추천 기반 감정적 반응 측정에 나온 질문으로 질문하기

점수로 평가받아야 하는 상황이라면 공란을 함께 제공하라

점수 평가 질문을 꼭 사용해야 하는 경우가 있다. 어쩌면 설문조사 결과를 바탕으로 내릴 의사결정이 평균 점수가 시간에 따라 얼마나 변화하는가에 달려 있을 수도 있다. 기업 방침에 반드시 따라야 하는 경우가 있을지도 모른다.

따라서 사람들에게 감정에 대해 몇 점부터 몇 점까지 평가해달라는 질문을 반드시 해야 한다면, 그 질문을 할 때 코멘트를 작성할 수 있는 공란을 함께 제공하는 것이 좋다. 많은 사람이 건너뛰겠지만 시간을 들여 그 공란을 채우는 사람들로부터 많은 것을 배울 수 있다.

만족도는 태도에 대한 것이다

만족도는 기대 사항, 경험, 결과에 대한 감정과 사고가 복잡하게 얽힌 것을 편리하게 부르는 용어다. 설문조사 방법론 학자들은 이를 '태도'라 부른다. 나는 이 태도 중 당신이 가장 관심이 많은 측면을 정확하게 알려주고, 이러한 핵심 사항을 활용해 최고핵심질문을 만들도록 한 것이다.

사실, 복잡한 태도에 대한 종합 점수를 추적하고자 하는 이해관계자들이 많다. 이런 사람들은 꼭 대규모 설문조사를 해야 한다고 생각한다. 만족도 조사도 이 중 하나이며, 이외에도 다음과 같은 것들이 있다.

- 직원들이 당사에서 근무하는 것에 대해 어떻게 생각하는가? ('사람 설문조사'라 부르는 경우가 많다.)
- 참석자들이 이번 컨퍼런스/교육 행사에 만족했는가? (교육자들은 해피시트[happy sheet]라 부르기도 한다.)

어떤 태도에 대한 일련의 설명을 만들고 답변을 하나의 점수로 종합하면 '리커트 척도'를 만드는 것이다. 리커트 척도는 훌륭한 방법이다. 만약 지금 가장 시급한 부분이 리커트 척도라면 '스포트라이트 H: 1부터 5까지의 척도(리커트 및 평정척도)'로 바로 가도 좋다.

2장. 표본

답변할 사람을 찾아라

1장에서는 '특정 집단(전반적으로 질문하고자 하는 사람들)'에 대해 생각해보았다. 2장은 특정 집단을 '표본', 실제로 질문할 사람들로 바꾸는 과정이다. 답변을 하기로 결정한 사람들의 대표성을 평가하는 데 도움이 될 수 있는 한두 가지 질문을 포함시키는 것도 생각해볼 것이다.

[그림 2.1]을 보자. 설문조사 문어의 오른쪽을 보면 4개의 촉수가 있다. 먼저 설문지에 답변할 사람들을 찾는 것부터 생각해볼 것이다. 즉, '답변하는 대상'이다. 그런 다음 다시 실제로 답변하고자 하는 사람들이 얼마나 되는지에 대해 생각해볼 것이다. 즉, '질문하는 대상 표본'이다. 그리고 마지막으로, 이러한 사람들을 찾는 방법에 대해 생각해볼 것이다. 즉, '표본을 만드는 목록'이다.

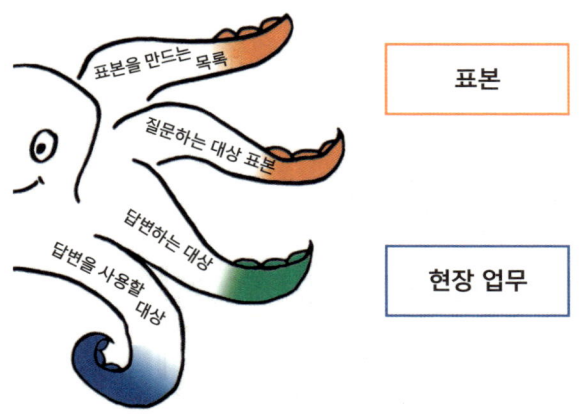

[그림 2.1] 설문조사 문어의 오른쪽 부분은 질문하고자 하는 사람들과 이들이 답변할지 여부에 대한 것이다.

모든 사람이 설문조사에 응하지는 않는다

보통 설문조사를 요청한 사람 수보다 답변하는 사람 수가 더 적다. 예를 들어, 교육 행사 후 컨퍼런스룸에 10명을 모아놓고 모두 설문지를 작성하도록 정중하게 요청한다 해도 얻을 수 있는 답변 수는 최대 10개다. "비행기를 타러 가야 합니다", "지금 너무 피곤해서요"와 같은 이유를 대며 자리에서 벗어나려 하는 사람이 있을 수 있기 때문에 한두 개는 받지 못할 수도 있다. 그래도 8~10개의 답변을 받는다면 전반적으로 응답률은 꽤 좋은 것이다.

'응답률'은 설문조사를 요청하는 사람 수 대비 답변하는 사람 수의 비율이다. 교육 행사 예시에서는 응답률이 0.8~1이었다. (나처럼) 퍼센트를 선호한다면 80~100%라 표현할 수도 있다.

설문지 전달 방식에 따라 응답률이 달라진다

다음은 다양한 설문조사 유형에 대한 경험에 따른 응답률 규칙이다.

[표 2.1] 경험에 따른 응답률 규칙

설문조사 유형	경험에 따른 규칙	퍼센트
우편으로 전달되는 미국통계국과 같은 국가통계기관의 주요 설문조사	1,000건의 초청장을 발송하면 약 850건의 답변을 받는다.	60~95%
우편으로 전달되는 설문조사의 모든 모범적 방법을 사용하는 학계 설문조사	1,000건의 초청장을 발송하면 300~600건의 답변을 받는다.	30~60%
선정된 고객집단에 전달하는 잘 설계된 웹 설문조사로 이어지는 링크가 포함된 이메일 초청장	1,000건의 초청장을 발송하면 약 100건의 답변을 받는다.	5~15%
웹사이트 본문의 메인 페이지에 신중하게 배치된 초청장	사이트를 방문하는 1,000명당 약 1명이 응답한다.	0.01~0.5%
웹사이트 상단의 배너 초청장	사이트를 방문하는 1,000명당 약 1명이 응답한다.	0.01%

이것이 시작점이다. 설문조사 응답률은 때에 따라 상당히 달라질 것이며 더 나은 결과를 만들 수도 있고, 그렇지 않을 수도 있다. 실제로 응답률에 가깝게 예측하는 최고의 방법은 가능한 가장 작은 표본으로 시범 테스트를 시행하는 것이다.

응답은 신뢰, 노력, 보상에 달려 있다

서론에서 우편 설문조사 봉투에 1달러를 함께 넣으면 응답률이 올라가고, 설문조사를 완료하면 무조건 50달러를 받을 수 있는데도 1달러의 효과가 더 컸다는 이야기를 소개했다. 보다 최근에는 설문조사 방법론 학자 엘리너 싱거Eleanor Singer와 콩 예Cong Ye가 다양한 유형의 설문조사 전달 방법과 보상에 대한 수십 가지 실험을 대규모로 분석해 다음과 같은 사실을 확인했다.

- 금전적 보상이 그 어떤 종류의 선물보다 낫다.
- 사람들은 나중에 약속되어 있는 보상보다 사전에 지급되는 보상을 더 선호한다.
- 경품 추첨은 응답률에 별다른 영향을 미치지 못한다.

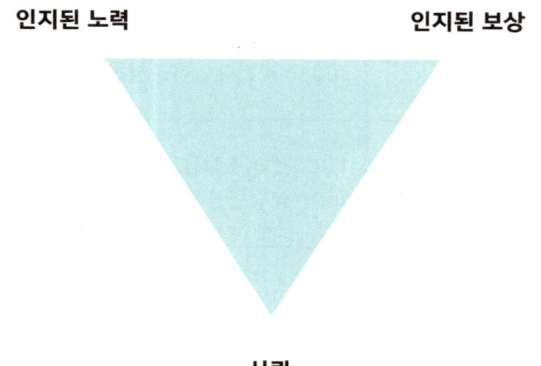

[그림 2.2] 사람들은 당신을 신뢰하고 인지된 노력에 따른 인지된 보상이 적절한 경우, 당신의 설문조사에 응답할 것이다.

또한 도움이 된다는 느낌이나 설문조사를 하는 즐거움 또는 결과를 보고 싶은 마음과 같은 다른 보상도 있다는 것을 알려주었다.

보상의 효과에 대한 이론 중에서 실제적으로 가장 도움이 된 것은 딜먼Dillman이 설문조사에 적용한 '사회교환이론'이다. 나는 사회교환이론을 [그림 2.2]처럼 인지된 보상과 인지된 노력을 신뢰가 받치고 있는 역삼각형 모양으로 생각한다.

경품 추첨에 대해 생각해보자. 대부분의 사람은 경품 당첨을 기대하지 않는다. 즉, 인지된 보상이 없는 것이다. 어떤 사람들은 경품을 지급한다는 말을 믿지 않는다. 즉, 신뢰가 없는 것이다. 어느 쪽이든 응답률을 높이는 효과가 없다.

비교적 작은 규모의 대학 학생들에게 전달된 설문지의 응답률이 아이패드 경품으로 현저히 증가했다. 이 예시에서 경품 추첨이 통한 이유는 학생들이 경품이 지급될 것을 알고 있었고(높은 신뢰), 경품을 대상으로 경쟁하는 집단이 제한적이었기(인지되는 보상이 괜찮은 수준) 때문이다.

신뢰, 노력, 보상에는 균형이 필요하다

몇 년 전 한 사람이 내게 이렇게 불평했다.
"1,000달러의 보상을 제공했는데도 설문조사 응답률이 매우 낮았습니다. 왜 그럴까요?"

그 이유는 분명하다. 보상이 너무 커 들여야 하는 노력이 말도 안 되게 클 것이라 생각하기 했거나(과도하게 인지된 노력), 해당 기관이 그러한 보상을 제공할 것이라는 신뢰가 없었기 때문이다(신뢰 부족).

신뢰는 당신이 답변으로 무엇을 할지에 대한 사람들의 생각이다

일반적으로 사람들은 당신을 신뢰하겠지만 묻고자 하는 특정 질문은 충분히 신뢰하지 못할 수도 있다. 많은 설문지에 이런 글이 적혀 있다.
'귀하의 의견이 당사의 서비스 개선에 큰 도움이 됩니다.'
사람들은 물건을 구입하는 정도까지는 당신을 신뢰할 수는 있어도 실제로 피드백 설문지에 대한 답변을 가지고 실천을 할 것이라고는 믿지 않는다. 그렇기 때문에 인지된 보상이 없는 것이다.

직원 설문조사는 또 다른 예시다. 많은 사람이 일반적으로는 자신의 고용인을 신뢰하지만 직원 설문조사에서 솔직한 답변을 할 수 있을 정도로 신뢰하는지는 확신하지 못한다. 익명이지만, 완전히 익명은 아닌 것이다.

신뢰는 개인정보 존중에 대한 것이기도 하다

'완전히 익명이 아니라는 것'은 개인정보 존중에 대한 우려를 만든다. 응답자들이 당신을 신뢰하게 만들려면 답변이 추적 가능할 때 그들의 개인정보가 잘 지켜질 것이라는 사실을 잘 전달해야 한다(그림 2.3 참조). 이후에 '스포트라이트 E: 개인정보'에서 더욱 자세히 다루도록 하겠다.

[그림 2.3] 답변을 마음대로 사용해서는 안 된다. 수집하는 정보로 무엇을 할지 명확히 명시해야 한다.

응답은 인지된 노력에 달려 있다

설문조사 응답을 요청할 때 답변자들이 어느 정도 시간을 내 답변을 생각할 것을 기대한다. 즉, 답변자들이 노력을 기울인다는 것이다. 종이 설문지의 경우, 얼마나 많은 노력을 기울여야 하는지 보기 위해 종이를 넘겨볼 수 있다. 이메일

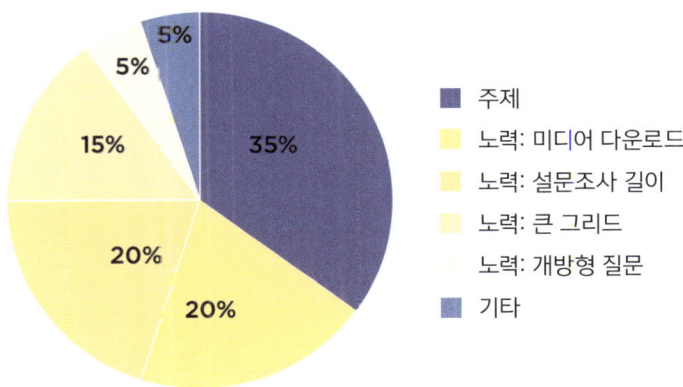

[그림 2.4] 설문조사를 중도에 포기하는 최대 60%는 노력의 양과 관련 있다.

초청장의 경우, 메일 수신함의 다른 모든 메일과 경쟁해야 한다. 웹 설문조사 팝업 초청장의 경우, 그 팝업창이 정말 그냥 질문인지, 아니면 일종의 광고나 다른 방해 요소인지 알아봐야 한다. 이 모든 것이 한 질문이라도 대답하기 전에 들어가는 노력이다.

만약 설문지에 너무 많은 노력이 소요되면 사람들은 중간에 그만둘 가능성이 크다. 리서치 기업 칸타 패널Kantar Panel은 300만 건의 시장조사 설문 데이터베이스를 가지고 사람들이 중간에 설문조사를 그만두는 이유를 분석했다. [그림 2.4]를 통해 알 수 있듯, 중도 포기의 최대 60%가 노력의 양과 관련 있었다. 즉, 설문조사 길이, 미디어 다운로드, 큰 그리드(점수 평가에 대해 계속해서 답변해야 하는 질문들), 개방형 질문이 포함된다.

응답은 인지된 보상에 달려 있다

성별 임금 격차에 관심이 있어 특별히 엄숙한 느낌의 정부 주관 설문조사를 진행한 적이 있다. 어떠한 대의명분에 열정을 가지고 있는가? 이런 질문에 답변하면 여기에서 인지되는 보상은 자신이 관점을 공유할 수 있는 기회다.

어떻게 되든 상관하지 않는가? 그렇다면 '인지된 보상'은 바로 '인지된 노력'으로

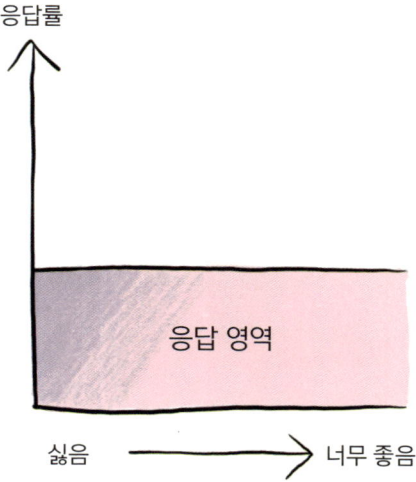

[그림 2.5] 의견들이 대략적으로 균등하게 분포되면 응답 영역은 평평하다.

바뀐다. 이는 응답률에 나쁜 영향을 미친다. 주제 때문에 칸타 패널의 설문조사를 중간에 그만둔 35%의 사람만 해도 그렇다.

'무응답 오차'는 설문지에 답변하는 사람들이 설문지에 답변하지 않는 사람들과 달라 의사결정에 영향을 미칠 때 발생한다.

'인지된 보상'이 의견을 공유할 기회인 경우도 있다. 여기에서 응답의 분포에 대해 생각해볼 수 있다.

'응답 영역'은 가능한 답변과 비교하여 답변한 사람의 수다.

모든 의견이 실제로 균등하게 분포된다면 [그림 2.5]와 같은 응답 영역이 생길 것이다.

보다 가능성이 큰 다른 경우를 생각해보자. '싫음'이나 '너무 좋음'과 같이 강한 의견이 있는 사람들로부터 더 높은 응답률을 얻으면 [그림 2.6]처럼 응답 영역에 2개의 피크가 생길 수 있다.

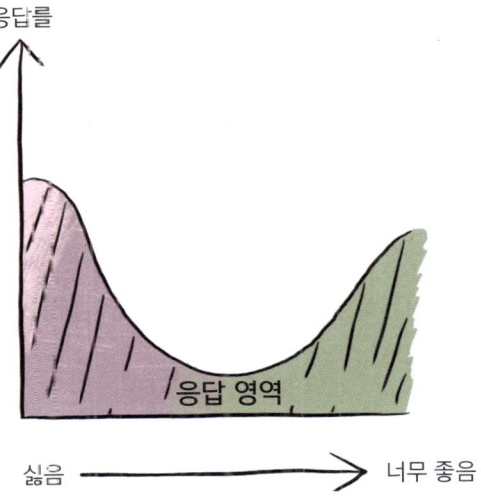

[그림 2.6] 강한 감정을 가진 사람들이 응답할 확률이 더 높을 때 이런 형태의 응답 영역이 나타날 수 있다.

일치의 문제가 있을 수도 있다. 극단적 의견을 가진 사람들이 과도하게 드러나고 어느 쪽이든 별로 상관하지 않는 중간에 있는 다수, [그림 2.7]의 '무관심 영역'에 있는 사람들을 실제만큼 나타내지 못할 위험이 있다.

무관심 영역은 주제에 강한 감정을 가진 사람들과 비교하여 그다지 신경 쓰지 않는 사람들도 인해 응급률이 더 낮다.

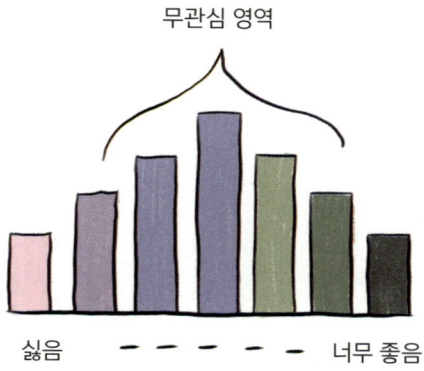

[그림 2.7] 무관심 영역: 주제에 그다지 관심을 두지 않는 사람들

만약 이런 문제들이 당신의 설문조사에 적용되고 극단적 의견에 대해 알아야 한다면, 무관심 영역은 그다지 중요하지 않다. 응답 영역의 사람들은 강한 감정을 가지고 있으며 이를 표현할 확률이 더 높다. 그래도 응답 영역을 꼭 확인해야 한다. 굉장히 긍정적인 의견도, 굉장히 부정적인 의견도 많아 평균을 내버리면 모든 사람이 중간 정도의 의견을 가진다고 보고해버릴 수도 있기 때문이다.

만약 이런 문제들이 당신의 설문조사에 적용되고 전반적인 사람들을 기반으로 의사결정을 내리고자 한다면 무관심 영역이 매우 중요하다.

우리는 이번 장에서 [그림 2.8]과 같이 첫 번째 오차의 예시를 만나보았다. '무응답 오차'는 설문지에 답변하는 사람들이 설문지에 답변하지 않는 사람들과 달리 의사결정에 영향을 미칠 때 발생한다.

무응답 오차는 감정의 강도로 인해 발생할 수도 있고, 그 외 다른 많은 이유로 인해 발생할 수도 있다. 예를 들어 일부 사람은 다음과 같다.

- 당신을 신뢰하는지 유무에 따라 답변이 달라진다.
- 다른 사람보다 당신의 질문을 이해하는 데 좀 더 어려움이 있다(다음 장에서 다루게 될 주제다).
- 어떤 사람은 질문이 자신과 관련 있다고 생각하는 반면, 어떤 사람은 자신과 관련 없다고 생각한다.

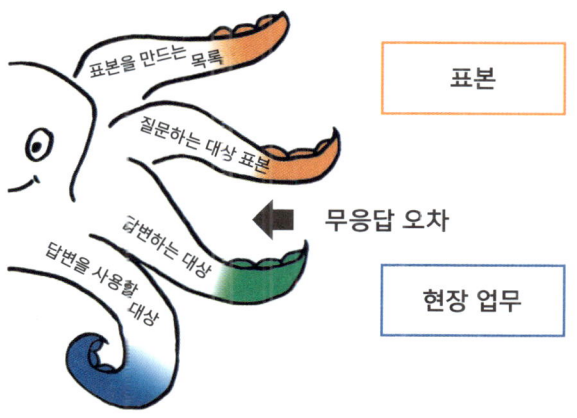

[그림 2.8] 무응답 오차는 표본과 현장 업무 간의 격차에서 발생한다.

일부 질문은 무응답 오차로 인해 문제가 생길 수 있지만, 다 그렇지는 않다. 예를 들어, 당신의 조직 사람들은 매년 유급휴가를 하루 더 늘리기로 한 최근 결정 사항에 대한 의견을 제공할 때는 당신을 믿어도, 직장에서 따돌림이나 괴롭힘을 당한 적이 있는지 물어보는 질문에는 말하기 곤란해 할 수도 있다. 직원 복지에 대한 의사결정을 할 때는 괜찮지만, 직장 내 따돌림이 어느 정도인지 평가해야 한다면 상당한 무응답 오차가 있을 수 있다.

가장 주목받을 만한 문제를 찾아 무관심한 주제를 피하라

조직이 사람들에게 질문하고자 하는 것들과 사람들이 조직에 말하고 싶은 것들이 일치하지 않는 경우가 많다. 앞서 언급했듯 나는 한 기관의 고객서비스센터에 전화를 했고 그곳의 직원은 정말 친절했지만 나의 문제를 해결해주지는 못했다. 나는 계속 그 문제 때문에 짜증이 났지만 피드백 설문지는 고객 지원 담당자에 대한 의견만 물어보았다. 무관심 영역을 피하기 위한 한 가지 방법은 사람들이 무엇에 관심을 두는지 알아내는 것이다. 사람들이 당신에게 하고자 하는 말이 무엇일까?

'여기서 주목받을 만한 문제'란 사람들이 당신에게 말하고 싶어 하는 주제를 의미한다.

먼저 듣고, 나중에 질문하라

가장 주목받을 만한 문제를 알아내는 쉬운 방법은 질문하고자 하는 사람들 중 일부를 대상으로 인터뷰를 진행하는 것이다. 원한다면 최고핵심질문 주제에 대해 질문할 수도 있고, 그 질문 자체를 물어볼 수도 있다. 나는 '먼저 듣고, 나중에 질문하라'라는 좌우명을 가슴에 새기고 최고핵심질문에 대해 물어보기 전에 인터뷰를 진행하여 인터뷰 대상자들이 가장 주목받을 만한 문제라고 생각하는 것들을 먼저 말하도록 한다.

인터뷰를 몇 차례 하고 나면 다음과 같은 사항을 알게 된다.

- 가장 주목받을 만한 문제가 무언인지 알게 된다.
- 질문하고자 했던 것에 대해 보다 정확하게 파악하게 된다.
- 최고핵심질문을 개선해야 하는지의 여부를 알게 된다.

인터뷰를 할 수 없는가? 그렇다면 다음과 같은 방법을 시도해볼 수 있다.

- 검색로그 조사
- 사람들이 당신 조직의 서비스센터에 연락하고, 소셜미디어에 글을 올릴 때 그 내용 파악하기

[그림 2.9] 줄리아 알룸Julia Allum과 함께 작업한 '먼저 듣고, 나중에 질문하라' 포스터

필요한 답변 수를 결정하라

질문할 사람 수를 계산할 때 필요한 두 가지 요소가 있다.

- 응답률
- 필요한 답변 수

계산법은 다음과 같다

- 응답률을 알아내거나 추정하라.
- 필요한 답변 수를 결정하라.
- 답변 수를 응답률로 나누면 표본 크기가 나온다.

예를 들어,
응답률 추정치는 25%다.
필요한 답변 수는 100개다.
100÷25%=400이다.
표본 크기는 400이다.

응답률은 이미 살펴봤으니 필요한 답변 수를 결정하는 세 가지 방법을 알아보자.

- 의견을 생각해보라.
- 표본 규모 계산기를 사용하라.
- 이 과정을 반복하라.

의견을 생각해보라: 안면타당도

이해관계자들은 수치가 필요해 설문조사를 요청하는 경우가 많다. 이들은 필요한 답변 수에 대한 어느 정도의 느낌이나 의견이 있을 것이다. 이것이 '안면타당도'의 예시다.

안면타당도는 이해관계자들에게 합리적으로 보이는 선택을 하는 것으로, 설문조사의 성패를 좌우한다. 모든 설문조사 선택지에 적용되며, 답변 수를 고려할 때 특히 중요하다.

이해관계자들은 인터넷에서 너무나도 간단하게 초청장을 전송하는 것을 보고 수천 개의 질문을 하는 경우도 있다. 그러면 나는 이 답변들을 처리하는 데 얼마나 많은 비용이 드는지를 말해주며 그 수를 줄인다. 하지만 다음과 같이 통계적인 근거를 들며 주장하는 경우도 많다.

"통계적 유의성이 필요하기 때문에 1만 개의 답변이 있어야 합니다."

따라서 다음과 같은 방법을 사용해야 하는 것이다.

표본 규모 계산기를 사용하라

표본 규모 계산법은 통계적 유의성을 달성하기 위한 답변 수를 처리하게 해줄 것이다. 일단, 통계적 유의성과 실제적 유의성을 헷갈리지 않는 것이 중요하다. 다음은 폴 D. 엘리스Paul D. Ellis의 저서 《효과 크기에 대한 필수 가이드The Essential Guide to Effect Sizes》에서 가져와 편집한 용어 정의다.

- '통계적으로 유의한' 결과는 우연의 결과일 확률이 낮은 결과다.
- '실제로 유의한' 결과는 실제 세상에서 유의미한 결과다.

통계적 유의성은 가정 사항과 수학의 종합을 따른 것인 반면, 실제적 유의성은 설문조사 전 과정에서 선택을 잘했을 때 나타난다. 설문조사 결과가 우연의 결과가 아니라는 것을 확실하게 해야 한다면 표본 규모 계산기를 사용해보라. 이때 '계산을 하려면 무작위 표본이 필요하다'라는 설명이 있는 계산기를 선택해야 한다. 이와 같은 문구가 있든 없든 무작위 표본이라고 모두 가정하기 때문이다.

표본 규모 계산기는 다음 사항을 요구할 것이다.
- 신뢰 수준
- 인구 집단 규모
- 오차 범위

그리고 일부 다른 질문이 있을 수도 있다. 이 주제에 익숙하다면 시도해보라. 내 도움이 필요하지 않을 것이다. 더 많은 것을 알고자 한다면 '스포트라이트 D: 통계적 유의성'에서 핵심 포인트를 찾을 수 있다.

표본 규모를 정하기 위해 반복하라

한 가지 비밀을 말해주겠다. 나는 통계적 유의성에 대해 질문하는 이해관계자들과 많은 논의를 해왔다. 그들에게 "어떤 오차 범위가 괜찮으십니까?"라고 물으면 그들은 대부분 지루한 듯한 표정을 지었다.

여기서 '반-복' 단계로 들어간다. 지금까지 가장 쉬운 방법은 이해관계자들을 납득시킬 수 있는 최스한의 표본 규모로 설문조사를 시행하는 것이다. '시범', '응답률 추산기', '의사결정 조사'와 같은 단어들도 어떤 것들이 적용되는가에 따라 도움이 될 수 있다.

어떤 답변을 얻게 되는지 보고 이러한 답변들이 충분히 좋은 답변들인지, 아니면 더 큰 표본으로 다시 시도해야 할지 결정해야 한다.

모든 사람에게 질문하지 말라

질문할 사람의 수이 대한 모든 논의는 [그림 2.10]을 통해 알 수 있듯 2장의 두 번째 오차로 이어진다. '표본오차'는 모든 사람이 아닌 한 표본을 대상으로 질문하기로 할 때 발생한다.

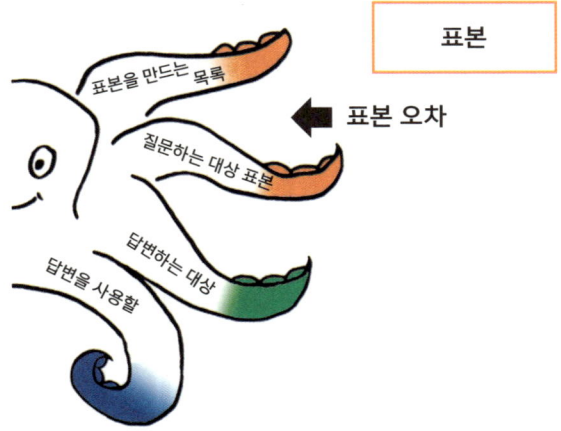

[그림 2.10] 표본오차는 모든 사람이 아닌 한 표본을 대상으로 질문하기로 할 때 발생한다.

'모든 사람에게 질문하기'는 표본오차를 피하기 위한 간단한 전략인 것 같아 보인다.

- 모두가 응답할 기회를 갖는다.
- 제외되는 사람이 있는지 걱정할 필요가 없다.
- 이론상으로는 표본오차가 없다.

하지만 이 전략에는 대가가 따른다.

- 모든 사람이 모든 사람을 대상으로 질문한다는 것을 알면 '모든 사람'은 '다른 사람'이 응답하도록 떠넘기는 상황이 발생할 수 있다. 반면, 응답자들이 자신들이 질문을 받는 유일한 사람이라는 사실을 알게 해주면 특별함을 느끼고 응답할 확률이 높아진다.
- 비용이 가장 많이 드는 선택지다. 특히 목록이 길면 그렇다.
- 이미 모든 사람에게 질문을 했기 때문에 반복해볼 수 있는 기회가 없다.

또한 진행하는 설문조사의 목표가 구체적으로 '모든 사람의 의견을 고려하기'가 아닌 이상, 사실 모든 사람의 의견을 수집할 필요는 없다. 합리적인 의사결정을 할 수 있을 정도의 의견만 있으면 된다.

[그림 2.11] 모든 사람에게 질문하면 그 누구도 특별함을 느끼는 못한다.

질문할 집단에 대한 목록이 짧을수록 질문할 최소 규모의 표본을 결정할 때 더욱 신중해야 한다. 너무 많은 사람을 대상으로 빨리 질문을 해버리면 반복할 수 있는 기회가 사라져버린다.

'충분한 답변'이 '너무 많은 답변'보다 낫다

과도하게 많은 답변을 처리하는 것은 시간도 많이 소요되고 비용도 많이 들며 추가적인 정보를 제공해주지 않을 수도 있다. 결국 목표는 적절한 사람들의 답변을 충분히 수집하는 것이며, [그림 2.12]처럼 몇 명의 적절한 사람으로 시작하는 것이 좋다.

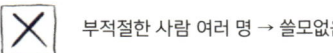 부적절한 사람 여러 명 → 쓸모없음

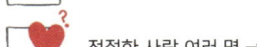 적절한 사람 여러 명 → 잠재적으로는 유용하나 과도한 자원 사용이 될 수 있음

 충분한 수의 적절한 사람 → 완벽함

 몇 명의 적절한 사람 → 훌륭한 시작점

[그림 2.12] **몇 명의 적절한 사람은 훌륭한 시작점이다.**

전체 표본 규모는 적절한 사람들의 답변을 수집하는 데 달려 있다는 사실을 주목하라. 그러니 지금부터는 그 적절한 사람들을 찾는 것에 대해 생각해보자.

질문하고자 하는 사람을 찾아라

질문하고자 하는 사람의 수를 결정했다면 이제는 질문할 적절한 사람들을 찾아야 한다. 그리고 이 사람들이 당신이 정의한 집단 사람들이 된다. '그냥 아무나'는 안 된다. [그림 2.13] '표본을 만드는 목록'에 대해 생각해볼 때다.

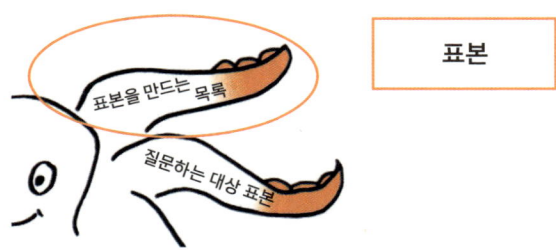

[그림 2.13] 표본을 만드는 목록

이 촉수의 이름은 질문할 사람을 찾기 위한 '추리기' 방법에서 나온 것이다. 이 과정은 당신이 정의한 집단에 있는 모든 사람을 포함하는 이상적인 목록에서부터 시작한다.

질문할 사람을 찾는 두 번째 방법은 '정해진 순간에 사람들을 포착'하는 것이다. 전형적인 방법은 교육 과정을 마친 뒤 피드백 설문을 나눠주는 것이다.

설문조사 초청장에서 '관심이 있을 것 같은 분에게 전달 부탁드립니다'라고 요청하는 문구를 본 적이 있는가? 그게 바로 세 번째 방법인 '눈덩이 굴리기'다('눈덩이 모집', '체인 표집', '보내 놓고 기다리기'라는 용어로도 알려져 있다). 정의된 집단에 속한 일부 사람들을 찾아 그 집단의 다른 사람들에게 전해달라고 요청하는 것이다. 눈덩이를 굴리면 더 많은 눈이 붙는 것처럼 질문할 사람들의 목록도 불어난다.

범위오차는 표본을 만드는 목록이 완벽하지 않을 때 발생한다.

정의된 집단에서 완벽한 목록을 만드는 경우는 흔치 않다. 나는 지금껏 어느 정도 범위오차가 없는 목록을 본 적이 없다.

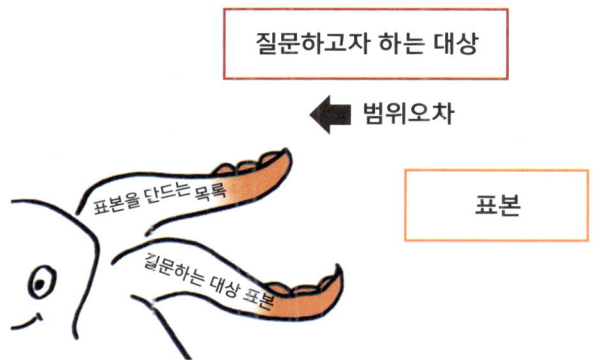

[그림 2.14] 범위오차는 질문하고자 하는 사람들과 표본을 만드는 목록 간에 불일치가 있을 때 발생한다.

내가 가장 많이 작업하는 설문조사는 정의된 집단을 찾기 쉬운 편이다. 주로 '현 고객'을 대상으로 한다. 고객 목록이 있는 경우도 많다. 고객 목록에는 다음과 같은 사항이 포함되어 있는 경우가 종종 있다.

- 한동안 구매하지 않은 고객
- 고객이기도 한 직원
- 다양한 이유로 활성 상태가 된 시스템에서 작업하는 사람들이 만든 테스트 항목
- 인플루언서 또는 기자라는 이유 등으로 제품을 무료로 받는 사람들
- 이사를 해 예전 주소와 새 주소가 둘 다 기재되어 있는 고객
- 사망했거나 몸이 안 좋아져 영구적으로 또는 일시적으로 일을 처리할 수 없는 고객들과 같은 민감함 문제

그리고 다음 사항은 제외될 수 있다.

- 이제 막 고객이 되어 아직 목록에도 없는 고객
- 대규모 고객을 위해 특별 대량 구매 계약을 통해 구매하는 사람들

그리고 내가 잊어버렸거나 아직 경험해보지 못한 다른 포함 사항과 제외 사항이 있을 수도 있다. 범위오차를 줄이기 위해 다음 사항을 시도해보라.

- 정의된 집단에 누가 속하는지 최대한 정확하게 파악하라. (지난 12개월 이내에 돈을 지불하고 구입한 고객)
- 사용하는 목록이 있다면 전부 이중으로 확인하라. (이 고객 목록과 '연락 금지' 주소 목록 교차 확인)
- 보통 '선별 질문'이라 하는 일부 질문으로 설문지에 답변하는 사람이 실제로 정의된 집단에 속하는지 확인하라.

'추리기'를 통해 사람들을 찾아라

추리기를 하기 위해서는 목록을 선택한 다음 그 목록에서 질문하고자 하는 대상(표본)을 선택하라. 정의한 집단과 정확하게 일치해야 완벽한 목록이라 할 수 있다. 설문조사 방법론 학자들은 이 목록을 '표집틀'이라 부른다.

너무 많은 비용이 들지 않도록 하고, 정의된 집단 사람들이 좋은 의도를 가지고 설문조사에 임하게 하도록 해야 함을 인지하여 모든 사람이 아닌 표본을 대상으로 질문을 하기로 결정했다고 가정하자. 이를 위해서는 '표집 방법'이 필요하

다. 표본 규모 계산기는 이를 '단순 무작위 표본'을 골라서 하도록 한다. 단순 무작위 표본에서는 목록의 모든 사람이 해당 표본에 포함되는 확률이 0이 아니라 알려져 있다.

이를 수행하기 위한 다양한 방법이 존재한다. 정의한 집단 사람들과 일치한다고 생각되는 목록을 얻으면 다음과 같이 무작위 숫자 생성기를 사용한다. 예를 들어 100을 사용하기로 하자. (이와 같은 지시 사항은 엑셀과 구글시트에서 통한다. 다른 스프레드시트도 비슷한 것을 사용할 가능성이 있다.)

- 무작위라는 추가 칼럼을 추가한다.
- 칼럼의 각 입력란에 =RAND() 공식을 기입한다.
- 선택적 추가 단계: 칼럼을 복사해 '특수값 붙여넣기'를 사용하던 곳에 붙여넣기를 한다. 이렇게 하면 무작위 숫자가 고정된다. 필수 사항은 아니나 무작위 칼럼이 계속 바뀌는 것보다는 덜 혼란스럽다.
- 무작위 칼럼에 따라 스프레드시트를 정리한다.
- 첫 100개 열이 무작위 표본이 된다.

여기서 잠시 짚고 넘어갈 것이 있다. '완벽한 목록'과 '정확한 일치'라 언급한 부분을 눈치챘는가? 언제나 그렇듯 설문조사 문어와 함께 해결해야 할 부분이 조금 남아 있다. 가능한 범위오차에 대해 생각해보는 것이다.

개인 목록에서 추리기

당신이 정의한 집단 사람들과 합리적인 수준에서 일치되는 목록으로 시작해 조정해나가는 방법을 나는 '개인 목록에서 추리기'라 부른다. 다음은 내가 성공적으로 사용했던 두 가지 개인 목록이다.

- 대학에 등록한 학생들
- 전문협회 회원들

학생 목록은 거의 모든 학생의 최신 이메일 주소를 확보해 관리가 매우 잘되었다. 전문협회는 협회가 1년에 한 차례 회원 계정을 갱신할 때만 회원들이 협회에

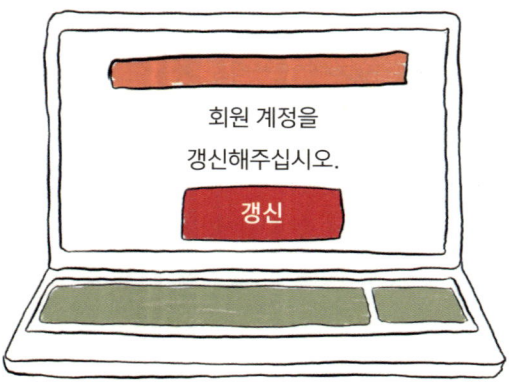

[그림 2.15] 전문협회 회원들은 대부분 갱신 시기에만 연락처 정보를 업데이트한다.

연락해 보통 수준으로 관리되었다.

목록이 온전하지 못하다고 해도 너무 실망할 필요 없다. 미흡한 목록으로도 시작할 수 있다. 단지 잠재적인 응답률이 낮아지고 할 일이 더 많아질 뿐이다.

공개 목록에서 추리기

정의한 집단 사람들과 같은 목록이 아예 없다면 어떻게 해야 할까? 정부 설문조사에서는 이런 일이 자주 발생한다. 정부 설문조사는 한때는 모든 사람을 포함했던 공개 목록의 두 가지 종류를 사용하는 경우가 많다.

- 유선전화
- 주소

유선전화로 알 수 없는 '침묵의 전화'를 받아본 적 있는가? 무작위 전화 걸기를 통해 받은 전화일 가능성이 크다. 무작위 전화 걸기는 잠재적인 전화번호(완전히 무작위는 아니고 지역번호 목록을 통해 도움을 받는다)로 전화를 걸어 일치하는 사람에게 도달할 때까지 계속 시도하는 것이다. 일치하는 사람이 받으면 콜센터 상담원이나 설문조사관과 연결하는 것이 목적이다. 어떤 사람이 전화를 받았을 때 연결 가능한 설문조사관이 없으면 침묵의 전화가 되는 것이다.

만약 '유선전화? 요즘 누가 그런 걸 써?'라고 생각했다면 문제를 잘 짚은 것이다. 정의한 집단 사람들 중 나이가 어리거나 가난한 사람들이 포함되어 있다면 유선전화를 통해 그들에게 닿을 가능성이 적다.

요즘은 유선전화를 쓰지 않는 사람이 많지만 그래도 어딘가에는 거주해야 하기 때문에 대부분의 사람에게는 주소가 있다. 주소를 활용하기 위해서는 먼저 시간을 들여 주소를 걸어내고 우편을 보내거나 직접 그 주소로 방문할 사람을 준비시켜야 한다.

솔직하게 말하겠다. 전화나 우편, 특정 주소로 설문조사관을 보내는 것은 비용이 많이 든다. 그럼에도 불구하고 전화나 우편은 대부분의 전자 유형 설문조사보다 응답률이 높은 경향이 있어 결국에는 비용이 적게 들 수도 있다.

설문조사 초청장에 응답하려고 하는 사람들의 패널을 모아놓은 작업을 한 사람에게 간단하게 연락할 수 있다면 어떨까? 대부분 사회조사 분야를 연구하는 학자들이 개발하고 관리해온 '추리기' 기법에 기반을 둔 몇 가지 패널이 있다. 네덜란드의 LISS(Longitudinal Internet Studies for the Social Sciences, 사회과학 종단 인터넷 연구) 패널이 그중 하나다. 미국에서 가장 잘 알려진 것은 시카고대학교 여론조사센터 NORC에서 운영한 어메리스피크AmeriSpeak 패널이다.

사회조사 작업을 하고 있다면 당신이 속한 국가에서 이러한 패널에 대해 액세스를 얻을 수 있을 것이다. 공개 목록에서 추리기를 할 수 있는 유용하고 손쉬운 방법이다.

구입한 패널에서 추리기

일부 시장조사업체와 설문조사 도구업체에서도 패널의 표본을 구입할 수 있다. 어떤 업체인가에 따라 당신이 찾고자 하는 정의된 집단(65세 이상의 인구)을 특정하고, 그 집단에서 답변하는 패널의 구성원들이 정말로 정의한 집단에 속하는지 결정하는 데 도움이 될 수 있도록 일부 질문을 포함해야 한다.

패널에 참여하는 사람들은 참여하지 않는 사람들보다 질문에 답변할 의지가 훨씬 더 높은 경향이 있으며, 답변할 수 있는 시간도 더 많다. 많은 시장조사 설문지는 대규모 설문조사 분류로 딱 떨어지기 때문에 패널 구성원들은 긴 질문을 어느 정도 받아들일 준비가 되어 있을 수도 있다.

'정해진 순간에 사람들을 포착'하라

어떤 경우에는 정해진 순간에 사람들을 포착해 집단을 정의할 수도 있다. 이 '순간'은 시간으로 정의될 수 있다. 예를 들어, '특정 날짜에 우리 웹사이트를 방문하는 사람들'이 될 수 있다.

아니면 다음과 같이 행동으로 정의될 수도 있다.

'우리 항공사 비행기를 이용한 사람들'

또는 다음과 같이 장소로 정의될 수도 있다.

'우리 카페에 오는 사람들', '우리의 노숙자센터에서 도움을 받는 사람들'

아니면 [그림 2.16]의 예시처럼 세 가지 모두 사용될 수도 있다.

'11월(시간)에 개최되는 전시를 관람(행동)하기 위해 우리 박물관(장소)에 방문하는 사람들'

집단을 정의하기 위해 특정 순간을 정하는 데는 큰 장점이 따른다. 즉, 바로 완벽한 범위의 사람들을 찾는다는 것이다. 물론 설문조사에서 타협점이 없는 부분은 없다.

여기에서 먼저 생각해볼 문제가 있다. 사람들이 그 순간에 하던 일에서 벗어나 설문조사에 답변을 하고자 할까? 답은 주로 '그렇지 않다'. 이는 설문조사에서의 여러 가지 타협점 중 하나다. 범위오차가 줄어들면 무응답 오차가 크게 증가할 수 있다.

[그림 2.16] 전시 마지막 구간에 피드백 키오스크를 설치한 박물관

그리고 두 번째로 생각해보아야 할 점은 다음과 같다. 사람들을 그 순간에 포착하기 위해 관심 있는 집단의 정의를 바꾸었는가? 만약 그렇다면, 그 집단으로도 설문조사의 전반적인 목표를 달성할 수 있는가?

'눈덩이 굴리기'를 통해 사람을 찾아라

사용할 수 있는 목록도 없고 정해진 순간에 적절한 참여자들을 확보할 방법도 딱히 없다면 무엇을 할 수 있을까? 스티브 크룩과 함께 사용자 경험 전문가들을 대상으로 설문조사를 하고자 했을 때가 딱 그런 상황이었다. 우리는 사람들에게 소셜미디어를 통해 우리가 만든 설문지 링크를 공유해달라고 요청했다. 이것이 바로 '눈덩이 굴리기'의 예시다. '친구와 가족'이라 부르기도 한다.

다음과 같은 방법으로 '눈덩이 굴리기'를 좀 더 체계적으로 활용할 수 있다.

1. 먼저 정의한 집단에서 아무나 포착하라.
2. 응답한 사람들을 통해 무엇을 배웠는지 생각해보라.
3. 설문조사 결과를 통해 필요한 의사결정을 할 수 있다면 된 것이다. 그렇지 않다면 계속하라.
4. 지금까지 배운 것을 활용해 사람들을 찾는 방법에 대한 아이디어를 조율하라.
5. 의사결정을 내릴 때까지 위 과정을 반복하라.

크룩과 함께 설문조사 응답자를 찾았을 때, 우리가 내린 결정은 다음과 같았다.
'우리의 컨퍼런스 발표에 대해 많은 생각을 해볼 수 있을 정도로 충분한 답변을 얻었는가?'
우리는 첫 번째 시도에서 이를 충족했기에 3번 단계에서 멈추었다.
'눈덩이 굴리기'의 가장 큰 문제는 범위오차다. 접근하는 사람들이 누구인지 또는 그 사람들이 접근하고자 하는 정의된 집단과 어떻게 비교되는지 알아내기가 어렵다. [그림 2.17]에서처럼 첫 번째 집단과 가깝게 연결되어 있는 사람들은 많은 초청을 받을 수 있지만 네트워크 밖에 있는 사람들은 아예 놓쳐버릴 수도 있다.

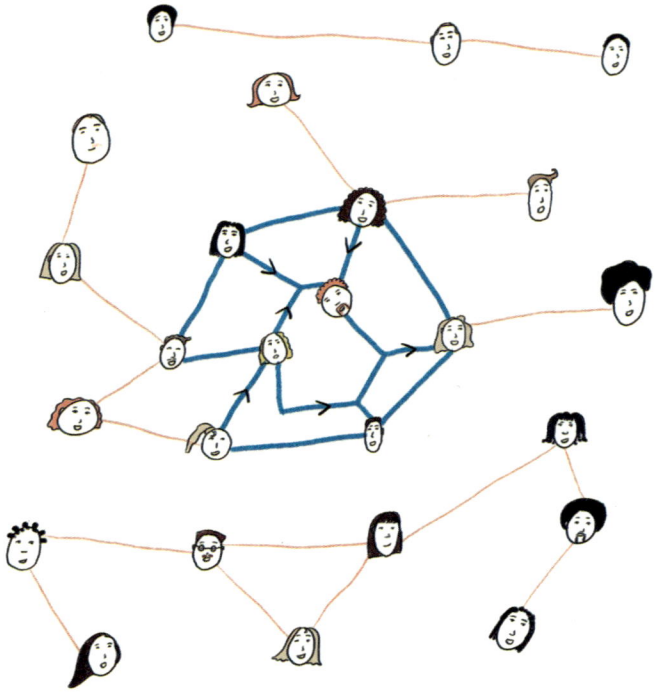

[그림 2.17] '눈덩이 굴리기'에서는 네트워크 안에 있는 사람들은 여러 번 초청을 받지만 네트워크 밖에 있는 사람들은 완전히 놓쳐버릴 수도 있다.

많은 응답보다 적절한 응답이 낫다

2010년 인터넷에서의 한 장난이 나의 주의를 끌었다. 팝스타 저스틴 비버Justin Bieber가 팬 사이트에서 다음 콘서트 장소에 대한 투표를 진행했고, 그 결과 북한이 1위를 차지했다. 정말로 북한에 비버의 팬이 많아서가 아니라, 그를 좋아하지 않는 사람들이 팬들을 골려주기 위해 그런 투표를 했을 것이라 추측한다.

비버의 팬 사이트는 '눈덩이 굴리기' 방법을 선택했다. 눈덩이를 팬 네트워크로 한정했다면 괜찮았겠지만 실제로는 그들을 놀리고자 했던 사람들이 알아채버렸다. 즉, 진정한 팬이 아니었던 사람들이 투표에 참여했고, 그 결과 큰 범위오차가

[그림 2/18] 인터넷 장난에 대한 BBC의 보도

생겼다.

표집에 있어 비버의 팬 사이트는 답변에 전혀 제한을 두지 않았고, 표집을 할 집단 규모를 추산할 방법이 아무것도 없었다. 즉, 표집오차를 계산할 수 있는 방법이 없었다.

그렇다면 답변은 어땠을까? 이론상으로는 누구나 답변을 할 수 있었다. 팬이든, 장난을 치는 사람이든, 관심이 없는 사람이든(무관심 영역). 관심이 없는 사람들은 굳이 답변을 하지 않았을 것이라는 합리적인 가정을 할 수 있다. 그리고 이 설문조사의 독표는 관심이 있는 사람들로부터 답변을 얻는 것이었다. 따라서 놀랍게도 무응답 오차는 그다지 크지 않았을 것이다. 응답하지 않은 사람들은 결과에 아무런 영향을 미치지 않았다.

이러한 장난 소동은 설문지에 답변할 적절한 사람을 충분히 확보하지 못했을 때 따르는 위험을 깨닫게 해주었다. 그렇다면 답변할 적절한 사람을 어떻게 충분히 확보할 수 있을까? 그리고 보다 현실적인 예시에서는 어떻게 적용할 수 있을까?

답변이 많다고 무조건 좋은 것이 아니다

답변의 양이 많으면 있어 보이는 것이 사실이다. "1만 건의 답변을 받았습니다"라고 하면 있어 보이지 않는가? 하지만 사실은 그렇지 않다. 답변의 양이 많은 것과 질이 좋은 것을 혼동해서는 안 된다.

1만 명의 사람이 답변을 한다고 가정해보자. 고객이 정확히 1만 명이라면 응답률은 100%다. 훌륭하다. 완벽한 답변을 얻은 것이다. 그러나 부정적인 부분도 있다. 1만 건의 답변을 모두 처리하는 데 비용이 많이 들고, 질문을 적절하게 하지 않았다면 다른 설문조사에 참여시킬 사람이 남아 있지 않다.

100만 명의 고객에게 설문지를 보냈는데 응답률이 0.01%라면? 답변한 1만 명은 당신의 조직을 정말 좋아하고 나머지는 무관심할 걸까? 답변한 1만 명이 추진하고자 하는 특정한 주제가 있는 걸까? 우리는 알 수 없다. 한 가지 말할 수 있는 것은 답변한 사람들은 답변하지 않은 99만 명의 사람과 다를 가능성이 있다는 것이다. 그리고 그로 인해 설문조사 결과가 영향을 받게 된다.

중요한 것은 무응답 오차의 양이다

나는 꽤 오랫동안 응답률이 좋으면(주로 50% 이상을 목표로 했다) 설문지가 좋은 것이라고 확신했다. 하지만 응답률이 모든 것을 말해주기에는 충분하지 않다는 사실을 깨닫게 되었다. 중요한 것은 이전에도 다루었던 무응답 오차의 양이다.

무응답 오차는 설문지에 답변하는 사람들이 설문지에 답변하지 않는 사람들과 달라 의사결정에 영향을 미칠 때 발생한다. 응답률이 100% 미만이라면 무응답 오차가 생길 가능성이 있다.

1940~1950년대의 대규모 설문조사로 돌아가자. 응답률이 꽤 높았고, 설문조사 방법론 학자들은 무응답 오차에 그다지 중점을 두지 않았다. 지난 세기 말에 가까워지며 설문조사 응답률이 급속하게 떨어지기 시작하자 설문조사 방법론 학자들은 결과의 함의를 탐색하기 위해 다양한 실험을 진행했다. 응답률을 유지하기 위해 더 높은 보상을 지급해야 했고 그로 인해 비용이 증가했다. 이러한 비용이 보다 나은 결과로 이어지는 데 충분한 역할을 했을까?

안타깝게도 그렇지 않았다. 응답률을 설문조사 질의 유일한 지표로 삼기에는 분명 충분하지 않았다.

추론을 위해서는 대표 답변이 필요하다

'충분한 수의 적절한 사람'을 결정하는 핵심 개념은 바로 대표성이다. 답변을 하는 사람들은 정의된 집단 사람들의 의견과 특성을 정확하게 반영할 때 '대표성'을 가진다. 선거에서는 그 날 얻은 투표수를 세고 결과를 발표한다. 여기에서 '적절한 사람'의 정의는 투표를 한 모든 사람이다.

설문조사에서는 어떤 의사결정을 내리고자 하는지에 달려 있다. 응답자들이 간단하게 투표를 하기만 한다면 충분한가, 아니면 전체적으로 정의된 집단 사람들에 대해 추론을 내는 것이 중요한가? 추론에 기반을 두고 의사결정을 내리고자 한다면 설문조사의 응답이 정의된 집단을 대표해야 한다.

답변에 대표성이 있는지 없는지를 어떻게 알 수 있을까? 답하기 굉장히 까다로운 질문이다. [그림 2.19]를 살펴보자.

이 표본의 기저를 이루고 있는 집단의 구조에 대해 무언가를 알기 전까지는 해당 표본이 대표성을 가지는지 여부를 판단하는 것은 불가능하다. 이 표본이 다음 그림에서 선정해 가져온 것이라면 분명 대표성이 없다고 할 수 있다(그림 2.20 참조).

[그림 2.19] 한 표본의 몇 가지 새 그림

[그림 2.20] 이 그림에서 표본을 가져왔다면 분명 대표성이 없는 것이다.

인구통계는 대표성을 나타낸다

인구통계는 정의된 집단 사람들을 나타내는 통계이며, 인구통계 분석('demographic analysis' 대신 'demographics'로 줄여 쓰는 경우가 많아 헷갈릴 수도 있다)은 인구통계에 대해 결정하고 측정하는 학문이다. '인구통계학demographics'이라는 단어를 연령(그림 2.21 참조), 결혼 상태, 성별 등 많은 설문조사에서 보는 경우가 많아 더 헷갈릴 것이다. 이러한 것들은 정의된 집단 사람들을 찾기 위해 목록에서 추리는 방법을 고려할 때 마주하게 되는, 앞서 보았던 '선별 질문'의 일부다.

정의된 집단 사람들이 '우리가 일하는 국가의 모든 거주민'이라면 설문지에 답변하는 사람들로부터 수집하는 인구통계 정보를 해당 국가의 통계청에서 발표하는 거주민 인구통계 정보와 비교하면 쉽게 대표성을 확인할 수 있다.

대부분의 국가에는 통계청이 존재한다. 미국의 경우에는 여러 곳이 있다. 미국 거주민의 인구통계 정보를 알아보기 위해서는 미국통계국으로 가야 한다. 미국의 일반적인 직업에 대해 알아보기 위해서는 미국고용통계국으로 가야 한다.

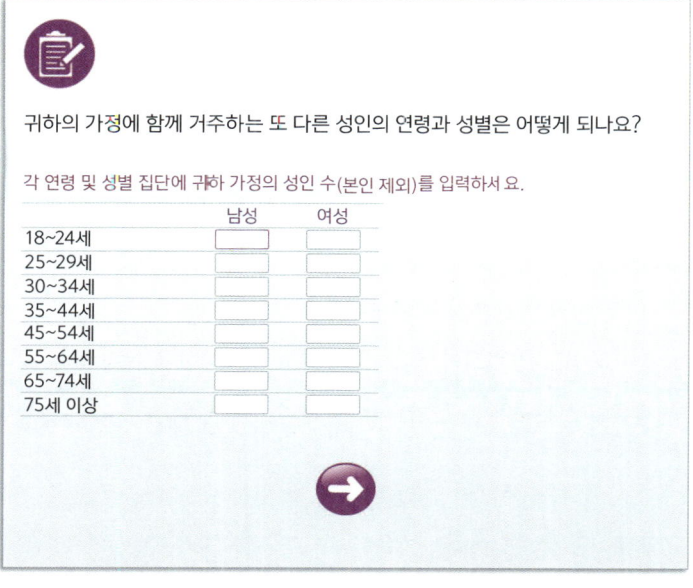

[그림 2.21] 인구통계 질문으로 시작한 시장조사 설문지. 이 설문지에서는 연령이 그중 하나다.

정의된 집단 사람들과 관련 있는 대표성 질문을 사용하라

대부분의 사람은 '특정 국가의 모든 사람'보다는 훨씬 더 구체적으로 정해진 사람들을 대상으로 설문조사를 수행한다. 대부분은 '요구르트를 구입하는 사람들', '우리 회사의 고객', '우리 웹사이트 방문자'와 같은 집단을 원할 것이다. 물론 익숙한 연령, 성별과 같은 질문을 할 수도 있지만 정말 이런 질문들이 대상자가 정의된 집단에 실제로 속하는지 여부를 알 수 있도록 도움을 줄까?

그리고 대부분의 사람은 이런 질문들을 지루하게 생각하거나 거슬려 한다. 지루한 질문은 바쁜 사람들의 응답률을 떨어뜨릴 수 있다. '바쁘다'는 사실이 최고핵심질문에 대한 답변에 그다지 큰 차이를 가져오지 않는다면(예를 들어, 선호하는 주스의 맛), 그로 인해 무응답 오차가 생기지는 않을 것이다. 하지만 다른 최고핵심질문(예를 들어, 여가 시간을 보내는 방법)은 무응답 오차가 크게 생길 가능성이 있다.

거슬리는 질문은 설문조사를 끝까지 마치지 못하게 한다. 사람들이 설문조사를 중간에 그만두어 뜻하지 않게 무응답 오차가 커지길 원하는가? 그렇지 않을 것이다.

정답은 답변하는 사람이 정의된 집단 사람들에 속하는지 여부를 알 수 있도록 해주는, 그렇게 많지 않은 질문들을 찾아내는 것이다. 그리고 뜻하지 않게 특정 유형의 사람들로부터 지나치게 많은 답변을 얻은 반면 다른 유형의 사람들로부터 얻은 답변은 너무 적지는 않은지 확인해보아야 한다.

한 전문협회에서 회원들이 협회의 특정 유형 보험에 관심이 있는지 여부를 파악하기 위해 진행했던 설문조사를 살펴보자. 설문지 초안은 다음과 같은 질문들로 시작했다.

- 성별
- 연령 범위
- 거주하는 국가/일하는 국가
- 주/도
- 일반적인 업무 활동

대표성 있는 표본을 얻었는지 여부를 결정하기 위한 가장 유용한 질문은 '일반적인 업무 활동'이었고, 그 다음은 '주/도'였다. 나머지는 있어도 그만, 없어도 그만이었다.

정의된 집단 사람들에 대한 세부 사항을 살펴보는 것도 유용할 수 있다. 예를 들어, 고객을 찾고 있다면 최근에 당신의 회사 제품을 구매했는지 당신 회사가 제공하는 제품에 대한 경험의 정보를 물어볼 수 있을 것이다.

삼각검증과 반복을 통해 대표성을 파악하라

대표성을 파악하기 위한 두 가지 전략이 있다.

- **삼각검증:** 정의된 집단 사람들이 가지고 있는 다른 지식의 출처와 답변을 비

교하라.
- **반복:** 정의된 집단 사람들에 대해 알아가기 위해 아주 작은 표본으로 시작하라. 점점 더 알아갈수록 표본의 크기를 조금씩 키워라. 정의된 집단에 대한 지식이 쌓여가는 동안 지금까지의 과정을 계속 확인하라.

앞서 삼각검증의 한 종류로 미국통계국 또는 유사한 통계청의 공개 데이터를 활용하는 방법을 언급했다. 고객에 대한 데이터처럼 다른 데이터의 출처도 있을 수 있다. 예를 들어, 나는 큰 대학의 학생들을 대상으로 설문조사를 할 때 삼각검증의 한 가지 유형을 사용했다. 그리고 각 과목 분야, 연령, 이수한 학점에 따른 응답자의 비율이 전체 학생 수 비율과 비슷하다는 사실을 확인했다.

프론트엔드 개발자들을 대상으로 하는 설문조사에서는 반복기법을 사용했다. 작은 표본으로 시작해 우리가 관심이 있는 주제에 대해 개발자들이 그들의 디자이너 동료들과 어떻게 협업하는지 점점 더 알아가면서 정의된 집단 사람들에 대한 아이디어를 새롭게 바꾸어나갔다. 알게 된 것이 많아지면서 표본 규모를 점점 더 늘렸고, 대상을 찾는 방법에 대해서도 더 잘 알게 되었다.

대표성이 응답이나 응답률보다 중요하다

[표 2.2]는 저스틴 비버와 북한 문제를 나타내기 위한 비교를 보여주고 있다.

[표 2.2] 응답, 응답률, 대표성 비교

개념	정의	예시	주요 용도
응답	답변하는 사람 수	10,000명	이해관계자들에게 잘 보이기
응답률	답변하는 사람 수를 발송된 초청장 수로 나눈 값	87%	표본 크기 계산
대표성	응답자들이 정의된 집단 사람들을 잘 나타내는가.		충실한 결과 도출

표집 과정 관련 주의 사항

'오차'는 꽤 복잡하니 복습해보자. [그림 2.22]를 보자. 여러 가지 중첩 사항과 격차를 그림으로 표현해보았다.

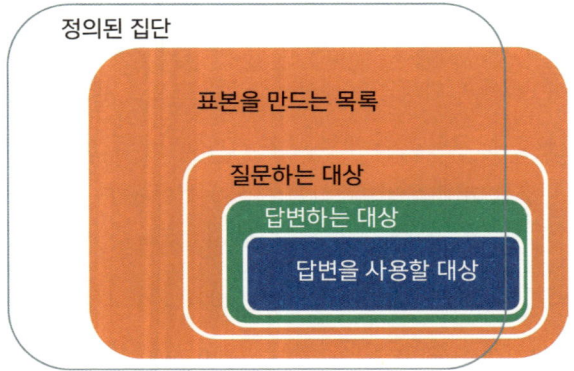

[그림 2.22] 정의된 집단과 답변을 사용하는 사람들 간의 중첩 부분 및 격차

문제: 범위오차

추리기로 선택한 목록이 완벽하지 않거나 반복하기로 결정했거나 '정해진 순간'에 사람들을 포착하기로 했다면 분명 어느 정도의 '범위오차'가 생길 것이다. 범위오차는 표본을 만드는 목록이 질문하고자 하는 정의된 집단 외 사람들을 일부 포함하거나 그 집단에 속한 일부 사람을 제외할 때 발생한다.

정의된 집단 사람들에 대해 열심히 생각해보고 최대한 그 집단과 가까운 표본을 목록과 일치시키기 위해 최선을 다한다면 범위오차를 관리 가능한 수준으로 유지할 수 있다.

문제: 표집오차

정의된 집단 사람 모두에게 질문한다면 다른 문제는 생길지라도 '표집오차'는 없을 것이다. 표집오차는 모두가 아닌 일부 사람에게 질문할 때 발생하며, 유일하게 통계를 사용해 쉽게 설명할 수 있기 때문에 많은 주목을 받는다. '통계적 유의성'과 '신뢰 수준' 같은 개념이 나오게 된 배경이다. 표집오차에 대해 알고자 한다면 '스포트라이트 D: 통계적 유의성'을 참고하기 바란다.

문제: 무응답 오차

질문하는 모든 사람이 답변한다면 무응답은 0이 된다. 실제로는 사람들이 답변을 하지 않는 이유가 있기 때문에 '무응답 오차'는 매우 중요하다. 무응답 오차는 설문지에 답변하는 사람들이 설문지에 답변하지 않는 사람들과 달라 의사결정에 영향을 미칠 때 발생한다.

오차는 모일수록 더 쌓인다

이 모든 오차는 모이면 더 늘어나기 마련이다. 예를 들어, 표본을 만드는 목록의 질이 좋지 않아 범위오차가 생기면 질문하는 표본 규모를 키우는 것으로 그 문제를 해결할 수 없다. 너무 많은 사람에게 너무 자주 질문하고, 무관심한 사람들이 더 이상 답변하지 않는다면 무응답 오차가 생긴다. 이 문제는 더 많은 사람에게 질문한다고 해서 해결할 수 없다. [그림 2.23]을 보자. 세 가지 유형의 오차

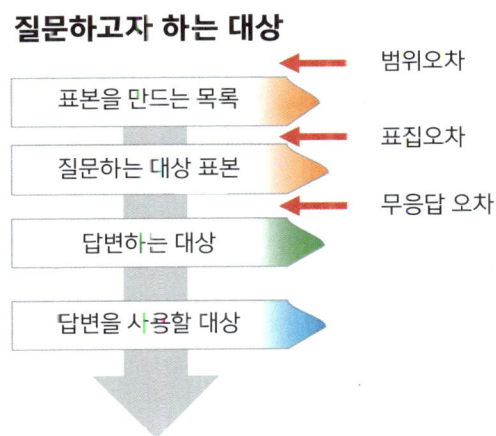

[그림 2.23] 2장에서 살펴본 세 가지 유형의 오차

를 모두 모아놓았다.

모든 표집 방법에는 타협점이 있다. 가끔은 좋은 설문조사를 만드는 일이 일련의 타협점을 거치는 까다로운 협상 여정처럼 보일 수도 있다. 표본을 만드는 목록을 결정하는 일이 바로 과정을 거치는 일이다. [표 2.3]을 보자 선택지를 요약하고 있다.

[표 2.3] 다섯 가지 표본 수집 방법

	범위	표집오차 계산	무응답 오차 가능성	비용
개인 목록에서 추리기	좋음	상대적으로 쉬움	목록의 질에 달려 있음	목록의 질에 달려 있음
공개 목록에서 추리기	좋음	가능	관리 가능한 수준	높음
구매한 패널에서 추리기	그다지 좋지 않음	가능할 수도 있음	관리 가능한 수준	중간
정해진 순간에 포착하기	괜찮을 수도 있음	가능	어떤 순간인지에 달려 있음	어떤 순간인지에 달려 있음
눈덩이 굴리기	미흡함	불가능	굉장히 높을 가능성이 있음	낮음

이 시점이면 알게 될 사실

2장에서는 설문조사 계획에 대한 다음과 같은 정보들을 알아보았다.

- 응답률에 영향을 미칠 요인에 대해 생각해보았다.
- 정의된 집단 사람들이 가장 주목되는 문제를 가지고 있는지 여부를 조사했다.
- 필요한 답변의 수를 알아보았다.
- 추리기, 반복, 정해진 순간 포착하기 중 어떤 방법으로 사람들을 찾을지 결정

했다.
- 답변할 사람들의 대표성에 대해 생각해보았다.

다음 장에서는 양질의 질문을 작성하는 세부적인 방법에 대해 집중적으로 알아볼 것이다. 그 전에 스포트라이트 D가 있다. "우리는 통계적 유의성이 있는 결과가 필요합니다"라고 말하며 특정 표본 규모를 고집하는 이해관계자가 있는데, 당신이 통계를 잘 아는 사람이 아니라면 딱 필요한 정보가 될 것이다. 그런 경우가 아니라면 3장으로 넘어가도 좋다.

스포트라이트 D
통계적 유의성

서론에서 설문조사 결과가 어떻게 의사결정을 내리는 데 사용할 수 있는 수치가 되는지에 대해 이야기했다. 어떤 경우에는 사람들이 이 수치가 '통계적 유의성'이 있는지 질문할 것이다. 이번 스포트라이트에서는 유의성에 대해 간략하게 알아보도록 하겠다.

통계적 유의성은 실제적인 유의성과 다르다

유의성에 대한 나의 정의는 통계학자 폴 D. 엘리스Paul D. Ellis의 저서 《효과 크기에 대한 필수 가이드The Essential Guide to Effect Sizes》에 기반을 두고 있다.

'통계적으로 유의한 결과는 수학적으로 해당 가능성의 결과가 될 확률이 없는 결과다.'

'실제적으로 유의한 결과는 실제 세계에서 유의한 결과다.'

통계적 유의성은 유의성에 대한 여러 가지 통계검정을 사용해 알아낼 수 있다. 표집오차와 긴밀하게 연관되어 있으며 설문지에 답변할 충분히 큰 규모의 표본을 준비하고 적절한 통계검정을 선택하면 알아낼 수 있다.

이에 비해 실제적인 유의성은 훨씬 더 광범위하고, 총조사오차와 긴밀하게 연관되어 있다. 실제적인 유의성은 설문조사 과정에서 잘못될 수 있는 모든 가능성을 고려하여 이에 대한 적절한 선택을 할 때 달성할 수 있다.

통계적 유의성 검정은 확률을 찾는다

한 가지 더 용어 정의를 하겠다.

'효과는 어떠한 가능성의 결과가 아닌 것으로 발생하는 것이다.'

통계적 유의성 검정 관점에서 모든 결과는 효과이거나 우연히 발생한 것이다. 통계적 유의성 검정의 목표는 이 중 어떤 것이 더 가능성이 높은지 결정하는 것이다.

통계적 유의성 검정의 결과는 항상 'P치', 보통 줄여 'p'라 부르는 확률로 보고된다. '수학적으로 어떠한 가능성의 결과가 될 확률이 없는 것'에 대한 정의를 임의적으로 '$p<0.05$'인 경우로 정한다. 따라서 '통계적으로 유의한' 결과는 $p<0.05$인 경우의 결과다.

통계적 유의성은 없지만 실제로 유의성이 있을 수 있다

어떠한 결과가 통계적 유의성이 있는지 여부를 아는 것은 실제적으로 유의성이 있는 결과를 목표로 할 때는 간편할 수 있지만, 분명 통계적 유의성은 없지만 실제로는 유의성이 있는 결과가 나올 수도 있다.

2019년 저명한 통계학자 데이비드 스피겔할터David Spiegelhalter의 트윗이 내 눈길을 끌었다. 그는 한 학계 논문을 보고 '형편없다'고 이야기했다. 해당 논문에서 연구자들은 패혈증 환자의 두 가지 치료법을 비교했다. 한 치료법으로는 환자 212명 중 92명(43.4%)이 사망했다. 또 다른 치료법으로는 환자 212명 중 74명(34.9%)이 사망했다. 두 번째 치료법의 사망자가 18명 적었고, 사망률 차이는 8.5%였다.

[그림 D.1]을 보자. 더 나은 치료법의 누적 사망률이 4일 차부터 다른 치료법의 누적 사망률보다 지속적으로 낮은 것을 볼 수 있다. 스피겔할터는 이것이 실제적인 유의성을 가진다고 강조했다.

이 논문에서는 유의성 검정의 결과가 정의된 대로 $p<0.05$의 조건을 충족하지 못했다. 논문 저자들은 자신들의 연구에서 분명히 더 나은 결과가 우연히 발생한 것인지, 아니면 효과로 나타난 것인지 충분히 말해줄 수 있는 검정력이 없다고 언급하는 대신, 효과가 없었다고 말했다.

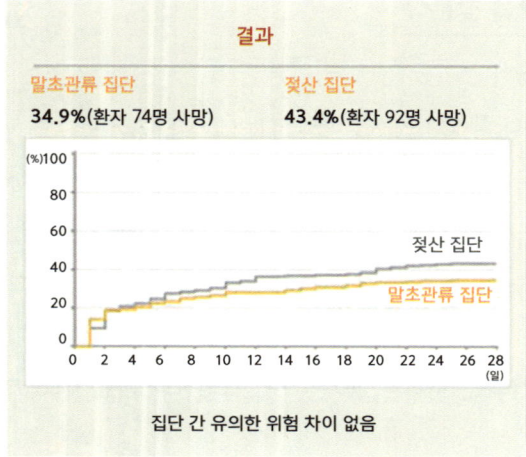

[그림 D.1] 두 치료 집단의 사망률

출처: https://jamanetwork.com/journals/jama/article-abstract/2724361

비교적 좋지 않은 치료법을 받고 사망한 환자 중에 내 지인이 있었다면 이 연구가 계속 진행되어야 한다는 추천을 보고 싶지 않았을 것이다.

실제로는 유의성이 없으나 통계적 유의성이 있을 수 있다

검정을 위한 데이터 포인트가 많을수록 효과를 식별할 확률도 높아진다. 검정력이 높아지는 것이다. 검정력은 어떠한 검정이 정확하게 효과를 식별할 확률을 의미한다. 안타깝게도 효과로는 감지되지만 실제로는 유의성이 없을 수도 있다.

전자제품 소비자 만족도 설문조사에 대한 실험이 진행된 적이 있다. 이 설문조사의 목적은 설문조사를 할 때 스마트폰에서 PC로 기기를 바꾸도록 설득하는 것이었다. 연구자들은 3개 집단으로 나눈 약 1만 명의 사람을 대상으로 실험을 했다. 첫 번째 집단은 다른 기기보다 PC에서 설문조사가 더 잘된다고 말해주는 설문조사 초청장을 받았고, 두 번째 집단은 설문조사 시작 화면에서 비슷한 메시지를 받았다. 세 번째 집단은 아무런 메시지를 받지 못했다. 연구자들은 답변한 사람 중 스마트폰에서 PC로 기기를 바꾼 사람들의 비율을 추적했다.

[표 D.1] 설문조사 초청장 실험 비교

	초청장	시작 화면	통제집단
기기를 변경하지 않음	99.7%	99.1%	99.6%
스마트폰에서 PC로 변경	0.3%	0.9%	0.4%

표본 규모가 너무 커 집단 간의 차이도 통계적 유의성이 있으나 연구자들은 이러한 맥락에서 효과의 크기(기기를 변경하도록 영향을 받은 사람들의 수)가 실제로 유의성이 있다고 하기에는 너무 작다는 점을 지적했다. 이는 의사결정에 유용한 효과의 크기를 고려하지 않고 대규모의 표본을 고르는 것의 위험성을 보여준다.

'유용하게 사용되기에는 너무 큰 규모의 표본' 문제는 최근 문제다. 로널드 피셔Ronald Fisher가 1920년대의 통계적인 맥락으로 '유의성'에 대해 처음 언급했을 때 데이터세트는 오늘날의 기준으로는 작은 규모여야 했다. 대규모 데이터세트를 계산하기가 매우 어려웠기 때문이다. 당시 사용 가능했던 도구로 통계적인 사고를 지배했던 것은 얼마나 작은 규모의 데이터세트로 결과를 얻을 수 있는가에 대한 질문이었다.

요즘에는 컴퓨터가 우리 대신 계산을 해주기 때문에 어떤 효과의 크기가 중요한지 훨씬 더 열심히 생각해봐야 한다. 가끔은 매우 작은 효과가 중요한 경우도 있다. 예를 들어 아마존Amazon의 경우 매일 수십억 가지 제품을 판매하기 때문에 그럴 수 있다. 그리고 이를 감지할 수 있는 거대한 표본 크기로 작업하는 것이 적합하다. 다른 경우에는 이와 같은 거대한 데이터세트가 통계적으로 유의한 결과를 달성할 수 있는 매우 쉬운 수단이라 생각될 수도 있다. 하지만 실제로 그런 것이 정말 중요할까?

잘못된 가정 때문에 통계적으로 유의성이 있어 보이는 경우도 있다

통계적 유의성과 실제적인 유의성은 매우 다를 수 있다는 점을 짚어보았다. 실제적으로 유의성이 있는 효과가 관계적 유의성도 있는 경우 역시 꽤 많다는 점을 말해두겠다.

이렇게 되면 더욱더 복잡해진다. 즉, 통계적 유의성을 검정할 수 있는 여러 가지 다른 방법이 있다는 것이다. 올바른 통계검정을 위해 고려해야 할 사항이 있다.

- 통계검정 선택(데이터의 수학적 조작)
- 통계검정을 제대로 시행하기 위해 필요한 데이터에 대한 가정
- 통계검정에 들이는 데이터 양

예를 들어, 보통 통계검정은 데이터세트가 무작위표본에서 왔다고 가정한다. 그렇지 않다면(눈덩이 굴리기 방법을 통해 표본을 골랐다면), 의도한 대로 돌아가진 않았어도 유효한 결과처럼 보이는 무엇인가를 검정에서 전달받을 것이다.

이해관계자들이 통계적 유의성에 관심이 있다면 데이터를 수집하기 전에 그들이 내리고자 하는 의사결정에 적절하다고 생각하는 검정에는 무엇이 있는지 논의해야 한다. 그런 다음 그에 따라 수집 방법을 조정해 이러한 검정에 대한 가정 사항을 충족해야 한다. 그렇기에 이번 스포트라이트가 3장 전에 나오는 것이다.

저명한 통계학자들은 통계적 유의성의 남용을 반대한다

내가 통계적 유의성의 남용을 회의적으로 생각한다는 것을 알아챘을 것이다. 2019년 많은 저명한 통계학자들이 나와 같은 생각을 가지고 있다는 것을 알고 매우 기뻤다. 800명 이상의 통계학자가 통계적 유의성을 제한적인 적용 사항이 있는 도구로 한정하는 것에 서명했다. 그들의 의견을 담은 요약본이 학술지 《네이처Nature》에 '통계적 유의성에 들고 일어난 과학자들'이라는 제목으로 게재되었다.

예를 들어, 이에 가담한 3명의 통계학자는 ATOMAccept uncertainty, Be Thoughtful, Open And Modest에 기반을 둔 접근 방식을 추천했다. ATOM이란, '불확실성을 받아들여라, 깊이 생각하라, 개방적이고 겸손한 마음가짐을 가져라'라는 의미다.

개인적으로 나는 실제적인 유의성에 집중하고 설문조사 문어에 대해 생각할 때 ATOM을 지침으로 삼는다. 예를 들어 정의된 집단 사람들 전체에 대한 주장이 아닌 실제로 답변한 사람들로부터 알게 된 사실을 보고하고 표본을 살펴볼

[그림 D.2] 이 만화는 통계적 유의성이 먼지 쌓인 방에 처박힐 것이라는 점을 암시해준다.

출처: www.nature.com/articles/d41586-019-00857-9

때는 항상 어느 정도의 불확실성이 있다는 점을 지적하는 경우가 많다.

어쨌든 신뢰 구간으로 더 나아지게 되어 있다

때로는 설문조사에서 실제 인구값에 대해 알 수 있는 내용에 대한 불확실성이 어느 정도 있는지 설명해야 하는 경우가 있다.

실제 인구값은 정의된 집단 사람 모두에게 정확히 질문하고, 그 모든 사람이 정확히 답변을 할 때 얻게 되는 결과다.

신뢰 구간은 불확실성의 정도를 수치화해주는 방법으로, 어떠한 통계에 대한 실제 인구값을 추산하는 범위다. 신뢰 구간까지 가기 위해서는 신뢰 수준(알고자 하는 확실성의 정도)을 결정해야 한다. 대부분의 사람은 앞서 언급한 'p<0.05'와 연관하여 95%로 하지만 결과를 학술 논문에 게시할 계획이 없는, 일상적으로 내리는 의사결정에 대해서는 'p<0.10'을 의미하는 90%로 하는 경우가 많다.

신뢰 구간은 무작위 표본에 의존하기 때문에 무작위 표본을 얻기 위한 충분한 노력을 하거나, 적어도 가지고 있는 표본이 심하게 편향되어 있지 않도록 해야 한다. 예를 들어, 미성년자 평균 키에 대한 추정치를 알고자 한다고 가정해보자. 큰 학교에서 가장 먼저 보이는 교실에 있는 모든 미성년자의 키를 측정해 추정치를 정하기로 한다면 5세 어린이의 키만 측정해 절대 무작위 표본이 되지 않을 수 있다.

또한 데이터가 얼마나 분포되어 있는지도 생각해보아야 한다. 통계적 용어로는 표본의 '표준편차'라 한다. 신뢰 구간 계산은 표본의 표준편차가 해당 인구집단과 얼마나 비슷한지에 달려 있다.

미성년자 키의 예시에서 5세 어린이 키의 분포는 전반적인 미성년자의 키 분포보다 훨씬 더 좁을 것이다(180㎝가 훌쩍 넘는 15세 어린이를 본 적은 있지만 120㎝가 넘는 5세 어린이를 본 적은 없다).

온라인상에 신뢰 구간 계산을 위한 계산기가 많다. 대부분의 스프레드시트에 신뢰 구간이 들어 있고 무료로 추가할 수 있는 기능이 있다. 다음 예시에서는 표본의 평균(산술평균, 42라 가정)과 표준편차(5.7), 표본 규모(500), 원하는 신뢰 수준(95%)을 알면 신뢰 구간을 계산해주는 계산기를 선택했다.

[표 D.2] 95% 신뢰 수준에 기반을 둔 신뢰 구간

평균	표준편차	표본 규모	원하는 신뢰 수준	신뢰 구간
42	9.8	500	95%	41.1~42.9

즉, 실제 인구 평균이 41.1~ 42.9 범위를 벗어나는 5%의 위험을 감수하는 것이다. 비교적 큰 규모의 무작위표본이 있기 때문에 정확성이 높다.

표본 규모를 50으로 설정할 수밖에 없는 상황을 가정해보자. 이 경우에는 신뢰 구간이 더 커진다.

[표 D.3] 보다 작은 표본 규모에 조정된 신뢰 구간

평균	표준편차	표본 규모	원하는 신뢰 수준	신뢰 구간
42	9.8	50	95%	39.3~44.7

표본 규모가 50일 때, 실제 인구 평균이 39.3~44.7 범위를 벗어나는 5%의 위험을 감수한다. 표본 규모가 더 작으면 신뢰 구간은 보다 넓다.

평균 대신 퍼센트나 비율로 신뢰 구간을 정하려고 하면 계산이 조금 다르기 때문에 인터넷에서 계산기를 찾거나 스프레드시트에서 계산기를 고를 때, 작업하고 있는 결과의 유형과 일치하는 계산기를 선택하는 것이 좋다.

표본 규모를 계산하기 위해 원하는 오차 범위를 사용하라

데이터를 어느 정도 수집한 뒤 신뢰 구간을 계산하는 것 대신, 바꾸어 생각해 볼 수도 있다. 의사결정을 내리기 위해 어느 정도로 정확한 결과가 필요한가? '오차 범위'는 결과에 필요한 정확도 수준을 의미한다.

표본 규모 계산기를 사용하기 위해서는 다음 사항을 수행해야 한다.

- 평균과 표준편차가 어떻게 될지 추측하라.
- 필요한 오차 범위를 정하라.
- 받아들이고자 하는 신뢰 수준을 선택하라.
- 이 수치들을 계산기에 입력하라.

계산기는 원하는 정확도를 달성하기 위해 필요한 표본 규모를 알려줄 것이다. 물론 모든 것을 추측에 맡기는 것이 아니라 평균, 표준편차, 응답률에 대한 첫 번째 추정치를 알아내기 위해 시범 연구를 수행하는 것을 추천한다.

통계적 유의성은 가설에 대한 것이기도 하다

이번 스포트라이트에서는 통계적 유의성과 실제적 유의성의 차이에 대해 이야기해보았다. 그리고 효과의 크기와 검정력에 대해서도 이야기했다. 아직 언급하지 않은 부분은 아래에 설명된 핵심 개념에 대한 정의다.

'통계적으로 유의한 결과는 $p<0.05$인 결과다.'

다음의 정의를 살펴보자.

'p값은 귀무가설이 사실인 경우 데이터가 최소한 관찰한 것 정도로 극한값이 될 확률을 의미한다.'

이 정의에 대한 단계별 설명과 '긍정 오류'와 '부정 오류'의 개념에 대해 알고자 한다면 나의 웹사이트에 방문해보기 바란다.

www.effortmark.co.uk/statistical-significance

3장. 질문

질문을 작성하고 테스트하라

2장에서는 설문조사 문어의 오른쪽 촉수 부분을 살펴보며 조사에 답변할 사람들과 질문하고자 하는 사람들의 수에 대해 생각해보았다. 지금부터는 왼쪽으로 넘어가 물어볼 질문에 대해 살펴보고자 한다. 3장에 본격적으로 들어가기 전에 다음 사항을 인지해야 한다.

- 무엇을 질문하고자 하는가. (구체적인 최고핵심질문)
- 사람들이 당신에게 무엇을 말해주고자 하는가. (구체적이면서 가장 주목받는 문제)

질문 답변을 위한 4단계를 이해하라

어떤 경우에는 질문이 너무 짧고 답변하기에도 간단해서 거의 인식하지 못할 때가 있다.

질문: 누구세요?
답변: 저요!

더 까다로운 질문도 있다. [그림 3.1] 25번 질문을 보자. 논의할 만한 예시를 찾기 위해 많은 설문지를 뒤적이다 발견했다.

25번 질문
지난 5일간 컴퓨터 또는 다른 기기로 일할 때 일반인에게 공개된 온라인 서비스 (이메일, 인스턴트 메신저, 검색 제외)를 사용해 작업한 시간은 대략 몇 %입니까?

[%   ]

[그림 3.1] 벅찬 질문의 예시(앞의 24개 질문을 완료한 시점에서는 벅차다.)

답변을 하려면 해야 할 일이 꽤 많다.

- **질문 이해하기:** '일반인에게 공개된 온라인 서비스'란 무엇인가?
- **답변 찾기:** 지난 5일간 어떤 업무를 했는지 생각해보아야 한다.
- **답변 정하기:** 그 활동 중 어느 정도가 이 질문에 부합하는가? 이런 부분에 대해 공유하고자 하는가?
- **답변으로 응답하기:** 대충 추정해 25%? 이 질문에 제대로 답하려면 적어도 내 답변을 설문조사를 만든 이들이 생각하는 답변에 맞춰서는 안 되기 때문에 어떤 선택지를 선택해야 하는가에 대한 추측을 할 수 없다.

그리고 마지막으로 이 시점이 되면 그냥 피곤해져 설문조사를 그만두겠다고 결정할 수도 있다. 물론 설문조사를 만든 입장에서는 사람들이 추측하거나 도중에 중단하거나 설문조사 질문을 보고 멍해지는 것을 원치 않을 것이다.

설문조사 응답의 심리에 관하여 [그림 3.2]와 같이 질문 답변의 4단계를 정리해보았다. 각 단계를 자세히 살펴볼 것이나 이 네 가지 단계가 서로 겹쳐지는 부분이 있을 때도 있다는 사실을 미리 언급하도록 하겠다. 단순한 질문에 답변할 때는 이 단계들이 너무 빨리 진행되어 거의 인지하지 못할 수도 있다. 25번 질문

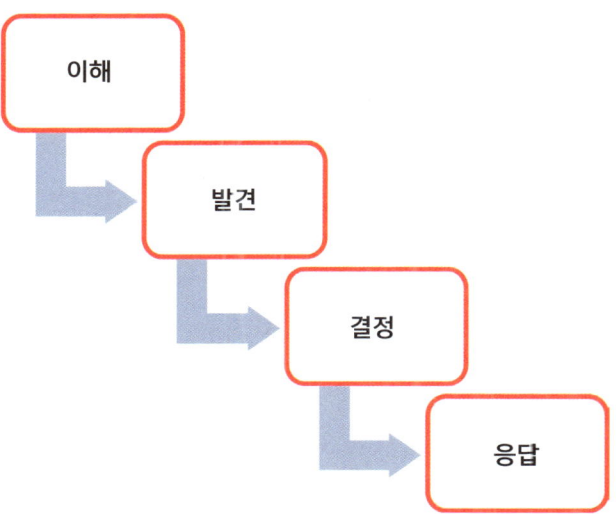

[그림 3.2] 질문 답변을 위한 4단계

3장. 질문: 질문을 작성하고 테스트하라 **119**

과 같은 경우에는 각 단계마다 꽤 힘든 과정을 거치게 된다.

좋은 질문은 이해가 쉽다

질문을 이해하려면 다음 사항을 수행해야 한다.

- 페이지에 적혀 있는 것을 머리로 옮긴다. (인지)
- 유의미한 개념으로 전환한다.

질문 인지하기: 보고, 듣거나 느낀다

지금 이 책을 어떤 방법으로 읽고 있는가? 종이책으로 읽고 있는가, 스크린 리더기로 듣고 있는가? 태블릿을 들고 편안한 의자에 앉아 읽고 있는가, 지하철에서 선 상태로 읽고 있는가? 글자 하나하나를 모두 흡수하기 위해 많은 시간을 들이고 있는가, 급히 읽고 있는가?

질문하는 대상이 되는 각 사람에게 주어진 맥락, 기술, 가능한 시간은 모두 다르다. 그들이 질문을 인지하지 못한다면 유의미한 개념으로 전환할 수 없다.

의미로 전환하기: 짧고 간단하게

"누구세요?"라는 간단한 질문과 생각만 해도 끔찍한 25번 질문을 비교해보면 짧은 한마디보다 40개가 넘는 단어가 들어간 문장에서 의미를 알아내는 것이 더 어려운 경우가 많다. 전반적으로는 문장이 짧은 것이 낫다. 하지만 짧다고 해서 다가 아니다. 예를 들어, 형편없는 질문을 단어마다 모두 끊어 길이를 반으로 줄일 수도 있다. 그런데 과연 큰 도움이 될까? 절대 그렇지 않다.

의미로 전환하기: 익숙한 단어를 익숙한 방식으로 사용하라

우리는 작업 환경에서의 단어와 표현에 익숙해져 있다. 우리에게는 편리한 약칭이 있다. 하지만 외부인들에게는 전문 용어일 뿐이다. 즉, 익숙하지 않은 단어나 (더 나쁜 경우에는) 익숙한 단어이지만 이상한 방식으로 쓰이는 것들을 의미한다.

내가 한 정부기관에서 일할 때 겪었던 일이다. 우리는 농부들에게 이런 질문을 던졌다.

"어떤 브라우저를 사용하십니까?"

나는 농부들의 디지털 역량의 편차가 매우 크다는 사실을 알게 되었다. 몇몇 농부는 자신이 선호하는 브라우저의 장점을 이야기하며 꽤 길게 답변을 해주었다. 하지만 다른 농부들은 이렇게 말했다.

"브라우저가 뭔가요?"

"인터넷에 어떻게 들어가는지 묻는 건가요? 전 'e'를 클릭해요. 왜 'e'가 인터넷인지는 모르겠어요."

"네, 저는 그글을 사용해요."

디지털 역량을 전혀 갖추지 않은 농부와의 인터뷰가 가장 흥미로웠다. 외딴 농장에서 양을 기르는 농부는 컴퓨터를 사용할 일이 없었기에 그에게는 브라우저가 아무런 의미가 없었다.

생각해보면 농부가 IT 전문용어에 익숙하지 않다는 사실을 발견하는 것은 그다지 놀랄 일이 아니다. 그보다는 자신이 몸담고 있는 직종의 전문 용어에 익숙하지 않은 것이 더 놀라운 일이다.

나는 디자이너와 개발자로 구성된 팀이 비슷한 일을 하는 사람들에게 그들의 업무 세부 사항에 대해 물어보는 일을 도운 적이 있다. 우리는 전문 용어와 관련해서 문제가 있으리라고는 전혀 생각하지 않았다. 우리가 한 질문 중에는 다음과 같은 것이 있었다.

'이 프로젝트에 어떤 방법론을 사용하시나요?'

그 결과, 절반은 우리의 의도를 파악하지 못했고, 나머지 절반은 우리의 의도와 꽤 다르게 해석했다. 우리는 사람들이 BEM과 같은 CSS방법론을 사용하는지 여부를 알고자 했으나 그들은 애자일 개발 접근 방식을 사용하는 것에 대한 답변을 했다.

우리는 다시 질문으로 돌아가 정말 알고자 하는 것이 무엇인지 심사숙고해보았다. 그리고 질문을 다음과 같이 변경했다.

'어떤 CSS 아키텍처를 따랐습니까?'

이번에는 우리가 정의한 집단 사람들에게 완전히 익숙한, 말이 되는 방식으로 용어를 사용했다. 익숙한 단어를 익숙한 방식으로 사용한 것이다.

의미로 전환하기: 한 번에 하나씩 집중하게 하라

처음 설문조사를 하는 사람들이 질문을 작성할 때 자주 하는 실수 중 하나는 한 번에 두 가지를 묻는 것이다. [그림 3.3]의 31번 질문이 그 예다.

> 31 프로젝트를 선정할 때와
> 어디에 힘을 쏟을지 방향을 정할 때
> 독립성이 주어지나요?
> (10점이 가장 높음)

[그림 3.3] 설문조사 질문 작성 시 자주 하는 실수

31번 질문을 좀 더 자세히 살펴보자. 어쩌면 하는 모든 일에 독립성이 주어질지도 모른다. 그런 경우에는 답변이 쉽다. 아니면 상사나 다른 사람의 지시를 전적으로 따라야 할지도 모른다. 당신 입장에서는 기분이 좋지 않겠지만 적어도 질문에 답변하기는 쉽다.

처음에 프로젝트 선정은 할 수 있지만 그 다음에는 통제권이 거의 없는 사람들이라면? 주어지는 업무를 반드시 수락해야 하지만 프로젝트의 다양한 측면에 있어서는 어느 정도 에너지를 쏟을지 결정권이 있는 사람들이라면?

설문조사 방법론 학자들은 이를 '이중double-barreled 질문'이라 부른다. 한 번에 2연발되는 쌍총에서 아이디어를 얻은 이름이다.

> **Q 18개 중 18번 질문**
> 이 설문지가 어떤 문제들을 드러내주었다면, 그 문제들이 당신이 일을 하고, 가정에서의 일을 돌보고, 다른 사람들과 관계를 맺는 데 얼마나 어려움을 주었습니까?

[그림 3.4] 이 질문은 직장, 가정, 다른 사람들에 대한 것을 모두 묻고 있다.

내가 이 예시를 들며 사소한 것에 트집을 잡는 것 같은가? 일단 [그림 3.4]를 보자. 우울증을 겪는 사람들을 위한 온라인 진단 퀴즈다.

이를 통해 사람들이 직장, 가정, 사람관계에 대해 모두 다른 답변을 가지고 있다는 것을 알게 되었다. 우울증이 사람들의 인지능력에 악영향을 미친다는 것을 고려했을 때 특히나 안타까운 3중 질문의 예시다.

좋은 질문은 쉽게 찾을 수 있는 답을 요구한다

질문을 이해했으면 [그림 3.5]처럼 '답변'을 생각해내야 한다.

'마지막으로 식품점에 간 것이 언제입니까?'와 같은 질문을 생각해보자. 아마 머릿속에 이 질문에 대한 답이 떠오를 것이다. 잠시 생각은 해야겠지만 대부분의 사람은 기억해낼 수 있다.

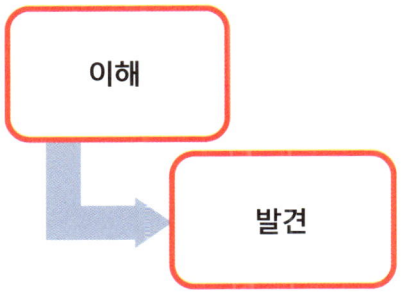

[그림 3.5] 두 번째 단계는 답변을 알아내는 것이다.

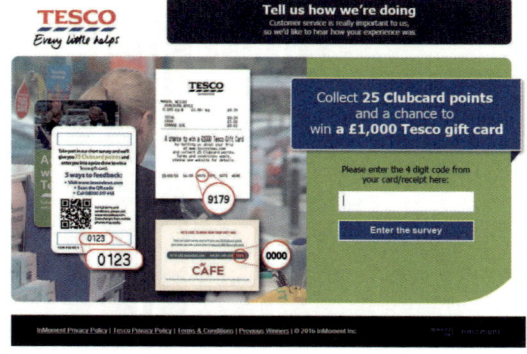

[그림 3.6] 슈퍼마켓 영수증으로 답변 수집하기

두 번째 유형의 질문은 다른 곳에서 답변을 생각해내게 한다. 예를 들어, [그림 3.6]은 영국의 한 슈퍼마켓이 영수증 또는 초청카드 4자리 코드를 물으며 피드백 설문지를 시작한다. 답변을 찾는 위치에 대한 그림이 꽤 도움이 된다.

가끔씩은 다른 사람에게 질문해 답변을 수집해야 한다. 어쩌면 당신이 기억하지 못하는 것을 다른 사람은 기억할 수도 있다. ("그때 묵었던 호텔 객실번호 기억해? 난 기억이 나지 않아.") 아니면 애초에 아예 알지 못하는 것일 수도 있다. ("엄마, 나 그 예방접종 맞았을 때 몇 살이었어요?") 설문지가 비즈니스에 대한 것이라면 특정 한 사람이 답변을 알아내기 위해 다른 사람들에게 많은 질문을 해야 할 수도 있다.

그리고 마지막 카테고리가 있다. 질문을 받은 순간 생각해야 하는 답변이다. 영국 일간지 〈가디언Guardian〉이 최근 수행한 설문조사에서 '나는 〈가디언〉과 굉장히 친밀함을 느낀다'라는 문장에 얼마나 동의하는지 물었다. 나는 한 번도 생각해본 적 없는 주제였기에 바로 답이 떠오르지 않았다. 인터넷에 답을 검색해볼 수도 없었고, 다른 사람에게 물어보는 것도 조금 바보 같다는 생각이 들어 어느 정도 고민한 뒤 답을 정했다.

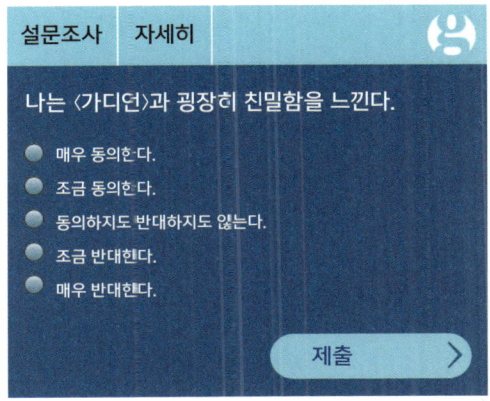

[그림 3.7] 내가 답변을 만들어내게 했던 질문

질문과 개개인의 상황에 따라 사용하는 전략이 달라지는 경우도 있다. 예를 들어 [그림 3.8]은 식품점 재고품에 대한 질문을 하고 있다.

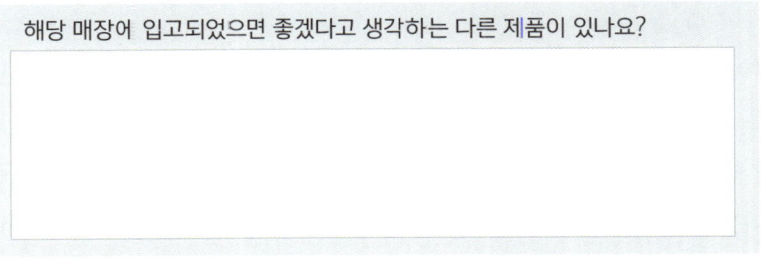

[그림 3.8] 식료품 재고품에 대한 질문

어떤 사람은 기억을 더듬으며 다시 생각해봐야 할 수도 있다.

'생각을 해보자. 그 시리얼이 없었던 게 이 매장이었나, 아니면 다른 매장이었나?'

최근 식품점에 구매 리스트를 준비해갔는데 그중 일부를 찾지 못해 답답했던 경험이 있다면 이 질문에 빠르게 답변할 수 있을 것이다.

어떤 사람은 같이 장을 보러 갔던 다른 사람에게 "어제 못 샀던 그 맥주 이름이 뭐였지?" 하고 물어볼 수도 있다. 또 어떤 사람은 좀 더 창의적으로 접근할지도 모른다.

"이야기가 나와서 하는 말인데, 우리는 채식 위주로 식단을 변경하려 해요. 흠, 어디 봅시다. 템페는 어때요?"

이 시점에서 질문을 검토하고, 사람들이 그 질문에 답변할 때 사용할 것 같은 전략을 생각해보라. 전반적으로 봤을 때 '머릿속 전략'이 가장 쉬운 방법이다. 사람들이 답변을 수집하고 다른 사람에게 질문하거나 답변을 만들어낼 것이라 생각한다면 들이는 노력이 늘어나기 때문에 설문조사를 완료하지 못할 수도 있다.

대략적인 망각 곡선이 존재한다

어떤 특정 사건에 대한 기억을 생각해보자. 정확하게 그 기억을 회상할 수 있는 경우는 다음과 같다.

- 해당 사건에 대해 무언가를 알아채고 애초에 기억한 경우
- 이미 기억이 있고 접근 가능한 기억인 경우
- 해당 기억이 다른 기억과 겹치거나 혼돈되지 않는 경우

사람들이 특별히 더 기억을 잘하는 사건들이 있다. 결혼이나 특별한 휴가, 이사와 같은 중대한 사건이라면 그 사건의 세부 사항들은 1년 후, 아니면 그 후에도 기억하기 쉽다. 어떤 경우에는 인생에서의 괴로운 사건이 너무나도 자세하게 기억에 남아 외상 후 스트레스 장애로 이어지기도 한다. 어떤 기억은 지속적인 즐거움의 원천이 되어 마음대로 다시 꺼내 볼 수 있는 '행복한 장소'가 되기도 한다.

많은 사람의 경우, 1~2주 정도는 꽤 잘 기억하나 그 후부터는 기억이 희미해지기 시작한다. 예를 들어 나는 퀼트 재료 쇼핑을 좋아한다. 2주 전에 쇼핑을 했던 기억과 내가 골랐던 섬유를 쉽게 생각해낼 수 있다. 하지만 몇 개월 전 기억의 세부 사항은 사라졌거나 그 전 사건들과 혼재해 있다.

1시간 뒤에도 거의 기억이 나지 않는, 특별할 것 없는 반복적인 사건들도 있다. 오늘 내가 휴대폰을 얼마나 많이 들여다봤을까? 전혀 기억나지 않는다. (그래도 어느 정도 추측은 할 수 있다. 아주 많이 봤을 것이다.)

이러한 다양한 경험을 [그림 3.9]에서 비교해보았다.

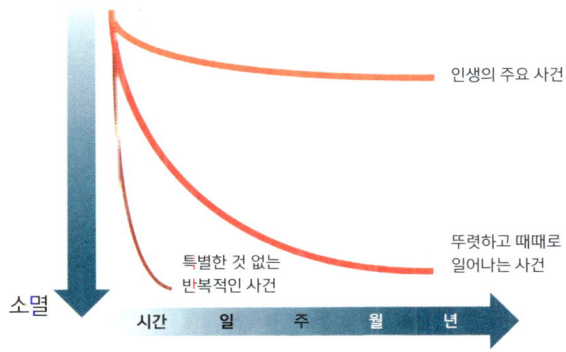

[그림 3.9] 대략적 망각 곡선

생생한 최근 경험에 대해 질문하라

[그림 3.10]을 통해 25번 질문을 다시 한 번 살펴보자. 많은 사람에게 (특히 나에게) 빠르게 기억해낼 수 없고 특별할 것 없는 사건들에 대해 물어보는 질문이다. 어제 얼마 동안 컴퓨터를 들여다보고 있었는지는 가늠할 수 있을지 몰라도 내가 컴퓨터를 사용하고 있을 때 정확히 무엇을 하고 있었는지 제대로 가늠할 확률은 제로다.

> **25번 질문**
> 지난 5일간 컴퓨터 또는 다른 기기로 일할 때 일반인에게 공개된 온라인 서비스(이메일, 인스턴트 메신저, 검색 제외)를 사용해 작업한 시간은 대략 몇 %입니까?
>
> [%   ]

[그림 3.10] 특별할 것 없는 반복적인 행동에 대해 질문하고 있다.

'기억할 수 있는가'에 현실적으로 접근하라. 질문을 하는 사건의 유형에 적절한 시간대를 선택하라. 최상의 데이터를 얻으려면 최근의 생생한 경험을 질문해야 한다.

회상과 인식을 구분하라

시장조사원들은 브랜드 포지셔닝이나 최근 광고 캠페인의 효과를 파악하고자 하는 고객을 위해 사람들이 브랜드에 대해 어떻게 생각하는지 알아내려고 하는 경우가 많다. 예를 들어, 능력 있는 조사원은 초콜릿 브랜드에 대해 알아볼 때 가장 먼저 회상에 대해 질문한다.

'초콜릿 브랜드 세 가지를 말해주세요.'

그런 다음 인식 단계로 넘어간다('촉구 회상'이라고도 한다).

'최근에 이런 초콜릿 브랜드를 보거나 들어본 적이 있습니까?'

- 캐드버리
- 허시
- 네슬레 (등)

회상은 더 어렵다. 사람들이 해당 제품 카테고리에 충분히 관심을 두고 브랜드에 대한 기억을 어느 정도 남겨두어야 가능하다. 사실 많은 광고가 이런 목적을 가지고 있다. 오랫동안 한 브랜드에 집중하게 하여 그 브랜드에 대해 무엇이라도 기억하게 하려고 하는 것이다.

인식은 즉각적인 경험을 만들기 때문에 좀 더 쉽다. 그러나 인식은 제공된 목록에만 집중하게 하기 때문에 언급될 수 있었던 다른 브랜드를 제외해버릴 수 있다는 단점이 있다. 어떤 것들을 생각해낼 수 있는가?

미래 행동에 대한 예측을 물어보지 말라

초콜릿 질문에서 다음에 사려고 하는 브랜드가 아니라 최근에 보고 들은 브랜드를 물어봤다는 점을 알아차렸는가?

좋은 설문조사 예시가 있다. 가까운 과거의 사건에 대해 질문하거나 미래에 무엇을 할지가 아닌, 사람들이 지금 당장 생각하는 것에 대해 질문하는 것이다. 어떤 사람에게 행동을 예측하라고 하면 만들어낸 답변이 돌아올 것이며, 이는 신뢰성이 떨어질 것이다. 자신의 행동을 생각해보자. 계획된 운동을 빼먹었을 때,

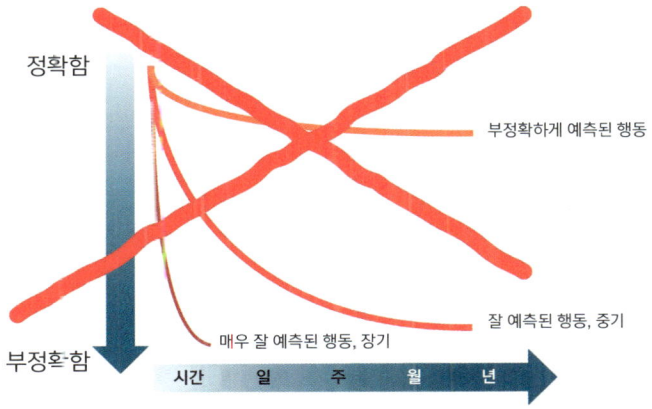

[그림 3.11] 충분치 않은 '예측 곡선'

의도한 만큼 건강한 음식을 먹지 못했을 때, 필요한 시간을 정확하게 예측하지 못해 마감 기한을 놓쳤을 때 등 당신만의 예시가 충분히 많이 있을 것이다.

그렇기 때문에 안타깝게도 미래에 대해 만들어낸 답변 중 어떤 것이 신뢰성이 있을 수 있는지 말해줄 수 있는 '예측 곡선'이 충분치 않다. 따라서 [그림 3.11]에는 커다란 엑스 표시가 되어 있다.

권고 사항을 간단히 정리하면 다음과 같다. 사람들에게 행동을 예측하라고 하지 말라. 하지만 행동을 예측할 것을 요구하는 최고핵심질문을 너무나도 많이 봐왔다. 특히 다음 세 가지 질문은 지겹도록 봐왔다.

- 이 제품을 살 계획이 있습니까?
- 이 정도 가격이면 구매할 의향이 있습니까?
- 당사 제품을 지인에게 추천할 의향이 있습니까? (그렇다. 스포트라이트 B에서 봤던 순추천지수다.)

권고 사항을 좀 더 정돈된 표현으로 설명하면 다음과 같다.

'반드시 행동을 예측할 것을 요청해야 한다면 예측 곡선이 충분치 않다는 것을 명심하라.'

좋은 질문은 답변하기 편하다

질문에 답변하는 것은 사회적 행동이다. [그림 3.12]를 보자. 3번째 단계 '결정'은 답변을 공개하고자 하는지 여부 또는 여러 가지 가능한 답변이 있을 때 어떤 답변을 선택할지에 대한 결정을 내리는 것이다.

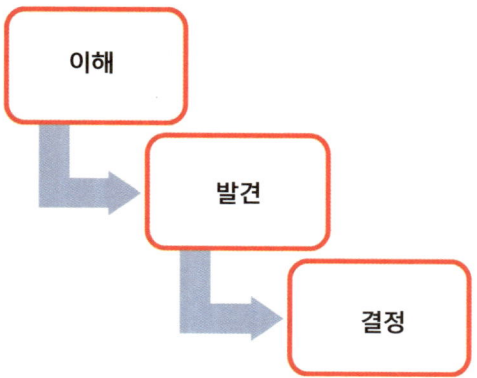

[그림 3.12] 세 번째 단계는 답변을 결정하는 것이다.

심리언어학 전문가 리제 멘Lise Menn은 사람들이 언어를 사용하여 무엇인가를 하는 방식의 목록을 만들었다.

"사람들은 다른 사람들에게 미치고자 하는 영향을 만들어내기 위해 단어를 선택한다. 예의 바른 표현, 이해받기 위한 표현, 다른 사람들이 내부인이나 외부인처럼 느끼게 만드는 표현, 기분이 좋거나 부끄럽게 만들기 위한 표현, 격려하거나 위안을 주기 위한 표현, 감동이나 정보를 주기 위한 표현이 있다."

생각 없이 단어를 선택하거나 관점의 차이가 있으면 [그림 3.13]과 같이 곤란한 대화로 이어질 수도 있다.

대부분의 경우, 무엇을 어떻게 말하는지 결정하는 과정은 무의식중에 이루어진다. [그림 3.14]를 보자. 차에 타 있는데 어떤 사람이 전화를 해 "어디세요?"라고 묻는다. 이때 할 수 있는 답변을 정리해보았다.

[그림 3.13] 생각 없이 말한 답변은 나쁜 영향을 만들 수 있다.

[그림 3.14] "어디세요?"

- "차예요." (어느 정도는 유용한 정보이나 많은 것을 말해주지는 않는다.)
- "검정색 그랜저 차에 타 있어요." (전혀 필요하지 않은 세부 정보가 될 수도 있고, 상대가 당신의 차량을 찾고 있다면 매우 유용한 정보가 될 수도 있다.)
- "가고 있어요." (이동 중이나 다른 일은 하지 않고 있다는 것을 알려준다는 면에서 "차예요"와 비슷한 효용성이 있다.)
- "거의 다 왔어요." (모호하긴 해도 훨씬 더 유용한 정보다.)
- "집 앞 도로에 있어요." (그 장소에 머무르는 것인지 아닌지 여부를 정확히 알려주지는 않아도 보다 정확하고 유용한 정보다.)

"차가 막혀서 갇혀 있어요. 언제 그쪽에 도착할지 모르겠네요"와 같은 선택지 몇 개를 더 추가할 수도 있다.

'결정' 단계는 어떤 유형의 답변이 적절할지를 계산하는 작은 단계다.

개인정보는 중요하다

"말 안 할 거예요."

내릴 수 있는 의사결정 중 가장 분명한 한 가지는 무엇을 누구에게 공개하는지에 대한 것이다. 호텔 객실을 판매하는 사업체가 당신에게 수입을 묻는 것은 매우 무례한 일이지만 물어보아야 할 법적 의무가 있는 정부기관이 묻는 것은 (부담스럽긴 하지만) 받아들일 수 있다. 거의 모든 질문이 한 맥락에서는 괜찮아도 다른 맥락에서는 용인되지 못할 수도 있다.

"어디 살고 있나요?"

"주민등록번호가 어떻게 되나요?"

"이메일 주소가 어떻게 되나요?"

지금과 같은 인터넷 시대에는 매우 다양한 사람 앞에서 질문을 받을 일이 많기 때문에 답변이 잘못된 사람들의 손에 들어갈 수 있다는 사실을 늘 염두에 두어야 한다. [그림 3.15]를 보자. 질문 답변에서 '결정' 부분은 질문하는 이유와 답

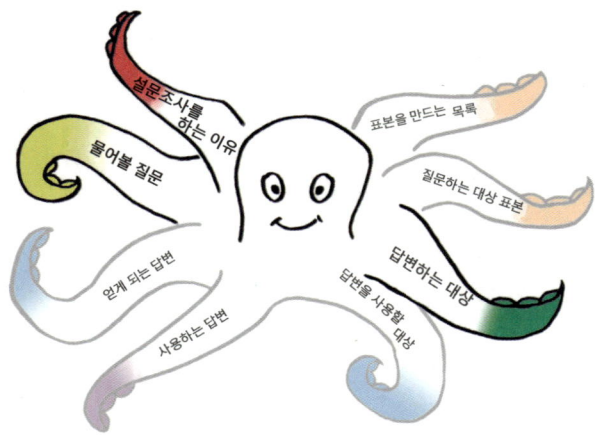

[그림 3.15] 질문에 대한 용인 가능성은 질문하는 이유와 답변하는 사람에게 달려 있다.

변하는 사람들의 우려 사항에 의해 큰 영향을 받는다.

사람들이 설문조사에서 주민등록번호를 공개할 정도로 당신을 신뢰하는가? 아마도 그렇지 않을 것이다. 그렇다면 왜 그 정보가 필요한 것인가? 사람들이 설문조사에서 이메일 주소를 공개할 정도로 당신을 신뢰하는가? 어쩌면 그럴 수도 있다. 당신이 그 정보를 가지고 무엇을 할 계획인지에 따라 다르다. 사람들이 이메일 주소를 가지고 있는지 여부를 말해줄 정도로 당신을 신뢰하는가? 그럴 수도 있다. 사람들이 '이메일 주소'가 무슨 뜻인지 안다고 가정했을 때 그렇다.

맥락이 의사결정에 영향을 미친다

일반적인 대화는 이어지는 문장 간의 관계를 추론하는 것에 기반을 두고 있다. 문장 자체만을 고려한다면 다음과 같은 질문은 여러 가지 해석이 가능하다.

[기존 질문] "약국이 보입니까?"
[가능한 해석]
① "지금 주변을 둘러봤을 때 약국 같은 상점이 보입니까?"
② "약국의 새로운 브랜드 명이 궂은 날씨에도 보일 정도로 밝기가 충분합니까?"
③ "약국이 보일 정도로 시력이 좋습니까?"

너무 확대 해석을 한 것 같은가? 앞서 "어디세요?", "차예요"의 상황을 생각해봤으니 ①이 가장 분명하고 그럴 듯한 해석 같아 보일 것이다. 하지만 맥락을 바꾸면 다른 해석이 좀 더 현실적으로 보일 수도 있다. 예를 들어 ②는 브랜드 리포지셔닝에 대한 대화, ③은 검안사 사무실에서의 대화일 수도 있고, 그렇지 않을 수도 있다. 일단 질문에 대한 한 가지 맥락에 사고가 고정되어버리면 다른 해석이 납득이 되기 더 어려워진다.

설문조사 방법론 학자들은 이렇게 이전에 무슨 일이 있었는지에 따라 질문의 의미가 바뀔 수 있는 상황을 '맥락효과'라 부른다. 맥락효과는 설문지 또는 대화에서의 질문 위치에 따라 의미가 바뀔 때 발생한다. 이에 대한 수많은 예시가 있다. 심리학자 코델리아 파인Cordelia Fine의 예시를 살펴보자.

> 다음과 같은 양식의 질문지를 작성한 경험이 있습니까?
> [ ] 남성
> [ ] 여성
> 이런 종류의, 순전히 중립적으로 보이는 질문도 성별을 프라이밍하는 요인이 될 수 있다.

'성별 프라이밍'은 이러한 질문들이 여성에게 사회에는 여성의 능력에 대한 성별 특유의 관점이 있다는 사실을 상기해준다는 것을 의미하며, 따라서 답변에 이러한 성별 특유의 관점을 반영하게 만든다. 예를 들어, 파인은 동일한 활동을 했지만 앞서 다른 질문을 받았던 여성에 비해 성별 프라이밍 질문을 받은 여성들이 수학능력을 낮게 평가하게 한 실험에 대해 언급했다.

나는 성별 프라이밍에 대해 알고 난 뒤 성별 관련 질문을 정말로 해야 하는지 훨씬 더 신중하게 생각하게 되었다. 그리고 정말 필요하다면 해당 질문을 설문지 마지막 부분에 넣으려고 노력한다.

답변하는 사람의 맥락도 중요하다

보통은 자신의 세계관으로 질문을 만들기 때문에 질문하는 대상의 세계관과 놀라울 정도로 다를 수 있다. 다음은 시카고대학교 사회과학 국가데이터프로그램National Data Program for the Social Sciences에서 운영하는 현대미국사회 설문조사인 종합사회조사General Social Survey에서 가져온 질문 테스트다. 이 예시에서 작성된 질문을 보면 사람들이 자신을 대변하는 특정 정당이 있음을 가정하고 있으나 해당 응답자는 분명히 그렇지 않은 것으로 보인다. 'I'는 인터뷰 진행자Interviewer를, 'R'은 응답자Respondent를 의미한다.

I: 자신을 공화당, 민주당, 무소속 등 중에서 어떤 쪽이라고 생각하십니까?
R: 저는 제 자신을 하나의 사람으로 생각합니다.
I: 공화당인이라고 생각하십니까?
R: 아니요.

I: 민주당인이라고 생각하십니까?
R: 아니요.
I: 무소속 등이라고 생각하십니까?
R: 음, 저는 제 자신을 (멈춤) 기독교인이라고 생각합니다.
I: 알겠습니다. (작성 중) 그런데 정치적으로는 특정 정당이… (들리지 않음)
R: 저는 여호와의 증인입니다. 그래서 이런 것과 관련해서…
I: 알겠습니다.
R: 정부도 여호와 하나님 왕국의 일부입니다.
(Suchman, Jordan, 1992)

이 예시는 1992년에 출간된 도서에서 가져온 발췌본이다. 어떻게 답변해야 할지 정하는 것의 어려움은 그때나 지금이나 마찬가지인 듯하다.

답변을 정하는 것은 고통스러운 일이 될 수 있다

가끔은 '머릿속에서' 답변을 찾는 과정이 고통스러운 기억을 헤집거나 굉장히 예민한 주제를 떠올리게 해 답을 공개할지 말지 여부를 결정하는 것을 어렵게 만든다. 잠시 성별에 대해 자주 보게 되는 질문으로 돌아가보자. 파인은 이를 '순전히 중립적'이라 표현했다. 다음은 S. E. 스미스S. E. Smith의 또 다른 관점이다.

"이는 일부 트렌스젠더에게 끝없는 비통을 느끼게 하는 지점이다. 모든 순간 순간이 그렇다. 양식을 작성하다가 이 질문에서 멈춘다. 오랜 시간 동안 멈춰 있다. 주저하고 한숨을 쉰다. 나는 남성이 아니다. 여성이 아니다. 종이 양식을 빈 칸으로 남겨두는 경우가 많다. (…) 당신을 위한 공간이 없는 체크박스로 가득한 양식을 채울 때 어떤 기분이 들지 생각해보라. 이 작업을 계속, 계속, 계속 반복한다고 상상해보라. 양식을 작성하기 싫은 이유가 반복적인 작업이라서, 별로 재미가 없어서가 아니라고 상상해보라. 싫은 이유가 거짓말을 해야 하고 양식을 작성할 때마다 자신을 저역야 한다는 것을 알기 때문이라고 상상해보라."

설문지는 선택 사항이라 성별에 대한 질문을 받았을 때 스미스처럼 느끼는 사람이 있다면 중단을 선택할 수 있다. 이때 생기는 부정적인 측면은 이들의 데이터를 잃고, 관점을 놓치고, 어쩌면 (고객 대상 설문조사라면) 이들의 호감을 잃는 것이다. 성별에 대한 의식적인 예민함은 상대적으로 드문 일일 수 있으나 사별, 질환, 이혼, 실직처럼 힘든 감정을 불러일으킬 수 있는 많은 다른 주제들이 있다.

사라 와터 보에처Sara Wachter-Boettcher는 다음 질문에 대한 답을 해야 했을 때 머릿속에 많은 감정이 스쳐지나갔다고 이야기했다.

'나는 나의 어머니의 ___째 자녀다.'

자신이 몇 번째 자녀인지 공개하는 것을 대수롭지 않게 생각하는 사람이 많은데, 사라에게는 유아기에 사망한 형제가 있었다. 사라는 자신의 강력한 감정들을 모아 에릭 마이어Eric Meyer와 함께 《사람을 배려하는 디자인Design for Real Life》이라는 책을 출간했다.

좋은 설문지는 응답하기 쉽다

대부분의 전통적인 설문조사는 인터뷰 진행자에게 의존한다. 보통은 대면으로 진행하는데, 요즘은 전화 통화로 진행하기도 한다. 인터뷰 진행자는 설문지의 질문을 읽어주고, 답변하는 사람은 인터뷰 진행자에게 답변을 제공한다. 인터뷰 진행자는 반드시 답변을 정확하게 기록해야 하며, 때로는 어떻게 기록해야 할지 현장에서 바로 답변을 해석해야 한다. 이는 [그림 3.16]의 마지막 '응답' 단계다.

웹 설문조사와 같은 최신식 방법에서는 이 응답 과정이 질문에 답변하는 사람에게로 옮겨간다. 응답하기 쉬운 좋은 설문지를 만드는 것은 매우 중요한 주제이므로 이후에 4장 전체에 걸쳐 다루도록 하겠다.

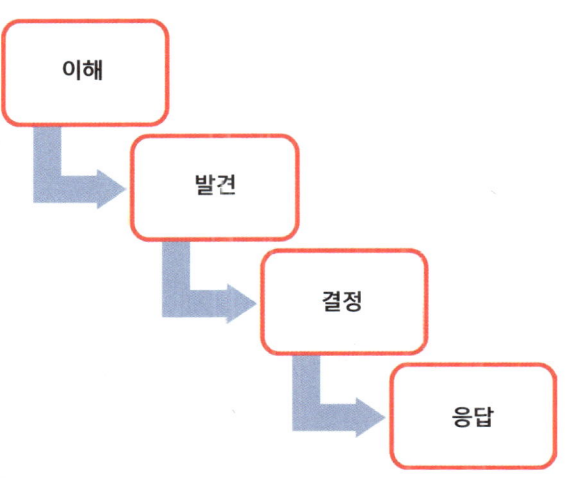

[그림 3.16] 마지막 단계는 응답이다.

인지적 인터뷰로 질문을 테스트하라

설문지를 먼저 테스트해보면 설문지를 만들 때 많은 시간과 노력을 아낄 수 있다. 2장 마지막 부분에서 권고한, 가장 주목할 만한 문제를 찾기 위한 인터뷰를 진행했다면 이런 인터부가 보통 세계관의 충돌 문제나 개인정보 문제, 신뢰 문제를 먼저 드러내기 때문에 한발 앞서 있는 것이다.

그렇다고 해도 이제 특정한 질문이 갖추어졌으니 어느 정도의 인지적 인터뷰를 하면 그 내면에 숨겨진 상세한 문제를 드러내는 데 있어 분명 그만한 노력의 값어치를 할 것이다.

소규모 인지적 인터뷰를 시도하라

다음과 같은 소규모 인지적 인터뷰를 직접 해보아라. 이 질문에 답변하고, 답변을 하며 거치게 되는 과정들을 생각하고 인지해보라.

"당신의 집에는 창문이 몇 개 있나요?"

망설여지거나 혼란스러운 느낌이 드는가? 어쩌면 당신은 집이 아닌 다른 곳에 살고 있거나, 어떤 고정된 장소에 거주하고 있지 않을 수도 있다. 어쩌면 창문으로 간주되는 것이 어떤 것인지 확실하지 않을 수도 있다. 내 친구의 집에는 주방과 거실 사이 벽에 창문이 있다. 이 창문도 창문으로 간주하는가? [그림 3.17]을 보자. 현관문에 유리 패널이 2개 있는데 이를 창문 0개, 1개 또는 2개로 간주할 수도 있을 것이다.

그렇다면 어떻게 답변해야 할까? 집 밖에 서서 집을 바라보거나 방마다 돌아다니는 등의 방법으로 답변을 알아내야 할까? 마음속으로 숫자를 세어서? 손가락을 하나씩 펴며 숫자를 세어서? 아니면 메모를 해서?

이러한 것들이 질문에 대해 어느 정도 인지적 인터뷰를 해보면 발견하게 될 다양한 유형이 될 것이다.

[그림 3.17] 현관문에 유리 패널이 있는 집

정의된 집단 사람들을 대상으로 인지적 인터뷰를 수행하라

정의된 집단 사람 몇 명을 찾아 질문에 답하도록 해보라. (나는 세션을 준비할 때 기술적인 용어인 '인지적 인터뷰'라는 말을 사용하지 않는다.) 사람들이 집단으로 설문지를 진행할 것으로 생각된다면 초점집단으로 질문을 테스트하는 것도 괜찮다.

나는 언제나 사람들이 각자 설문지에 답변할 것이라 생각하기 때문에 한 번에 한 사람씩 인지적 인터뷰를 하는 것을 목표로 한다. 그러나 대상자는 설문지에 답변할 때 도와줄 사람, 돌봐주는 사람, 함께할 친구 또는 가족을 데려와도 좋다. 나는 보통 다음 사항을 따르며 질문에 답할 것을 요청한다.

- 소리 내어 질문 읽기
- 자신의 말로 질문 설명하기
- 잠재적인 답변을 찾기 위해 소리 내어 생각하기
- 어떤 답변을 하기로 선택했는지 말하기

그러는 동안 나는 조용히 들으며 메모를 한다. '조용히 듣기'는 상당히 어렵다. 집중해서 경청하는 것은 굉장히 흥미로운 일이지만 지친다. 무엇보다도 인지적 인터뷰는 처음부터 질문을 작성하려고 하는 이해관계자들과 회의를 하기 위해 앉아 있거나 알아서 질문에 답변하는 사람들이 어떻게 생각할지 추측하는 것보다는 훨씬 더 빠르고 흥미롭다.

질문 관련 주의 사항

질문 작성은 결코 쉽지 않다. 정의된 집단 사람들에게는 다음과 같은 위험 요소가 있다.

- 질문을 이해하지 못한다.

- 의도와 다른 방식으로 이해한다.
- 답변할 것이 없다.
- 부정확한 답변을 한다.
- 답변을 제공하기를 원치 않는다.

측정오차는 질문이 제대로 되지 않을 때 발생한다

'측정오차'는 답변의 실제 값과 수집하게 되는 답변의 차이를 의미한다. 측정오차는 [그림 3.18] 설문조사 문어의 촉수 '물어볼 질문' 과 '얻게 되는 답변' 사이에서 발생한다.

한 가지 불편하지만 중요한 측정오차의 잠재적 원천은 사람들이 답변할 수 없거나 하지 않는 최고핵심질문이다. 불편한 부분은 다음과 같은 딜레마에서 생긴다.

- **선택지 1:** 최종 결과에 많은 오류가 있을 것을 알면서도 설문조사를 밀어붙인다?
- **선택지 2:** 새로운 최고핵심질문을 찾기 위해 목표 단계로 돌아가 반복한다?

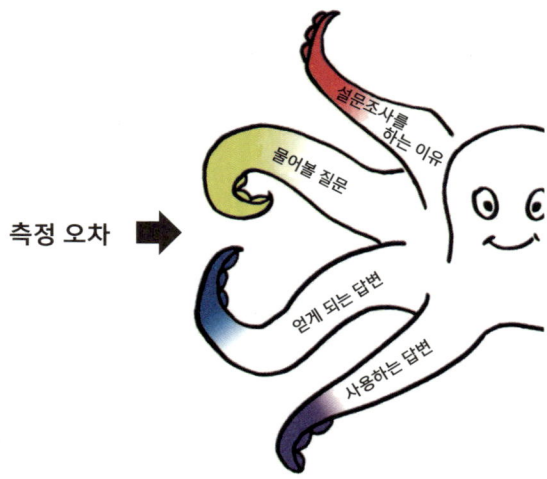

[그림 3.18] 측정오차는 '물어볼 질문'과 '얻게 되는 답변' 사이에서 발생한다.

당신이 선택지 2를 선택하기를 바란다. 2장의 인터뷰에서 발견한 가장 주목할 만한 문제를 포함할 수 있는 또 다른 기회가 생기는 것이기 때문에 반복해보아야 한다. 밀어붙이기로 결정한다고 해도 답변을 원하는 사람들을 도울 수 있는 기회가 아직 남아 있는 이 단계에서 문제가 있을 수도 있다는 사실을 발견하는 것이 낫다. 보다 나은 초청장을 작성하거나 최고핵심질문의 표현을 약간 다르게 수정할 수도 있다.

이 시점이면 알게 될 사실

이러한 질문에 대한 모든 작업은 지금 시점에서 다음과 같은 질문들이 갖추어졌음을 의미한다.

- 의사결정에 도움을 줄 최고핵심질문을 포함하고 있다.
- 사람들이 이야기하고 싶어 하는 가장 주목받는 문제를 포함하고 있다.
- 사람들이 쉽게 이해하고 답할 수 있다.

4장에서는 이 질문들을 설문지로 전환할 것이다. 그 전에 '스포트라이트 E: 개인정보'에서 중요한 정보를 찾을 수 있다. 꼭 읽어보길 추천한다. 이외에도 스포트라이트가 2개 더 있다. '스포트라이트 F: 설문조사 도구 선택 시 물어보아야 할 질문들'은 내가 자주 질문을 받는 주제다. 웹 설문조사가 아닌 다른 설문지 전달 방식에도 오픈되어 있다면 '스포트라이트 G: 설문조사 방식 선택'을 읽어볼 것을 추천한다

스포트라이트 E
개인정보

질문이 갖추어졌으면 설문지 작성을 시작하기 전에 개인정보에 대해 생각해보는 것이 매우 중요하다.

어떠한 기관에서 개인정보를 적절하게 다루지 못해 매우 곤란한 데이터 침해 사건이 발생했다는 기사를 한 번쯤 본 적이 있을 것이다. 이때 '내 일이 아니라 다행이야' 하고 생각하기 쉽다. 그리고 당신의 생각이 맞을지도 모른다. 조직에 개인정보 전문가가 있다면 이번 스포트라이트는 건너뛰고 그들에게 상담을 받으러 가도 좋다. (그래도 논의를 시작하기 전에 핵심적인 아이디어를 갖출 수 있도록 읽어볼 것을 추천한다.)

나처럼 스스로 개인정보 문제를 책임져야 하는 사람도 있을 것이다. 그래서 스코틀랜드의 개인정보 전문가 헤더 번스Heather Burns에게 도움을 요청했다. 헤더는 개인정보에 대한 접근 방법을 개선하는 일을 돕기 위해 소프트웨어 프로젝트 그리고 개발자와 협업하고 있다. 그녀는 이렇게 말했다.

"그게 사실 제 업무의 포인트죠."

헤더와 나는 변호사가 아니다. 그러니 이번 스포트라이트에서 법률 자문을 해줄 것이라는 오해는 하지 말도록!

설문조사를 위해 개인정보영향평가가 필요한 이유와 진행 방법

Q: 개인정보와 관련된 일이면 조금 벅차게 느껴진다. 벌금을 물 수도 있는 법률 관련 문제 아닌가?

A: 양질의 개인정보 관행은 무서운 작업이 아님을, 변호사가 필요한 일이 아님을 인식하는 것이 중요하다. 사용자를 우선하고, 그 과정에서 그들의 업무를 보호하는 합리적이고 선제적인 의사결정을 하는 일이다.

Q: 설문조사의 '사용자'라면 질문에 답변하는 사람들을 말하는 건가?
A: 그렇다.

Q: 설문조사 개인정보 문제를 알아서 해결해야 한다면 어디서부터 시작해야 하는가?
A: 두 가지를 생각해보아야 한다.
- 내부적으로 자신을 어떻게 보호할 것인가.
- 외부적으로 사용자를 어떻게 보호할 것인가.

자신을 보호하기 위해서는 개인정보 문제가 발생하기 전에 어떤 문제가 있을 수 있는지 예측해보아야 한다. 그래서 나는 고객들이 개인정보영향평가PIA, Privacy Impact Assessment를 개발하는 것을 도와준다.

Q: 개인정보영향평가라는 것은 정확히 무엇인가?
A: 개인정보영향평가는 주로 PIA라는 약어로 사용된다. 하고 있는 업무와 수집하는 정보에 대한 개인정보 리스크 여부를 논의하고 문서로 작업하는 방법이다. 자리를 잡고 이러한 문제들에 대해 생각해보고, 취해야 할 사전 조치를 식별하고, 결정 사항을 기록으로 남겼음을 인정해주는 작업이다.

Q: PIA는 대부분의 웹사이트에서 볼 수 있는 개인정보 처리 방침과 같은 것인가?
A: 아니다. 개인정보 처리 방침은 외부적으로 사용자 보호하기에서 하게 될 공개 문서 작업이다. PIA 문서는 엄격히 내부적인 문서다. 엄밀히 말하면 데이터 침해 사건이 발생하거나 개인정보에 대한 우려 사항이 있으면 데이터 보호 규제기관에 PIA 사본 열람을 요청할 수 있다.

Q: 모든 사람에게 PIA가 필요한가?

A: 내 규칙은 '필요한지 물어보아야 한다면 해야 한다'다. 데이터 침해 문제는 정말 원하지 않는 방식으로 뉴스에 나올 수도 있다. 열심히 그리고 창의적으로 조직과 작업하고 있는 프로젝트에 본질적인 리스크가 무엇이 있는지 생각해보자.

- 평판 손상?
- 안 좋은 언론 보도?
- 데이터 보호 규제기관을 화나게 하는가?
- 고통받은 데이터 소유자들의 집단 소송?

학생 단독이거나 소규모 사업체를 운영하는 사람이라고 해도 요즘 소셜미디어는 굉장히 무서운 곳이 될 수 있다. 그렇다. 법률적인 문제를 생각해봐야 할 사안이지만 꼭 '준수하지 않으면 죽는다'라는 관점에서 볼 필요는 없다. 모범 사례와 사용자 신뢰 구축, 업무의 투명성에 대해 생각해보기 바란다. 절대적으로 법률과 관련된 요소가 있긴 하지만 좋은 사람이 되는 데도 관련 있는 일이다.

Q: 양질의 PIA에는 무엇이 들어가는가?

A: 내가 권고하는 단계는 다음과 같다.

1. 문서를 준비하라. 신규 프로젝트마다 새롭게 사용할 수 있는 템플릿을 만드는 데 시간을 투자하라.
2. 다음 사항을 설명하라.
   - 수집하는 정보
   - 수집하는 이유
   - 사용 목적
   - 수집하는 대상
   - 보관 장소
   - 액세스가 가능한 사람
   - 보관 기간
   - 종합 방법
   - 궁극적으로 설문조사 데이터로 하고자 하는 일
3. 해당 정보의 흐름을 설명하라.
   - 사용자에서부터 당신에게까지

- 사용자에서부터 설문조사 도구까지
- 당신에서부터 당신의 파트너에게까지
- 설문조사 도구에서부터 제3자에게까지

최선을 다해 생각하기 바란다. 정보 흐름, 특히 설문조사 도구에서부터 제3자에까지의 흐름을 보고 놀랄 수 있다. 설문조사 도구에 대한 개인보호 정책을 아직 읽어보지 않았다면 지금이 좋은 기회다.

4. 누가 업무를 맡는지 식별하라.
   - 데이터 액세스를 가진 사람
   - 담당자
   - 책임자
   - 사용자 우려 사항을 다루는 사람
   - 문제 발생 시 처리하는 사람
   - 데이터에 액세스하는 사람 등을 모니터링하는 사람
   - 데이터 보호 규제기관에서 문제를 제기했을 때 연락할 수 있는 담당자
5. 해당 데이터에서 어떤 본질적인 개인정보 및 데이터 보호 위험이 존재하는지 식별하라. 다음과 같은 상황이 발생했을 때 데이터세트는 어떻게 될까?
   - 남용
   - 손상
   - 침해
   - 기타 정보와 종합
6. 이러한 위험이 발생하지 않도록 최대한 완화하고 예방하기 위해 무엇을 하고 있는지 식별하고 목록을 만들어라.
7. 1단계부터 5단계까지 모든 것을 기록하고 해당 기록에 서명하라. 모든 사람의 성명이 기록 시트에 올라가야 한다.
8. 필요하다면 PIA를 수정하고 업데이트하라. 사후 프로젝트에 사용하라.
9. 다시 시작해서 반복하라.

내 조언은 다음과 같다. PIA를 통해 "이걸 하는 게 맞을까?" 또는 "이건 합법일까?"와 같은 질문이 제기된다면 단순히 문서 템플릿이 아닌 더 큰 문제가 있을 수도 있다.

> Q: 일이 많아 보이지만 첫 번째 PIA를 만들고 수정하는 노력이 그만큼 가치가 있을 것 같아 보인다. 양질의 PIA를 갖추면 개인정보 정책을 매우 빠르고 간단하게 작성할 수 있다는 말인가?

A: 그렇다. 사람들은 자신의 데이터로 무엇을 하는지, 질문하는 사람들을 신뢰할 수 있을지를 알고자 한다. PIA를 신중하게 해봤다면 이를 알 수 있을 것이다. 공개되는 개인정보 처리 방침에 포함되어야 하는 사항들은 다음과 같다.

- 수집하는 데이터
- 수집하는 이유(상세하게)
- 그 이유가 합법적·사회적으로 정당한가, 아니면 데이터 피를 빨아들이는 데이터 뱀파이어처럼 데이터를 가져가는가?
- 공유하는 제3자, 해당 기관이 중개인지 여부
- 함께 종합하는 제3자의 데이터(온라인, 네트워크 데이터 포함)
- 액세스가 있는 다른 사람
- 보관 기간
- 개인식별정보를 종합하거나 가져가는가?
- 후속 작업 유무, 다시 이러한 공지를 받고 싶지 않다면?
- 마음이 바뀌어 더 이상 데이터를 갖고 있게 하고 싶지 않다면 다시 데이터를 찾아올 수 있는가?

Q: 뱀파이어까지 나올 줄은 몰랐는데 조금 벅차다는 느낌이 들긴 한다. PIA 업무를 신중하게 한다면 이런 항목들에 맞추기가 상대적으로 쉬울 것 같다는 생각도 든다. 그럼 이제 개인보호 처리 방침이 생겼는데 어디에 올려야 하는가?

A: 답변하는 사람들이 반드시 쉽게 읽을 수 있어야 한다.

- 온라인 설문지의 경우, 개인정보 처리 방침 관련 질문을 앞쪽에 포함하거나 ('당사의 개인정보 처리 방침을 읽어보시겠습니까?') 웹사이트 링크를 제공하고 다시 설문지로 쉽게 돌아올 수 있도록 한다.
- 대면 설문지의 경우, 종이를 인터뷰 대상자들에게 제공한다.
- 전화 설문의 경우, 인터뷰 대상자가 반드시 개인정보 처리 방침을 소리 내 읽게 한다. 이해할 수 있을 정도로 짧게 만들기 위해 노력해야 한다.
- 주변에서 볼 수 있는 설문지(카페 테이블에서 종종 볼 수 있는 작은 설문지처럼 사람들이 지나가다 보고 참여할 수 있는 설문)의 경우, 웹사이트의 개인정보 처리 방침 링크를 프린트물에 포함해야 한다.
- 종이 설문지의 경우, 개인정보 처리 방침이 초청장 뒷면에 인쇄되어 읽어보고

자 하는 사람들이 넘겨서 볼 수 있도록 할 때가 있다.
- 키오스크는 다소 까다롭다. 키오스크 자체에 링크를 붙여 놓고 질문 한 가지나 버튼 하나만 있는 매우 간단한 설문을 하는 것이 최선의 방법이다. 키오스크에 여러 페이지로 된 설문지가 있다면 온라인과 비슷하므로 개인정보 처리방침을 질문으로 만드는 것이 최선이다.

Q: 마지막으로 하고 싶은 말이 있는가?

A: 개인정보를 모든 것을 보다 나은 방향으로 진행하기 위한 일환으로 생각하면 더 쉽다. 개인정보를 피해야 할 무섭고 부정적인 법적 문제로 생각할 필요는 없다. 당신을 보다 나은 전문가로 만들어줄 신뢰 구축과 사용자 권한 신장의 기회다.

스포트라이트 F
설문조사 도구 선택 시 물어보아야 할 질문들

사람들이 자주 하는 질문이 있다.

"가장 좋은 설문조사 도구는 무엇입니까?"

다양한 가격대의, 어마어마한 종류의 도구가 있기 때문에 답하기가 쉽지 않다. 항상 새로운 도구가 출시되고 오래된 것들은 사라지거나 바뀐다. 또한 나에게는 최고인 설문조사 도구가 다른 사람에게는 그렇지 않을 수도 있고, 한 설문조사에는 최고였던 설문조사 도구가 다른 설문조사에서는 그렇지 않을 수도 있다. 따라서 특정 도구를 추천하지는 않겠지만 선택할 때 생각해보아야 할 몇 가지를 알려주도록 하겠다.

익숙한 특정 도구가 있는가

이미 알고 있는 도구가 있다면 계속 그 도구를 쓰지 않겠는가? 학습 곡선에서 시간을 절약할 수 있고 그 시간을 설문지 테스트와 반복 작업에 쓸 수 있다.

개인정보에 신경을 쓰는가

함정이 있는 질문이다. '스포트라이트 E: 개인정보'를 읽어보았는가? 아직 읽지 않았다면 돌아가 읽어보기 바란다. 필수적인 부분이다. 좋은 소식은 지금까지 내가 봤던 모든 설문조사 도구에는 개인정보 정책이 있었다는 것이다. 나쁜 소식은 이러한 정책들이 서로 매우 다르다는 점이다. 내 경험으로는 답변하는 사람들의 개인정보를 보호하기 위해 도구 제공업체에서 당신에게 기대하는 사항과 설문조사 도구가 당신에게 무엇을 해줄지를 구분하기가 쉽지 않았다.

한 가지 더 나쁜 소식은 당신이 원할 수도 있는 온라인 도구의 몇 가지 기능(예를 들어, 특정 사람이 두 번 응답하는 것을 방지할 수 있는가?)이 사람들의 익명성을 쉽게 손상시킬 수 있는 방식인 추적기법에 의존하고 있다는 점이다. 어떤 도구를 고려하든 개인정보 정책을 읽는 데 많은 시간을 할애해야 한다.

접근 가능성을 신경 쓰는가

이 역시 함정이 있는 질문이다. 당연히 접근 가능성을 신경 쓸 수밖에 없다. 그렇게 하는 것이 옳다. 접근성 니즈가 있는 사람들의 설문지 응답 과정을 어렵게 만들고 싶지는 않을 것이다. 그리고 요즘처럼 소셜미디어가 널리 사용되는 시대에 'X라는 기관의 설문지에 답변하려고 했는데 텍스트 사이즈를 키울 수가 없었어요'와 같은 식의 화난 댓글을 처리하고 싶겠는가?

안타깝게도 접근 가능성은 설문조사 도구에서 많이 간과되는 영역이다. 일부 도구는 설문지에 응답하는 사람들의 접근 기능을 포함한다고 주장하지만 그 어떤 업체도 접근성 니즈가 있는 사람들이 설문조사를 진행하고자 할 수도 있다는 사실을 인식하지 못하는 것 같다.

당신이 지금 이 글을 읽을 시점이면 도구들이 좀 더 발전했기를 바란다. 그동안 내가 해줄 수 있는 전부는 당신이 어떤 도구를 사용하게 되든 소규모 설문조사를 시도할 것을 권고하고, 만약 해당 도구가 통하지 않으면 그에 대해 지적해주는 것이었다.

접근성 니즈가 있는 사람들에게 설문지가 잘 통할지 알아보기 위해 할 수 있는 최선의 방법은 응답자로부터 접근 가능성 수준에 있어 클레임이 가장 적은 도구를 선택하고, 설문지를 테스트할 때 그 테스트에 접근성 니즈가 있는 일부 사람을 포함하는 것이다. '사례 연구 2. 보조공학을 사용하는 사람들을 대상으로 설문조사 수행하기'에 그 방법의 예시가 나와 있다.

조직이 이미 설문조사 도구를 갖추고 있는가

매우 작은 규모의 조직들도 유명 인터넷 설문조사 도구 1개 이상을 구독하고 있다는 사실을 발견했다. 대규모 조직에는 완전한 기능을 갖춘 시장조사 도구는 물론이고 높은 금액을 지불하는 시장조사 또는 고객 인사이트 부서가 있을 가능성이 크다. 이미 가지고 있는 것을 사용하면 돈도 절약되고 좀 더 익숙한 동료들로부터 무상으로 도움을 받을 수 있는 보너스 효과가 있는 경우도 많다.

또한 조직에서 사용하는 도구의 기타 사용자들과 연결이 되면 다른 설문조사를 당신이 진행하고 있는 설문조사와 조율할 수 있다. 그렇게 협업하거나, 다른 팀에서 이미 유사한 질문을 했기 때문에 설문조사를 할 필요가 없다는 사실을 발견할지도 모른다.

서비스 일환으로 패널 관리가 필요한가

앞서 2장에서 표본을 선정하는 세 가지 방법을 살펴보았다.

- 목록에서 추리기
- 눈덩이 굴리기
- 정해진 순간에 사람들 포착하기

공개 목록에서 '추리기'를 하는 특수한 예시는 패널을 사용하는 것이다. 패널은 설문조사 도구업체가 보유한 목록을 의미한다. 설문조사 도구 또는 시장조사 업체에서 질문할 사람들의 목록을 제공하거나 초청장을 전송해주겠다고 제안한다면 그들은 '반복하기' 방법을 통해 모집한 패널에서 제공해줄 것이다. 사람들은 자원하여 이 패널에 들어간 것이다. 이러한 패널에는 고유한 장점이 있다.

- 패널에 속한 사람들은 설문조사 완료 초청을 받겠다고 한 것이다.
- 패널 제공업체 네트워크는 당신의 자체 네트워크와 다를 가능성이 매우 크다.

패널의 단점은 '눈덩이 굴리기' 방법과 마찬가지로 범위와 관련하여 많은 문제가 있다는 점이다. 일회성 설문조사를 위해 전반적인 사람들을 대표해줄 응답자를 꼭 찾아야 한다면 패널은 다음과 같은 이유로 표본을 찾기 위한 좋은 방법이 아니다.

- 업체에서 온라인으로 패널 구성원을 모집하고 웹 설문지를 전송하는 방식에 의존하기 때문에 저소득층이나 인터넷 액세스가 없는 사람에게는 전달되지 못한다.
- 일부 패널 유형의 구성원들은 1950년대 '모든 것에 대해 질문하기' 사고방식에 단단히 갇혀 있는 대규모 설문조사 응답 요청을 지속적으로 받는다. 일정 기간이라드 패널에 남아 있는 사람들은 많은 질문에 시간을 들이는 것을 잘 받아들여야 한다. 바쁜 사람들은 찾을 수 없는 방법이다.
- 또 다른 패널 유형에서는 구성원들이 초청장을 받는 경우가 드물어 지루해하며 떠나게 된다.

이러한 패널을 반복적으로 사용하고 표본의 대표성을 평가하기 위해 신중하게 선택한 질문을 한다면, 처음 패널로 설문조사를 할 때 패널 구성과 패널 구성원들이 주제와 질문에 어떻게 반응하는지 배울 수 있다. 그 이후에 반복할 때는 이런 반복 질문에 답변하는 사람들이 이전과 비교하여 대표성을 가지는지 판단할 수 있다.

[그림 F.1]처럼 반복할 때마다 동일한 패널을 사용하는 것이 중요하다. 패널은 비교 설문조사를 하는 시장조사자에게 매우 잘 활용될 수 있다. 초코 xx의 기존 구매자가 흥미로운 초코 gf 광고를 봤을 때 새로운 글루텐 프리 초코 gf를 구매하고자 할지 알고 싶다고 가정해보자.

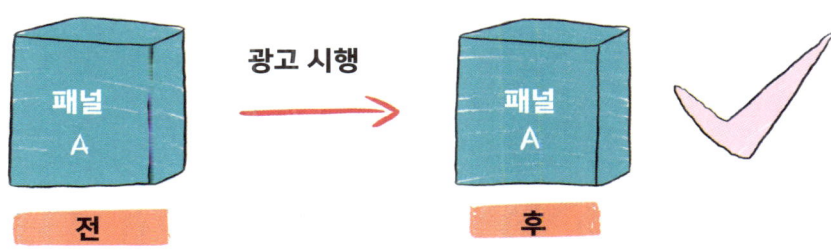

[그림 F.1] 광고 시행 전후 반응을 비교하려면 동일한 패널에서 표본을 얻어야 한다.

패널의 표본을 대상으로 그중 몇 명이 초코 xx 구매자인지 평가하고 글루텐에 대해 어떻게 생각하는지 질문할 수 있다. 그런 다음 초코 gf 광고를 방송한 뒤 다시 설문조사를 한다. 이제는 기존 표본의 대표성이 어느 정도였는지 그다지 중요하지 않다. 동일한 패널의 전후 결과를 비교하는 것이다.

이러한 전후 비교 유형은 그때마다 동일한 패널 사용이 필요하기 때문에 주요 브랜드들은 처음에 표본을 어디서 가져 올 것인지를 신중하게 선택한다. 비교 가능성을 유지하기 위해 교체를 하면 예전 패널과 신규 패널을 어느 정도 같이 사용해야 하고(비용은 2배가 된다), 이를 통해 예전 패널과 신규 패널을 비교하여 신규 패널을 측정할 수 있다.

복잡해 보이는가? 그렇다. 복잡하다. 이에 대해 이야기한 것은 업체에서 표본을 구입하는 '간단한' 솔루션이 실제로는 더 복잡할 수 있기 때문이다.

당신은 내가 자주 목격한 실수를 저지르지 않기를 바란다. 그 실수는 바로 도구를 먼저 선택한 다음 도구가 제공해주는 구매한 표본을 사용하기로 결정하는 것이다. 도구 선택이 표집 전략을 결정하게 해서는 안 된다.

설문조사 도구업체에서 제공해주는 패널 대신 자체 패널을 설정하기로 했다면 나인타라 랜드Naintara Land와 함께 집필한 글인 '사용자 조사 패널에 대한 일곱 가지 질문'을 살펴볼 것을 추천한다. (https://www.uxmatters.com/mt/archives/2017/06/7-questions-about-user-research-panels.php)

설문조사 도구가 데이터를 다운로드하게 해줄 것인가

많은 설문조사 도구는 다양한 '인스턴트' 보고서를 제공한다. 이러한 보고서가 필요한 분석을 제공해줄 가능성도 있지만 내 경험상 도구 내 데이터 정제가 훨씬 더 힘들었다. 나는 항상 내가 선호하는 스프레드시트로 데이터를 다운받으려고 한다. 대부분의 설문조사 도구는 데이터를 다운로드하게 해줄 것이나 이 옵션이 무료 또는 시범 버전에서는 제공되지 않을 수도 있으니 도구를 결정하기 전에 꼭 확인하기 바란다.

번역이 필요한가

번역이 필요하다면 적절한 악센트와 언어 특이적 구두법 등 필요한 언어 지원을 제공하는 도구를 찾아라. 제공하는 각 언어로 된 설문지는 해당 언어의 원어민을 대상으로 꼭 테스트해보아야 한다.

비용을 얼마나 들이고자 하는가

비용에 대한 질문은 늘 필요하다. '더 비싼 도구'가 설문조사에 항상 더 좋은 것은 아니다. 추가 비용이 들면 응답자가 더 많거나, 패널 관리 또는 동시에 설문조사를 하는 여러 사람들과 같이 필요하지 않은 기능들이 추가될 수도 있다.

예를 들어, 나는 무료 시범 버전에서 100개 응답까지 가능한 도구로 설문조사를 진행한 적이 있다. 응답이 추가로 늘어나면 더 좋아 보일 것 같아 '유료' 서비스에 돈을 지불하는 유혹에 빠지고 말았다. 분석에 있어 더 많은 일을 하는 데 돈을 쓴 것이고, 그러한 추가 업무가 의사결정에 아무런 차이를 가져오지 못한다는 사실을 간과했다.

여러 개의 대규모 설문조사를 만들어야 하는가

대규모 설문조사 전에 간단 설문조사를 해보는 것을 계속해서 권고할 계획이지만 업무를 하다보면 모범 사례와 허용되는 상황의 균형을 맞추어야 한다는 점도 분명 이해가 된다.

여러 대규모 설문조사를 관리해야 한다면 다양한 설문지에 질문을 재사용하고 한 번에 설문조사 기관 하나 이상에 도구에 대한 액세스를 만드는 기능인 버전 컨트롤 같은 기능을 찾아보도록 한다.

필요하지 않을 수도 있는 설문조사 도구 기능

이제 설문조사 도구 선택의 마지막 주제다. 대부분 필요하지 않을 기능들이다.

[표 F.1] 설문조사 도구 기능과 필요하지 않을 수도 있는 이유

기능	의미	필요하지 않을 수도 있는 이유
A/B 테스트 텍스트와 이미지	동시에 2개의 테스트를 진행하여 작은 변화(A)의 효과를 다른 접근 방식(B)과 비교해 어떤 것이 '최고의 결과'를 가져오는지 (주로 가장 많은 클릭을 받는 것) 알아보는 것	A/B 테스트를 해야 할 수도 있으나 이는 설문조사와는 다른 문제다. 완전히 다른 방식으로 도움을 제공해준다고 해서 도구를 선택할 필요는 없다.
100개 이상의 질문 유형	일부 설문조사 도구업체는 '질문 유형'이라는 용어를 사용해 질문을 제시하는 방식을 설명한다. 예를 들어 오픈 텍스트 박스나 슬라이더가 있다.	다음 장에서 질문을 제시하는 방법을 살펴볼 것이다. 나는 이를 '응답 형식'이라 하며 간단한 몇 가지를 고수할 것을 추천한다.
인공 지능 기반 설문조사 검토	컴퓨터 프로그램이 설문지를 살펴보고 너무 길지는 않은지 등의 문제에 대한 피드백을 제공한다.	이 책을 사용하여 실제 지능을 적용하고 있으며, 내가 제안하는 사람들과 테스트를 하면 된다.

[표 F.1]을 보고 '음, 전부 사용하고 있는 건데!'라고 생각했다면 이미 설문조사 도구를 갖춘 것이다. 그럼 다시 이 질문을 하게 된다.

"어떠한 특정 도구에 이미 익숙합니까?"

하지만 그렇지 않은 사람에게는 이렇게 말하고 싶다. 추가 기능이 있다는 이유만으로 더 비싼 도구를 사는 것에 현혹되지 말 것! 편리한 방식으로 설문지 작성을 시작하면 답변을 원하는 사람들을 대상으로 보다 빠르게 테스트하는 데 도움이 될 것이다.

나는 마이크로소프트 워드에서 질문 개발을 많이 해봤다. 익숙하고, 인지적 인터뷰에 대한 질문 수집에 충분했기 때문이다. 그리고 워드 말고는 다른 것에 익숙하지 않은 이해관계자들과 일하는 경우가 많다. 이러한 장점이면 설문조사

도구로 설계되지 않은 마이크로소프트 워드를 다루는 어려움과 실제 설문지를 작성할 때 다른 도구로 모든 것을 이전해야 하는 추가 업무의 단점을 훨씬 능가한다고 생각한다.

'자체 도구 제작'을 선호하는 사람들을 위한 주의 사항

개발 기술이 있고 보통 자체적으로 양식과 웹사이트를 만드는 경우, 내 머리속에는 앞서 언급한 이 말이 떠오른다.

'익숙한 도구를 사용하라.'

이러한 접근 방식의 한 가지 장점은 기관 자체 서버에 모든 데이터를 저장할 수 있어 제3자 설문조사 도구의 개인정보 정책을 걱정할 필요가 없다는 것이다. 물론 그래도 기관 자체의 개인정보 정책은 고려해야 한다.

한 가지 더 제안 사항이 있다. 자체적으로 설문지를 작성하는 것과 동일한 설문지를 유명 설문조사 도구 중 하나를 사용해 작성하는 것에 시간이 얼마나 걸리는지 기술적인 조사를 할 수 있는 몇 시간 정도를 할애하여 동일 IP 주소 액세스 관리와 같은 해당 도구가 제공하는 기능을 살펴보도록 하라. 이렇게 하면 처음부터 설문지 작성에 개인적인 시간을 투자하는 것과 도구를 사용하는 것 중 어떤 방법이 더 나을지 빠르게 파악할 수 있다.

내가 아는 일부 개발자들은 자체적으로 개발하는 것을 훨씬 더 편하게 생각한다. 또 다른 개발자들은 가끔씩 설문지를 만들기 위한 목적으로 (그래도 일반적으로 대부분의 사람보다 훨씬 더 빠른) 설문조사 도구를 사용하는 것을 선호한다.

사례 연구 2. 보조공학을 사용하는 사람들을 대상으로 설문조사 수행하기

크리스 무어Chris Moore는 영국세무당국HMRC, Her Majesty's Revenue and Customs의 디지털 접근 가능성 담당자다. 그는 당시 영국 정부의 디지털 컨트롤 타워였던 GDSUK Government Digital Service 국장 알리스테어 더그인Alistair Duggin과 협업하여 GDS 설문조사를 진행했다.

GDS는 영국 정부의 단독 웹사이트인 GOV.UK를 담당하고 있다. GDS 접근 가능성팀은 GOV.UK에 접근하는 사람들이 사용하는 보조공학 범위를 알고자 했고, 이를 알아내기 위한 최선의 방법을 설문조사로 결정했다. 크리스의 블로그(https://accessibility.blog.gov.uk)에서 그 결과에 대해 더 많은 것을 확인할 수 있다. 나는 설문조사 진행 경험에 대해 더 듣고자 크리스와 알리스테어를 인터뷰했다.

Q: 당신들의 설문조사는 보조공학에 의존하는 사람들이 반드시 할 수 있는 형식이어야 했을 것이다. 그것이 설문조사의 목적이었으니까. 도구를 어떻게 선택했는가?

크리스: 구글 폼Google Forms에 설문조사 초안을 작성하면서 시작했다. 보조공학으로 사용할 수 있었지만 HTML이 작성되는 방식을 보니 걱정이 생겼다. 또한 구글 폼은 단일 사용자 계정에 묶여 있어야 했고 분석 기능이 부족했다. 첫 시험 대상은 알리스테어였고, 우리 둘은 다른 방법을 찾으려고 노력했다.

알리스테어: 여러 가지 도구가 생성하는 질문 HTML을 살펴보면서 양식에 대한 모범 사례를 따르는지 확인했다. 그런 도구를 찾을 수 없었고, 양식에 대한 모범 사례 코드로 간주될 만한 도구가 없었다. 그중 서베이몽키Survey Monkey가 가장 나아 선택했지만 절대 완벽하다는 의미는 아니다.

크리스: 그리고 시력 손실을 겪은 사람들을 위한 영국의 주요 자선단체

RNIB(영국왕립맹인연구소)에서 서베이몽키를 사용해 자체적으로 설문조사를 진행했기 때문에 스크린리더 사용자들이 우리의 설문지에 응답할 수 있으리라는 어느 정도의 확신이 생겼다.

Q: 설문지를 작성했을 때 특별히 한 것이 있는가?

크리스: '한 페이지에 한 질문'이라는 원칙을 고수하며 양식을 간단하게 만들었다. 서베이몽키에서 사용할 수 있는 멋진 부가 기능들이 있었지만 그런 기능을 선택하면 접근 가능성이 떨어진다는 단점도 있었다. 사람들이 서베이몽키를 선택할 수 없다면 정보를 제공하는 다른 방식(워드 문서 또는 휴대폰)을 제시했다.

Q: 올바른 선택을 한 것인가?

알리스테어: 712가의 응답을 받았다. 이를 통해 GOV.UK를 테스트할 때 어떤 보조공학을 사용할지에 대한 많은 훌륭한 정보를 얻었기에 이 질문에 대한 답은 '그렇다'가 될 수밖에 없다.

크리스: 정보 제공을 위한 기타 방법 사용을 요청한 사람이 10명 정도 있었기 때문에 그런 선택지를 제공한 것이 만족스러웠다.

Q: 다시 유사한 설문조사를 한다면 다른 방식으로 접근하고 싶은 부분이 있는가?

알리스테어: 2018년 2월 테릴 톰슨Terrill Thompson은 네 가지 유명 도구가 가장 중요한 질문 유형 중 하나를 어떻게 다루는지에 대한 분석을 발표했다. ('라디오 버튼식의 선다형 질문' http://terrillthompson.com/blog/854) 그리고 접근 기술을 사용하는 사람들이 실수를 하게 만드는 여러 가지 문제를 발견했다. 우리가 리뷰에서 발견한 것들과 유사하다. 다음 설문조사를 할 때쯤이면 설문조사 도구업체들이 접근 가능성 기준을 좀 더 잘 지켜주기를 바란다.

Q: 설문조사를 하는 다른 사람들에게 전해줄 팁이 있는가?

크리스: 보조공학을 사용하는 동료들을 위해 접근 가능한 보고서를 만드는 것을 잊지 맞길 바란다. 우리는 GDS 접근 가능성 블로그에 결과를 발표했고, 그 블로그를 보는 많은 사람이 보조공학을 사용한다는 사실을 알고 있다. 예를 들어, 이미지를 읽을 수 있는 사람들을 위해서는 결과를 보여주는 막대 차트(그림 CS2.1)를 사용하고, 이미지를 읽지 못하는 사람들을 위해서는 동일한 결과를 텍스트를 통해 표로 보여주었다(그림 CS2.1).

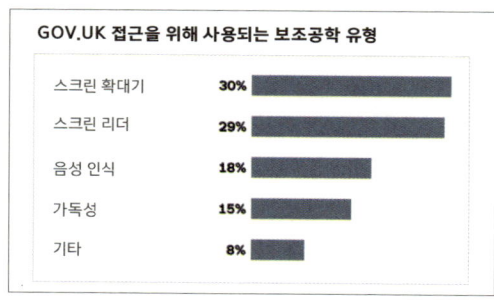

[그림 CS2.1] 결과 막대 차트

출처: https://accessbility.blog.gov.uk/2016/11/01/results-of-the-2016-gov-uk-assistive-technology-survey/

[표 CS2.1] 다양한 보조공학 유형을 사용하는 응답자의 비율

보조공학 유형	응답자 비율
스크린 확대기	30%
스크린 리더	29%
음성 인식	18%
가독성	15%
기타	8%

스포트라이트 G
설문조사 방식 선택

요즘 보게 되는 대부분의 설문조사는 웹사이트를 방문하면 팝업으로 뜬다. 이 외에는 이메일 초청창을 통해 많이 보았을 것이다. 따라서 내가 "설문지를 작성하세요"라고 말할 때 당신은 웹 설문지를 생각하고 웹 방식으로 정의된 집단 사람을 초대할 계획이라고 가정하겠다.

그렇지만 잠시 멈추어 보다 나은 응답률과, 더 중요하게는 보다 대표성을 지니는 응답을 가져다줄 수 있는 다른 방법이 있는지 생각해보라. 이를 탐색하기 위해 자체적으로 데이터 수집을 시도하라. (다음 한 주 동안 시도해보자. 아니면 투자할 수 있을 것 같다고 느껴지는 정도의 시간 동안 시도해보며 다음 항목 중에서 받은 것이 있는지 체크하고 그 수를 세어보아라.)

- 웹 설문지로 이어지는 팝업, 배너 또는 기타 웹 기반 초청장
- 웹 설문지로 이어지는 이메일 초청장
- 우편을 통해 종이로 전달된 설문지
- 설문 응답을 요청하는 전화

설문조사 방법론 학자들은 방법에 대해 이야기하며, 대개 설문지를 참조한다.

- 대면 인터뷰로 전달하는 설문지
- 우편을 통해 종이로 전달하는 설문지
- 전화 인터뷰로 전달하는 설문지
- 이메일 초청장으로 전달하는 웹 설문지

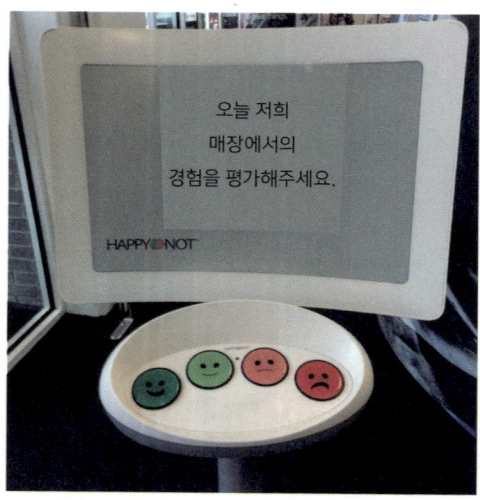

[그림 G.1] 얼굴 버튼이 있는 '스마일' 키오스크

그리고 논의하고자 하는 두 가지 방법이 더 있다.

- 카페 테이블과 같이 간편한 곳에 위치한 설문지(나는 이런 설문지를 '주변에서 볼 수 있는 설문지'라 부른다.)
- [그림 G.1]처럼 사람들이 지나가다 답변할 수 있도록 전담 키오스크에 배치된 설문지

한 가지 이상의 방법이나 혼합된 형태의 방법을 사용하는 복잡한 이야기는 묻어두고, 이전 장에서의 핵심 아이디어 몇 가지에 기반을 두고 각 방법의 장점과 단점을 살펴보자.

방법 들여다보기: 설문지를 간결하게 만들어라

사람들이 자주 하는 질문이 있다.
"설문지 길이는 얼마나 되어야 합니까?"
그러면 나는 이렇게 답한다.
"사람들이 완료하고 싶을 만큼 짧고, 그들의 노력을 존중하고 유용한 통찰력을 얻을 만큼 길어야 합니다."

하지만 사용하는 방법에 달려 있기도 하다. 나는 시작하는 지점으로 [표 G.1]의 지침을 사용한다.

[표 G.1] 각기 다른 방법에 제안하는 최대 질문 수

방법	최대 질문 수	왜 이 정도가 적정한가
웹 설문지로 이어지는 웹 초청장	1개	대부분의 사람은 질문이 1개 이상이면 답변을 거부할 것이다.
주변에서 볼 수 있는 설문지	이상적으로는 1개, 추가로 1~2개까지는 괜찮다.	엽서보다 크지 않은 경우 가장 효과가 좋다. 쉽게 읽을 수 있을 정도로 텍스트가 커야 하기 때문에 질문 수가 굉장히 제한적이다.
키오스크	대부분의 경우 1개, 일부 디자인은 최대 5개	'스마일' 스타일의 키오스크는 질문 1개만 가능하다. 일부 맞춤형 키오스크는 원하는 길이의 설문지를 지원할 수 있으나 사람들이 1~2분 이상 서서 답변할 것을 기대할 수는 없다.
웹 설문지로 이어지는 이메일 초청장	최대 10분 예: 닫힌 질문 10개와 오픈 박스 1개	보다 실질적인 조사다. 대화와 좀 더 비슷한 유형이다.
종이 설문지	이상적으로는 최대 10분 이내	이론상으로는 원하는 길이로 만들 수 있다. 하지만 실제로는 길어지면 주의력이 떨어진다.
대면 또는 전화 인터뷰	최대 15분, 대부분 열린 질문	응답자가 제기하고자 하는 솔직하고 개방된 대화가 되어야 한다.

방법 들여다보기: 적절한 사람들로부터 답변을 수집하라

앞서 2장에서 정의된 집단에서 표본을 선정하는 방법을 다음 세 가지 전략과 함께 살펴보았다.

- 정해진 순간에 사람들 포착하기
- 눈덩이 굴리기
- 목록에서 추리기

'정해진 순간에 사람들 포착하기'를 선택했다면 당신의 방법은 확실히 대면이 될 것이다. 인터뷰 진행자로서 바로 앞에서 사람들을 관찰하고 결정한 표집 전략에 따라 접근할 것이다. 물론 많은 사람이 "안 됩니다"라고 하겠지만 잘 설계된 대면 접근 방식이라면 "좋습니다"라고 하는 사람을 찾기 쉬워질 것이다.

2위는 주변에서 볼 수 있는 설문지와 키오스크다. 두 가지 모두 대면 접근 방식처럼 '정해진 순간'에 응답하길 원하는 사람들을 위한 것이다. 그러나 응답률은 훨씬 더 낮을 가능성이 있다. 실제 대면하는 사람의 정중한 초청을 거절하는 것은 조금 힘이 들지만 주변에서 볼 수 있는 설문지나 키오스크를 무시하는 것은 아무 힘도 들지 않는다.

나는 어느 날 가게를 나오며 키오스크를 발견했을 때 인터뷰 대상자가 없으면 누가 답변을 하는 것인지 알기 어렵다는 사실을 알게 되었다. 주변에 다른 고객이 없어 키오스크 옆 책상에 있는 점원과 대화를 했다. 점원은 이렇게 말했다.

"버튼이 많이 눌리기는 하는데, 재미있게 생긴 얼굴 표정을 보고 흥미를 느낀 아이들이 많이 눌러요."

공중 화장실 출구에 설치된 키오스크를 본 적도 있다. 이 키오스크에 따르면, 질문에 대답할 수 있는 유일은 사람은 손을 꼼꼼하게 씻을 수 있다는 믿음을 가진 사람들이라고 한다.

이에 반해 스마일 키오스크 시장의 선두주자 HappyOrNot은 의견을 표현하고 싶을 만한 사람이 수천 명 정도 모인 축구경기장과 같은 곳에 키오스크가 설치되는 경우 주변에서 볼 수 있는 설문지보다 응답률이 훨씬 더 높다고 주장한다. 그리고 실제로 키오스크는 짜증이 난 고객들이 직원들을 마주하지 않고도 어느 정도 짜증을 분출할 수 있는 방법이 될 수 있다.

키오스크를 지지하는 마지막 주장은 키오스크가 '행복한 얼굴'일 필요가 전혀 없다는 것이다. 나는 몇몇 다른 종류의 박물관에서 꽤 긴 설문지에 답하기 위해

줄을 서서 기다리는 방문객들을 보았다.

'눈덩이 굴리기'를 선택했다면 목록을 작성하기 시작할 때 가장 좋은 방법은 웹 설문지다. 웹 설문지의 응답률은 형편없는 경우가 많지만 웹 설문지는 사람들이 공유하고 소셜미디어의 다른 사람들에게 전달하기 쉽다.

그 외 모든 방법은 사람들이 공유하기 어렵다. 대면 설문에 관한 일화를 살펴보자. 다음 장면을 상상해보라. 쇼핑몰에서 느긋하게 쇼핑을 하고 있다. 한 인터뷰 진행자가 다가와 적절한 인센티브를 주는 설문조사에 참여할 것을 요청한다. 카페 쿠폰 같은 것일 수 있다. 설문지에 답변을 한다. 괜찮은 것 같아 친구에게 추천을 하고 싶다. 하지만 인터뷰 진행자는 이미 지나갔고 친구는 쇼핑몰에 없다. 그럼 어떻게 전달하겠는가?

'목록에서 추리기'를 선택했다면 [표 G.2]에 나와 있는 것처럼 우편으로 전달하는 종이 설문지 또는 전화 인터뷰가 가장 적절하다. 놀랐는가? 2개 모두 비용이 많이 드는 선택지라서? 모든 것을 디지털로 하고, 대부분의 사람이 웹 액세스가 있을 것이라 생각하는 요즘 세상에 누가 봐도 구식인 종이와 전화 방식을 추천하는 것이 조금은 이상해 보일 수도 있다. 우편 설문조사와 전화 인터뷰 응답률은 10년 전과 비교했을 때 매우 낮지만 그래도 다른 방식의 일반적인 응답률보다는 훨씬 높다.

[표 G.2] 적절한 사람들로부터 답변 수집하기

전략	결과
정해진 순간에 사람들 포착하기	**1위:** 대면 **2위:** 주변에서 볼 수 있는 설문지, 키오스크 **기피 대상:** 웹 설문지로 이어지는 웹 초청장
눈덩이 굴리기	**1위:** 웹 설문지로 이어지는 웹 초청장 **기피 대상:** 그 외 모든 것
목록에서 추리기	**1위:** 우편으로 전달하는 종이 설문지, 전화 인터뷰 **기피 대상:** 그 외 모든 것

방법 들여다보기: 사용할 수 있는 각 응답의 비용

방법 들여다보기의 마지막 주제는 비용이다. 이해관계자들은 보통 초청장을 보내기 위해 어느 정도의 비용을 지출하게 될지를 살펴본다. 그리고 각 방법은 [표 G.3]과 같이 순위가 매겨진다.

[표 G.3] 이해관계자가 각기 다른 방법에 순위를 정하는 방법

방법	비용 범위
대면	초청장에 대한 고비용 지출
전화	
종이 설문지	
주변에서 볼 수 있는 설문지	
이메일 초청장	
웹 초청장	초청장에 대한 저비용 지출

답변을 원하는 사람들의 관점에서 방법을 살펴보면 [표 G.4]와 같이 순위가 바뀐다. 사람들은 매일 설문조사 응답 요청 세례를 받는다. 웹 또는 이메일 초청장을 무시하는 데는 노력이 별로 들지 않는다. 기타 방법은 상대적인 희소성 때문에 흥미로워 보이고, 보상을 개선할 수 있다.

[표 G.4] 각기 다른 방법에 인지되는 노력 대비 보상 비율

방법	노력 대비 보상 비율
웹 초청장	나쁨
이메일 초청장	
주변에서 볼 수 있는 설문지	
종이 설문지	
전화	
대면	좋음

두 목록이 정반대인 것을 알아챘는가? 서로 다른 관점을 조율할 수 있는 한 가지 방법은 '응답별 비용'을 계산하는 것이다. 응답별 비율은 초청장, 상기 메모, 모든 응답 처리 과정의 총비용을 응답 수로 나눈 것이다. 이러한 가정 사항에 기반을 둔 예시를 [표 G.5]에서 확인할 수 있다.

- 인센티브 없이 25만 명에게 전달되는 웹 초청장, 적은 후속 작업, 꽤 괜찮은 0.1%의 응답률(웹긴 것을 감안하면 좋은 응답률이다.)
- 인쇄, 포장, 초청장 우편으로 부치기, 봉투마다 1달러 넣기, 보다 많은 후속 조치 비용이 드는 500명에게 전달되는 종이 초청장, 응답률은 종이 설문지를 감안할 때 합리적인 수준인 50%

[표 G.5] 웹 및 종이 버전 설문조사 비용 예시

	웹 설문지로 이어지는 웹 초청장		종이	
초청장 준비		500달러		500달러
초청장 수	250,000		500	
초청장별 비용	0	0	2달러	1,000달러
인센티브	0	0	1달러	500달러
후속 조치	0	0	1달러	250달러
응답률	0.1%		50%	
응답 수	250		250	
응답 처리		1,000달러		2,000달러
총비용		1,500달러		4,250달러
응답별 비용		30달러		17달러

이 예시에서는

- 종이를 사용하면 일은 더 많지만 웹 버전 응답별 비용의 절반가량의 비용으로 더 적은 사람들에게 전달된다.
- 총비용을 보면 종이 버전이 3배가량 더 많은 비용이 든다.
- 웹 설문지 버전으로 이어지는 웹 초청장에서 250개의 응답을 얻으려면 25만 명을 초청해야 했다. 많은 사람을 귀찮게 하거나 앞으로 응답할 확률을 더 줄일 수 있다.
- 종이 버전은 250명으로 성공했고 250명만 실패했을 뿐 큰 짜증 요인이 되지는 않았다

결국 이해관계자들에게 무엇을 더 중요하게 고려하는가를 물어야 한다.

- 초청장으로 양질의 응답을 많이 수집하고 보다 적은 수의 사람을 귀찮게 하는 것
- 전반적으로 지출을 줄이는 것

최고의 방법을 알아내는 또 다른 방법은 무엇일까? 바로 '반복'이다. 일부 결과를 가져다줄 가장 작은 수의 초청장으로 가장 편한 방법을 시도해보라. 이해관계자들과 결과를 논의하라. 그런 다음 해당 방법을 지속할지, 아니면 다른 방법을 시도할지 결정하라.

모든 방법에는 장단점이 있다

동료와 고객에게 그들이 가장 선호하는 방법을 바꾸도록 설득하기란 불가능하다는 것을 인정한다. 그들은 웹 설문조사로 이어지는 이메일 초청장을 가장 선호한다. 그러나 이해관계자들이 다양한 아이디어에 좀 더 개방적이라면 장단점을 비교해주는 [표 G.6]을 사용해 설득할 수 있을지도 모른다.

[표 G.6] 각 방법의 장단점

방법	장점	단점
주변에서 돌 수 있는 설문지	· 답변이 최근 기억나는 경험을 기반으로 한다.	· 응답률이 낮을 수 있다. · 응답자들은 이런 설문지를 너무 많이 본다. · 반드시 길이가 짧아야 한다.
웹 설문지로 이어지는 이메일 초청장	· 저렴하고 빠르며 편리하다. · 수신자가 누구인지 알고 있다. · 길이가 더 길어도 된다.	· 많은 사람이 이미 수많은 이메일로 고통받고 있을 것이다. · 설문조사가 스팸으로 분류될 수도 있다.
우편으로 전달하는 종이 설문지	· 설문조사가 대상에게 전달될 확률이 높다. · 인센티브를 동봉하기 쉽다. · 응답자별 비용을 계산하면 비용효율성이 좋을 수 있다. · 길이가 더 길어도 된다.	· 집중적으로 맞춤화되지 않는 한, 광고 우편으로 보일 수도 있다. · 이해관계자들이 고비용이고 구식이라 생각한다.
대면	· 꽤 드문 방법이기 때문에 괜찮은 수준의 응답률이 나올 수 있다. 특히 인센티브와 능력 있는 인터뷰 진행자를 신중히 선택했을 경우 그러하다. · 길이가 더 길어도 된다.	· 대상자에게 방해가 되고 설문조사 진행자에게는 높은 비용이 든다. · 보통 유선전화로 진행하여 대부분 모바일을 사용하는 요즘 환경에서는 범위오차가 생긴다. · 능력 있는 인터뷰 진행자가 필요하다.
웹 설문지로 이어지는 팝업 또는 배너와 같은 웹 초청장	· 즉각적이고 빠르며 저렴하다. · 디폴트로 인식된다. · 이해관계자의 유일한 선택지일 수도 있다.	· 응답률이 형편없다. · 다른 많은 (보통은 형편없는) 설문조사와 경쟁해야 한다. · 반드시 길이가 짧아야 한다.
전화	· 표집할 수 있는 양질의 목록을 작성하고 진행 과정에서 조정할 수 있도록 해준다. · 길이가 더 길어도 된다.	· 응답자들에게 방해가 되며 비용이 많이 든다. · 보통 유선전화 기반이라 많은 사람이 휴대폰만 사용하는 요즘 시대에는 범위오차가 많이 생긴다. · 능력 있는 인터뷰 진행자가 필요하다.

생각해볼 몇 가지 다른 방법

6가지 방법을 잘 살펴보았는가? 만약 선택지가 충분하지 않았다면 다른 방법도 있다. 예를 들어, 영국의 2021년 인구조사에서 각 가정은 웹 설문지를 액세스할 수 있는 코드가 들어간 우편 초청장을 받았다. 이 초청장은 웹사이트 또는 전화를 통해 종이 설문지를 요청할 수 있는 선택지도 제공했고, 자신의 답변을 다른 사람이 알게 되는 것을 원치 않는 이들은 비공개 개별 코드를 요청할 수 있었다.

다음은 생각해볼 수 있는 또 다른 몇 가지 아이디어다. 일부 기관은 웹 초청장과 전화의 응답률이 낮아지면서 SMS, 즉 휴대폰 문자 메시지 설문지로 돌아가고 있다. SMS는 널리 사용되는 기술이 되었을 때 시장조사자들에 의해 사용되었으나 웹에 그 자리를 넘겨준 아이디어였다. 몇 년 전 [그림 G.2]와 같은 설문지를 처음 받았을 때 새로운 느낌이 들었고, 나는 기꺼이 답변을 했다.

당신이 이 글을 읽을 때쯤이면 SMS 설문지가 너무나도 많이 사용되어 SMS 설문지 응답률도 떨어질 가능성이 있다. 아니면 완전히 다른 것을 생각할 수 있겠는가? 타베타 뉴먼Tabetha Newman은 영국 브리스톨에서 주변에서 볼 수 있는 설문조사 방식을 찾기 위한 도전을 했다. 타베타는 재미있는 투표 트롤리를 디자인해 사람들이 최고핵심질문에 대해 '예' 또는 '아니오' 트롤리에 공을 넣어 가던 길에 거의 방해를 받지 않고도 매우 빠르게 답변할 수 있게 했다. 보조 질문에 대한 답변을 원하는 사람들을 위해 좀 더 긴 종이 설문지도 준비해놓았다.

문자 메시지
9월 24일 월요일, 18:49

> 4개 질문 중 1번 질문. 전화를 담당했던 직원의 서비스는 어땠나요? 10점(우수)에서 0점(매우 미흡함) 사이로 평가해주세요.

10

[그림 G.2] SMS로 전송한 고객 만족도 설문지

[그림 G.3] 투표 트롤리

답변을 원하는 사람들에게 질문을 전달할 수 있는 다른 흥미로운 방법은 당신의 상상에 맡기겠다.

4장. 설문지

설문지를 만들고 테스트하라

질문을 작성했다면 이제는 질문을 설문지로 바꿀 차례다. 우리는 아직 설문조사 문어에서 '물어볼 질문' 촉수에 대한 작업을 하고 있고, 4장의 대부분은 질문에 답변하는 네 가지 단계 중 마지막인 '응답'에 집중할 것이다.

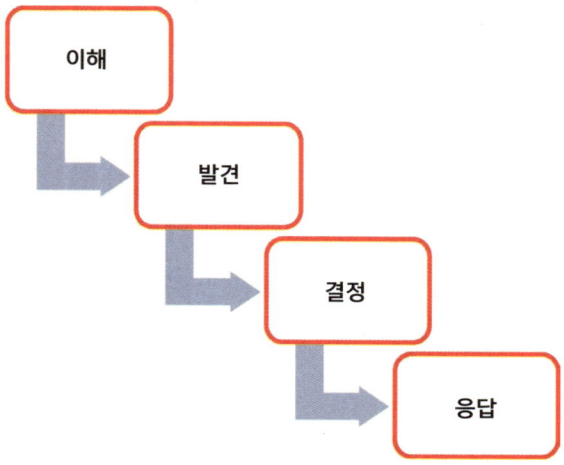

[그림 4.1] 우리는 질문 대답의 마지막 단계에 와 있다.

설문지 관련 주의 사항

지금까지 인지적 인터뷰를 여러 차례 진행하며 작업을 성실히 수행했다면 설문지 작성이 비교적 쉬울 것이다. 감히 말하건대, 설문지 작성은 재미있다. 철저하게 테스트한 질문을 복사하여 선택한 설문조사 도구에 붙여 넣고 모든 질문이 괜찮게 잘 작동하는지 확인하는, 조금은 기계적인 이 작업을 나는 정말 좋아한다.

보다 흥미로운 것은 설문조사 문어 촉수(물어볼 질문)는 그 자체로 새로운 오차가 없다는 것이다. 하지만 설문지 단계에서 무엇인가 잘못된 부분이 있는 스크린샷들을 보관하고 있다는 사실은 인정해야겠다. [그림 4.2]와 [그림 4.3]은 내가 가장 좋아하는 몇 가지를 담고 있다.

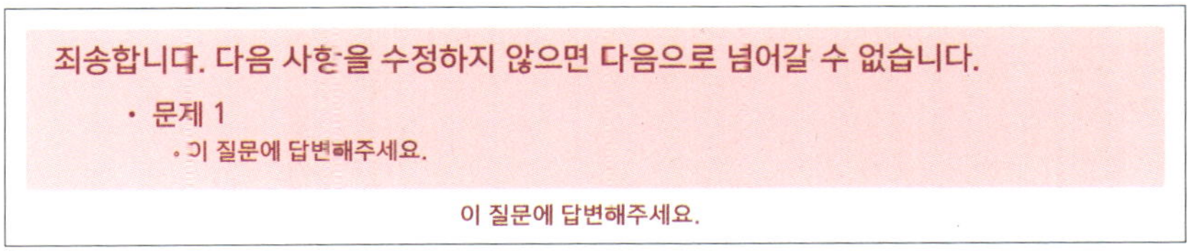

> 죄송합니다. 다음 사항을 수정하지 않으면 다음으로 넘어갈 수 없습니다.
> - 문제 1
>   - 이 질문에 답변해주세요.
>
> 이 질문에 답변해주세요.

[그림 4.2] 오류 메시지 디자인을 누락한 경우

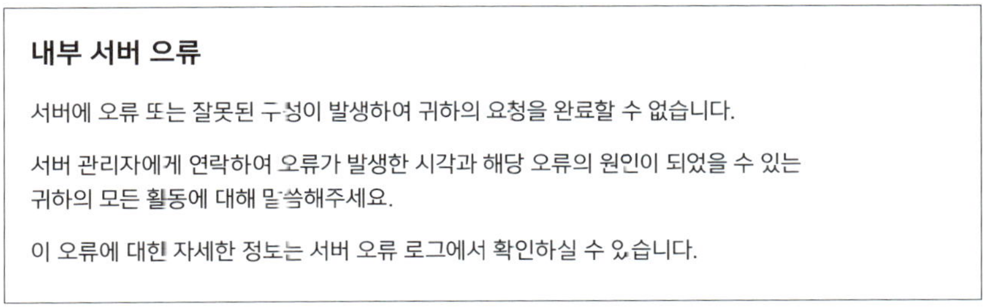

> **내부 서버 오류**
>
> 서버에 오류 또는 잘못된 구성이 발생하여 귀하의 요청을 완료할 수 없습니다.
>
> 서버 관리자에게 연락하여 오류가 발생한 시각과 해당 오류의 원인이 되었을 수 있는 귀하의 모든 활동에 대해 말씀해주세요.
>
> 이 오류에 대한 자세한 정보는 서버 오류 로그에서 확인하실 수 있습니다.

[그림 4.3] 설문지가 오류가 난 경우

그러나 어이없는 기술적 오류 또는 구축 오류가 생기지 않도록 확인하기 위해 설문지를 테스트할 것이다. 자, 그럼 이제 설문지를 만들어보자.

좋은 질문은 응답하기 쉽다

이 시점이면 질문은 만들어져 있지만, 이제는 사람들이 답변을 제공할 수 있는 방법을 선정해야 한다. 응답 형식을 선택하는 방법을 몇 가지 이미지와 함께 살펴보도록 하겠다.

가능하면 가장 간단한 응답 형식을 사용하라

[그림 4.4]는 한 호텔 체인에서 전송한 설문지다. '열린 질문' 하나, '닫힌 질문' 하나, 2개의 질문이 있다. 열린 질문은 원하는 답변을 마음대로 할 수 있는 질문

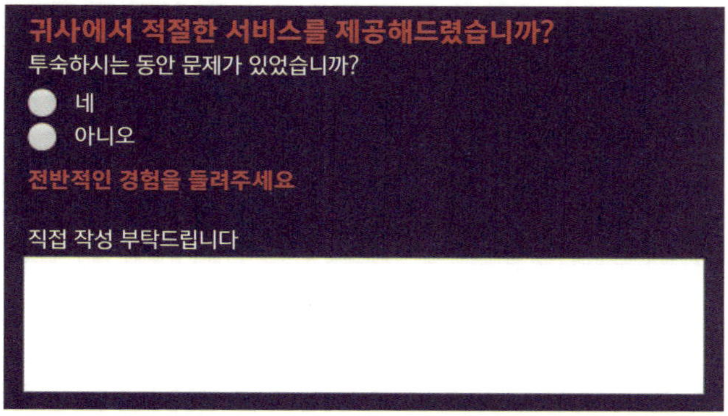

[그림 4.4] 한 호텔 체인에서 전송한 설문지

이고, 닫힌 질문은 제공하는 응답 중에서 선택해야 하는 질문이다.

이 예시에서 호텔 체인은 응답 형식을 질문에 맞게 올바르게 연결해놓았다. 이 설문지와 같은 전자 설문지에는 두 가지 형식의 닫힌 질문을 볼 수 있다.

- 답변하는 사람이 한 가지 응답만 선택할 수 있는 라디오 버튼식 질문
- 답변하는 사람이 1개 이상의 응답을 선택할 수 있는 체크박스식 질문
  (종이 설문지에서는 답변자가 마음대로 작성할 수 있기 때문에 라디오 버튼과 체크박스를 구분할 수 있는 방법이 없다.)

그리고 열린 질문의 형식은 한 가지다.

- 텍스트 박스 또는 텍스트 영역이라고 알려져 있기도 한 오픈박스에 답변하는 사람이 마음대로 응답을 입력할 수 있다.

라디오 버튼 답변 형식의 사촌 정도로 볼 수 있는 형식도 있다. 답변하는 사람이 '강력하게 동의한다'에서 '강력하게 반대한다'의 범위로 설정된 일련의 응답 중에 선택해야 하는 '평정척도 형식'이 바로 그것이다. 주로 '리커트형 응답 형식'이라 불리며, 리커트 척도와 긴밀하게 연관되어 있다. 익숙한 개념이지만 까다롭기 때문에 '스포트라이트 H: 1부터 5까지의 척도(리커트 및 평정척도)'에서 따로 다루도록 하겠다.

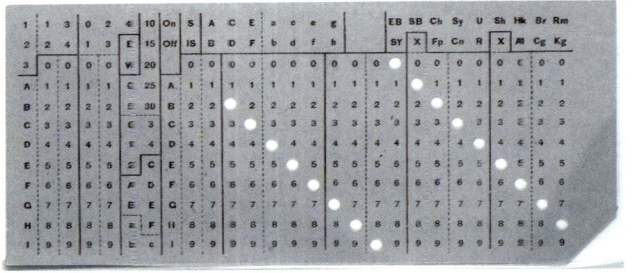

[그림 4.5] 1895년경 허만 홀러리스Herman Hollerith가 발명한 펀치 카드

출처: https://memory.loc.gov/mss/mcc/023/0008.jpg

처음 봤을 때 헷갈렸던 부분을 잠시 말하자면, 일부 시장조사자들과 설문조사 도구는 아직도 라디오 버튼을 '싱글 펀치'로, 체크박스를 '멀티 펀치'로 일컫는 경우가 있다. 이 용어는 컴퓨터가 존재하지 않았던 오랜 옛날 [그림 4.5]처럼 종이 카드에 펀치로 구멍을 내 답변을 기록하던 시절에 나왔다.

드롭다운을 사용하지 말라

나는 일부 유형의 상호작용을 위해 '선택 상자'라고도 알려진 드롭다운을 추천하곤 했고, 2001년에 사라 앨런 밀러Sarah Allen Miller와 '드롭다운을 사용해야 하는가?'라는 제목의 논문을 공동 집필하기도 했다.

하지만 지금은 2001년이 아니다. 웹을 사용하는 요즘 사람들은 훨씬 더 풍부하고 다양한 접근 필요 사항과 디지털 기술을 가지고 있다. 너무 많은 사람이 복잡한 드롭다운을 사용하느라 힘들어하는 것을 본 뒤로는 이제 다르게 추천한다.

'선택 태그를 태워버려라. 드롭다운 사용 금지.'

그렇다면 대신 무엇을 해야 할까? 업무량이 적은 순서대로 네 가지 아이디어를 모아보았다.

모든 선택지를 라디오 버튼으로 제공하라

긴 드롭다운은 사실 복잡한 이야기 뒤에 감춰져 있는 일련의 라디오 버튼 옵션이다. 그렇다. 라디오 버튼 목록이 길면 답변하는 사람들은 필요한 응답을 찾기 위해 스크롤을 해야 한다. 그래도 최소한 스크롤하는 행위가 페이지 나머지 부분에서는 다른 클릭이나 스크롤바에 가려지지는 않을 것이다.

오픈박스를 제공하고 데이터를 정리하라

드롭다운 사용을 뒷받침하는 주장 중 하나는 다음과 같다.

'정확한 데이터를 수집하도록 확인하는 것이 중요하다.'

이 주장은 '정확한'과 '우리가 생각한 일련의 옵션에 국한된'을 동일시한다. 답변하는 사람들이 당신의 목록에서 선택하게 하여 목록에 대한 그들의 답변 매핑 작업을 참여자들에게 넘기고 그들이 포기하고 중도에 중단할 위험을 감수하는 것이다.

오픈박스를 제공하면 매핑 작업을 수행해야 한다. 목록을 잘 만들었다면 간단한 일이니 하지 않을 이유가 없다. 만약 목록이 사람들이 제공하는 실제 답변과 제대로 일치하지 않는다면 더 어려워질 것이다. 그래도 어쨌든 설문조사를 반복할 테니, 다음번에 설문조사를 할 때 목록을 개선할 기회가 있을 것이다.

제공하는 선택지 수를 줄여라

시범 설문조사를 수행하여 오픈박스를 사용했을 때 가장 인기 있는 선택지가 무엇인지 알아보아라. 보통은 3~4개 정도 선택지면 답변의 80% 이상을 다루는 데 충분할 것이다. 그런 다음 가장 인기 있는 선택지를 제공하고 '기타' 선택지와 응답자가 자체적으로 답변을 입력할 수 있는 텍스트 박스를 포함한 또 다른 시범 설문조사를 수행하라.

접근 가능한 '자동 완성 기능'을 고려하라

자동 완성 기능은 텍스트 박스에 답변을 입력하기 시작하면 선택할 수 있는 단어들이 박스 아래에 뜨는 개념이다. 많은 검색엔진에서 표준적으로 갖추고 있는 기능이다.

이 목록에서 자동 완성 기능을 가장 마지막 순서에 넣은 것은 이 기능이 접근 가능성에 있어 매우 어렵기 때문이다. 다양한 접근성 기술로 수용할 수 있는 정도로 작동하고 이를 사용하는 사람을 위한 기능을 만드는 것이 불가능하지는 않지만 상당히 어렵다. 나는 개인적으로 자신이 타이핑한 것을 다른 것으로 보는 사람들의 문제를 해결할 수 있을지 확신이 들지 않는다. 하지만 영국 정부 디지털 서비스국이 웹 디자인 시스템에서의 접근 가능성을 테스트한 자동 완성 기능을 제공하므로 가능하다고 믿고자 한다.

많은 설문조사 도구의 접근 가능성이 미흡한 점을 고려했을 때, 아마도 접근 가능한 자동 완성 기능을 선택한다는 것은 자체 설문조사 도구 제작을 선택한다는 의미도 될 것이다.

닫힌 질문은 예상치 못하게 작용할 수 있다

1985년 설문조사 방법론 학자 노르베르트 슈바르츠Norbert Schwarz, 한스 J. 히플러Hans-J. Hippler, 브리짓 도이치Brigitte Deutsch, 프릿프 스트랙Fritz Strack이 수행한 작업을 통해 간단한 사고 실험을 해보자. 이들은 독일인들에게 하루에 TV를 몇 시간 시청하는지 물어보았다. 무작위로 선택한 사람들 중 절반이 다음과 같은 답변이 있는 질문을 받았다.

- 최대 30분
- 30분~1시간
- 1시간~1시간 30분
- 1시간 30분~2시간
- 2시간~2시간 30분
- 2시간 30분 이상

당신은 무엇을 선택했는가? 나는 2시간~2시간 30분을 선택했다. 내가 매일 TV를 시청하는 시간이 오후 8~10시라는 것을 알고 있기 때문이다.

[표 4.1]은 같은 질문을 받은 68명의 답변을 정리한 것이다. '최대 2시간 30분'과 '2시간 30분 이상'에 요약 박스 2개를 추가했는데, 이는 잠시 후에 다시 살펴보도록 하겠다.

[표 4.1] 낮은 답변 카테고리

TV 시청 시간	답변 수	최대 2시간 30분	2시간 30분 이상
최대 30분	5	5+12+18+10+12=57	
30분~1시간	12		
1시간~1시간 30분	18		
1시간 30분~2시간	10		
2시간~2시간 30분	12		
2시간 30분 이상	11		11
총	68	57	11
	100%	84%	16%

다른 응답 선택지를 받은 나머지 그룹 사람들의 답변과 비교해보자.

- 최대 2시간 30분
- 2시간 30분~3시간
- 3시간~3시간 30분
- 3시간 30분~4시간
- 4시간~4시간 30분
- 4시간 30분 이상

앞서 답변을 선택했는가? 하지 않았었다면 이제 답변을 골라보도록 하라. 일치된 집단이라면 [표 4.2]에서 거의 동일한 결과가 나타나야 한다.

[표 4.2] 높은 답변 카테고리

TV 시청 시간	답변 수	최대 2시간 30분	2시간 30분 이상
최대 2시간 30분	40	40	
2시간 30분~3시간	15		
3시간~3시간 30분	5		15+5+3+1+0=34
3시간 30분~4시간	3		
4시간~4시간 30분	1		
4시간 30분 이상	0		
총	64	40	34
	100%	63%	34%

그러나 결과가 유사하지 않다. 낮은 답변 카테고리에서는 84%가 최대 2시간 30분을 선택했으나 높은 답변 카테고리에서는 이 수치가 63%로 떨어졌다. 응답자들이 높은 점수 카테고리를 보았을 때 TV 시청 시간을 더 높게 보고하게 만든 요인은 무엇일까? 3장에서 언급한 '대략적인 망각 곡선'을 다시 살펴보아야 한다. 기억하는가? (그렇다. 망각 곡선을 기억하는지 묻고 있다. 어쩔 수가 없었다. 이해 부탁드린다.)

TV 시청은 많은 사람에게 특별할 것 없는 반복적인 사건이기 때문에 오랫동안 기억할 만한 일이 아니다. 따라서 답변을 만드는 사고 과정은 다음과 같이 진행될 것이다.

- 제공된 답변들을 살펴본다.
- 해당 답변들이 일반적인 범위를 다룬다고 가정한다.
- 자신을 평균보다 덜 시청하는 사람, 평균인 사람, 평균보다 많이 시청하는 사람으로 평가한다.
- 자체적으로 평가한 자신의 행동에 시각적으로 상응하는 답변을 선택한다.

범위 질문처럼 보이지만 평정척도 질문이다. 많은 사람이 이런 식의 질문을 던진다. 우리가 살펴본 이 실험은 1985년의 자료이지만 그 이후 여러 번 복제되었다. 예를 들어, 학생들의 공부 시간이나 일주일에 작은 의학적 증상을 경험한 횟수 보고가 있다.

[그림 4.6] TV 시청 시간

그럼 어떻게 해야 할까? 다음과 같은 선택지가 있다.

- 오픈박스를 사용하면 응답자의 자체적인 답변을 얻게 된다.
- 인지적 인터뷰를 진행하여 (3장에서 언급한 것처럼) 사람들이 특정 질문에 대해 실제로 사용하는 전략을 알아보고 그에 따라 응답 카테고리를 선택하라.
- 다른 방법을 통해 답변의 실제 범위를 알아내고 (2장에서 본 '삼각법'을 다시 시도하는 것이다.) 닫힌 질문의 답변 카테고리가 실제로 각 끝단의 중간 범위와 완전한 범위에서 '평균 정도'를 반영하는지 확인하라.

오픈박스를 신중하게 설계하라

오픈박스가 범위 질문보다 나은 결과를 도출할 수 있다고 이야기했다. 설문지 설계가 항상 그렇듯, 오픈박스도 고유의 방법이 있다. 자세히 살펴보도록 하자.

오픈박스를 통해 놀라운 답변을 얻을 수 있다

나는 '답변 선택하기'보다 열린 질문을 통해 보다 정확한 답변을 얻을 수 있을 것이란 생각에 열심히 시도해보고자 했다. 그 첫 번째 기회는 사용성 전문가들이 인증제도를 원하는지 여부에 대한 설문조사 작업을 할 때 찾아왔다.

최고핵심질문 중 하나는 다음과 같았다.

'인증을 받기 위해 지불하고자 하는 최대 금액은 얼마인가?(미 달러)'

설문조사 초안에서 다음과 같은 답변을 제공하기로 계획했다.

- 100달러 미만
- 100~299달러
- 300~499달러
- 500~1,000달러
- 1,000달러 초과
- 지불하지 않겠다.

금액 범위가 합리적인 수준 같아 보이긴 했지만 동료들을 설득해 열린 질문을 시도해보기로 했다. 대부분의 사람은 주어진 범위 안에 들어오는 수치로 답했으나 굉장히 다양한 답변이 나오기도 했다. 수집한 답변 중 최고 금액은 2만 달러였다. 추가로 '고용주가 지불할 것이라 생각한다', '2센트'와 같은 답변도 있었다. (나의 미국인 동료들은 '2센트'는 모욕을 주기 위한 목적의 답변이라고 설명해주었다.)

요즘에는 어떤 질문에 대한 수치적 답변을 원할 때, 열린 질문으로 시작하여 충분히 반복적으로 설문지 작업을 수행해 대부분의 사람이 간단한 숫자로 답변하여 전체 범위를 파악할 수 있도록 한다. 그런 다음 테스트 때 응답하는 사람들이 답변을 입력하는 것을 너무 부담스럽게 생각하지는 않는지 파악하고, 만약 그렇다면 범위 질문으로 바꾼다.

그런데 한 가지 작은 예외가 있다. 질문이 연령과 같이 답변하는 사람의 신원을 밝힐 수 있다면 범위 질문을 고수하는 것이 개인정보를 더욱 잘 보호할 수 있는 방법일지 신중히 평가해야 한다. 하지만 연령도 대부분의 사람이 바로 입력할 수 있기 때문에 그리고 범위를 선택하는 것보다 약간 덜 힘이 들기 때문에 오픈박스 쪽으로 기우는 편이다.

오픈박스는 카테고리 오류로 인한 설문조사 중단을 방지해줄 수 있다

어떤 사람이 하고자 하는 답변이 제공된 선택지 중 그 어느 것과도 일치하지 않는다면 '카테고리 오류'가 생긴다. 이는 설문지에서 가장 많이 발생하는 문제 중 하나다. 카테고리 오류는 제공된 응답 선택지가 답변하는 사람이 원하는 응답을 포함하고 있지 않을 때 발생한다. 카테고리 오류는 측정 오류의 일종으로 다음과 같이 불편한 선택을 만들 수 있다.

- 질문을 건너뛴다. (데이터가 누락된다.)
- 잘못된 답변을 한다. (더 나쁜 상황이다. 이제 측정 오류가 생겼다.)
- 설문지 진행을 중단한다. (최악의 상황이다. 해당 응답자로부터 더 이상 데이터를 수집할 수 있는 기회가 없다.)

오픈박스는 정의상 카테고리 오류를 피할 수 있으나 [그림 4.7]의 질문처럼 텍스트 박스를 추가한 응답에서 추가 옵션을 제공하는 방식으로 닫힌 질문 형식을 제공할 수도 있다.

```
5. 귀하가 고려했던 운송 수단을 말씀해주십시오. 해당하는 모든 답변을 선택해주십시오.
   □ 기타 페리 회사
   □ 항공편
   □ 자동차/교량/터널(여정 중 페리를 포함하지 않음)
   ☑ 기차
   □ 기타: 구체적으로 답변해주십시오.
```

[그림 4.7] 다른 운송 수단 선택지를 위한 공간을 만들어놓은 설문지

보통은 이러한 추가 선택지를 '기타' 선택지라 칭하지만 설문지에서 '기타'라는 단어를 항상 사용하지는 않는다. 답변하는 사람들이 '기타'로 분류되는 것을 소외로 느낄 수 있기 때문이다. '기타' 대신 사용할 수 있는 단어들은 다음과 같다

- 다른 답변
- 주관식 답변
- 선호하는 답변
- 또 다른 답변

아무도 기타 선택지를 선택하지 않는다고 해도 잃을 것은 없다(프로그래밍에 할 애된 몇 분 외에는). 기타 선택지의 응답이 가장 흥미로운 경우가 많은데, 답변하는 사람들에 대한 가정 사항을 뒤집어놓기 때문이다.

오픈박스를 사용한다면 적절한 크기를 사용하라

열린 질문에 제공하는 박스 크기는 기대하는 답변 길이를 암시한다. [그림 4.8] 의 박스는 크기가 작고 짧은 답변을 요청하는 것으로 보인다. 반면 [그림 4.9]의 좀 더 큰 박스는 더 긴 답변을 요청하는 것으로 보인다.

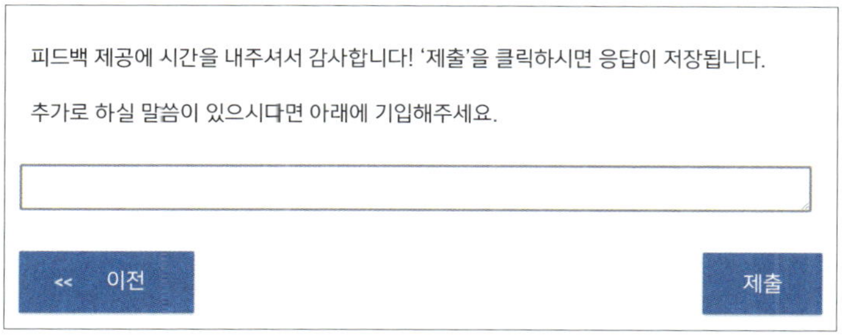

[그림 4.8] 작은 박스로 짧은 답변을 요청하고 있다.

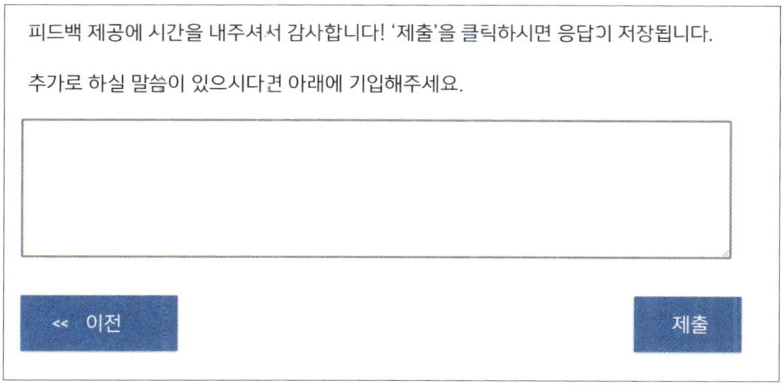

[그림 4.9] 좀 더 큰 박스로 더 긴 답변을 요청하고 있다.

4장. 설문지: 설문지를 만들고 테스트하라

오픈박스는 부담스러울 수 있다

하지만 설문조사에서는 항상 그렇듯, 설문조사 문어의 촉수 하나를 잡아당기면(물어볼 질문), 다른 촉수에서 꼬이게 된다(답변하는 대상).

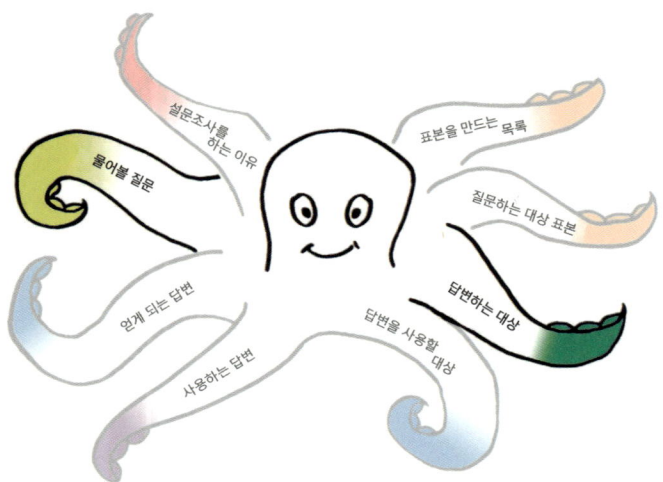

[그림 4.10] '물어볼 질문'은 '답변하는 대상'의 반대다.

더 큰 박스가 있는 열린 질문은 답변하는 사람들이 더 많은 노력을 기울인다는 것을 의미하므로 응답 수가 적을 수도 있다. 균형의 문제다. 긴 답변은 보통 더 흥미롭지만 응답 수가 적고, 짧은 답변은 응답 수가 더 많다. 반복만이 어떤 것이 더 좋을지 알게 해줄 것이다.

가장 간단한 답변 형식을 사용할 때도 신중해야 한다

[그림 4.11]은 가장 간단한 두 가지 답변 형식을 사용한 예다. 오픈박스와 2개의 라디오 버튼 답변 형식이다.

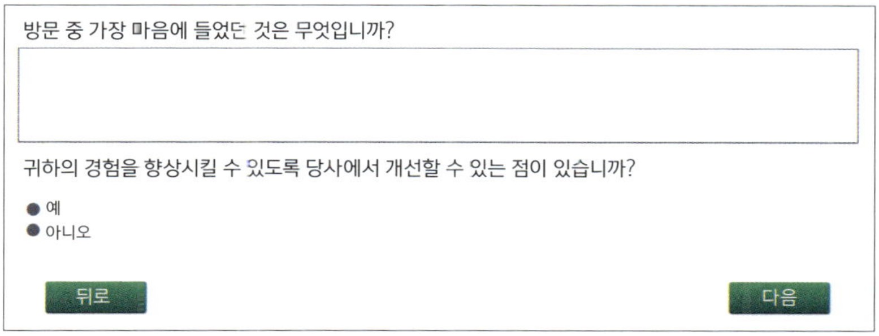

[그림 4.11] 가장 간단한 두 가지 답변 형식(가장 단순한 질문 형식도 잘못될 수 있다는 것을 보여주고 있다.)

위 스크린샷에서 문제점을 발견했는가? 내가 발견한 문제점은 다음과 같다.

- 첫 번째 질문은 방문 중 마음에 들었던 무엇인가가 '있었다'를 가정하고 있다. 만약 모든 경험이 싫었다면?
- 두 번째 질문은 표현이 매우 어색하다. '귀하의 경험을 향상시킬 수 있도록 당사에서 개선할 수 있는 점이 있습니까?'는 생각하기 복잡한 개념이다. '당사에 필요한 개선점은 무엇입니까?'는 어떨까?
- 두 가지 답변 선택지는 '예'와 '아니오'다. 만약 하고 싶은 답변이 '모르겠다' 또는 '아마도'라면 선택할 수 있는 답변이 없다.
- 설문지는 라디오 버튼 맞춤형 스타일을 사용하고 있다. 아직 답변을 선택하지 않았는데 [그림 4.12]의 확대 스크린샷에서 볼 수 있듯 2개의 답변 선택지가 모두 채워져 있다.

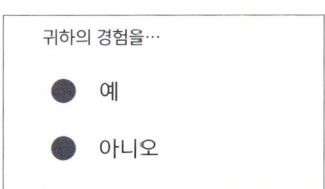

[그림 4.12] 두 가지 답변 선택지가 모두 채워져 있다(통념에서 벗어난다).

질문을 할 때 가장 단순한 스타일을 선택하라

당신은 질문에 답하는 사람들이 설문지에 답변을 어떻게 넣을지 걱정하는 것

4장. 설문지: 설문지를 만들고 테스트하라

이 아니라 어떤 응답을 할지 생각하기를 원할 것이다. 가능한 가장 단순한 스타일이 도움이 된다. 예를 들어, 라디오 버튼의 가장 단순한 스타일은 [그림 4.13]처럼 각 선택지 옆에 빈 원을 놓는 것이다. 답변은 선택하면 [그림 4.14]처럼 원이 검정색으로 채워진다.

2. 웹사이트에서 귀하가 원하는 모든 일을 할 수 있었습니까?
○ 예
○ 부분적으로 그렇습니다.
○ 아니오

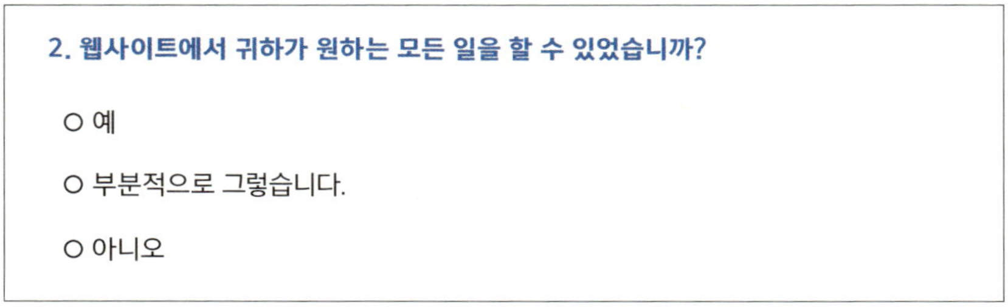

[그림 4.13] 일반적인 라디오 버튼은 답변을 선택하기 전 답변 선택지 옆에 빈 원이 있다.

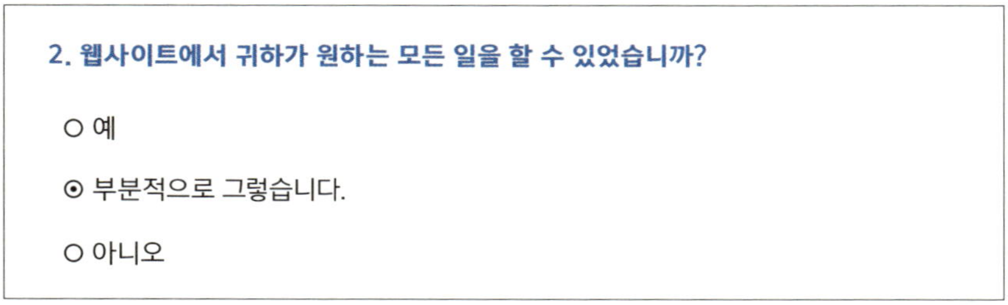

2. 웹사이트에서 귀하가 원하는 모든 일을 할 수 있었습니까?
○ 예
⊙ 부분적으로 그렇습니다.
○ 아니오

[그림 4.14] 답변을 선택하면 원의 가운데 부분이 검정색으로 채워진다.

'이런, 너무 당연한 말 아니야? 굳이 왜 이런 걸 말해주지?'라고 생각했을 수도 있다. 나도 동의하는 바다. 아니, 정확히 말하면 나도 설문지 스크린샷 모음을 둘러보기 전까지만 해도 당신의 생각과 같았다. '스타일이 멋진' 온갖 종류의 변형들, 앞서 언급한 색이 채워진 원과 같은 것들을 발견하기 시작했다.

당신은 인터넷에 꽤 능숙한 사람일 것이라 생각하는데, 특별한 스타일 변형을 찾는 것이 아니라면 아마 거의 알아보지 못할 것이다. 답변하는 사람이 알아채지 못한다면 잃을 것이 없다. (그렇지만 얻는 것도 없다.) 답변자가 알아챈다면 가장 좋은 시나리오라 해도 질문에 대한 답변에 집중하지 못하게 하는 작은 방해 요소가 되고, 최악의 경우 헷갈려서 도중에 그만둘 것이다. 답변자를 잃거나, 답변을 해도 부정확한 답변이 될 수 있다.

내가 과장한다는 생각이 드는가? 이 질문에 대해서는 그럴지도 모른다. 하지만 이런 식으로 친척들이 문제를 해결할 수 있도록 도와주어야 했다. 특히 중요한 양식을 두고 어쩔 줄 몰라 하며 괴로워하던 친척이 생각난다. 박스를 클릭만 하면 해결된다는 사실을 모르고 컴퓨터 어디에서도 체크 마크를 찾지 못해 고군분투했다.

그럼에도 불구하고 설문조사 도구 제작자들은 인터랙션 디자인을 두고 이상한 짓을 하기 위해 노력하는 것 같다. 다음은 유명한 설문조사 도구에서 가져온 비표준적인 인터랙션 디자인들이다. [그림 4.15]의 설문조사 도구는 알파벳순으로 표시되어 있는 정사각형 체크박스로 되어 있으며, 라디오 버튼 스타일의 답변 선택지를 가지고 있다.

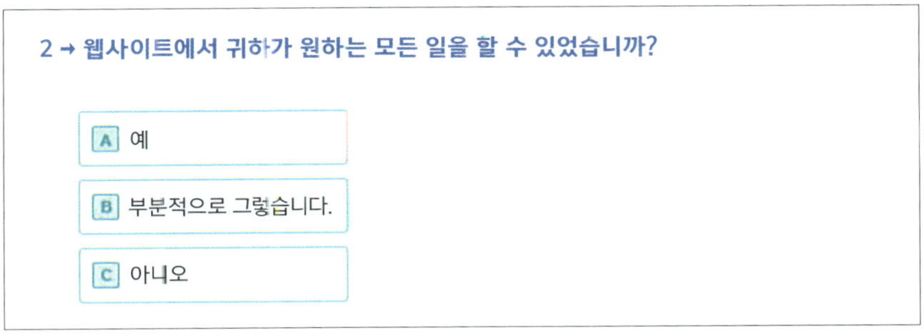

[그림 4.15] 알파벳순으로 표시되어 있는 라디오 버튼 스타일의 설문조사 도구

[그림 4.16]의 설문조사 도구는 초록색 줄로 '예/아니오' 답변 선택지 스타일을 만들었다. '예'에는 체크 아이콘이, '아니오'에는 '금지' 아이콘이 있다.

[그림 4.16] 예/아니오 답변이 있는 이상한 질문 스타일을 제공하는 설문조사 도구

이러한 특이한 디자인은 모두 분명 좋은 의도가 있었을 것이라 확신한다.

- A, B, C 표시는 빠른 키보드 단축기를 제공한다(A를 입력하면 선택지 A를 선택할 수 있음을 인지했다면).
- 초록색 '예', '아니오'는 화면을 바꿔주고 반복적인 설문지에서 재미 요소가 될 수 있는 아이콘을 포함하고 있다.

그러나 이 두 가지 모두 일반적이지 않고 헷갈릴 수 있다. 왜 답변하고자 하는 사람들에게 이런 모험을 하는가? 왜 주저하게 할 순간을 만드는가? 이런 방법 대신 [표 4.3]의 조언을 따르도록 하라.

[표 4.3] 답변자들이 원하는 사항과 선택해야 하는 스타일

답변자들이 원하는 사항	선택해야 하는 스타일
딱 한 가지 답변	라디오 버튼
여러 가지 선택지에서 1개 이상 선택	체크박스
잘 모르겠음, 아무 형식이나 괜찮음	오픈박스

화려한 인터랙션 디바이스를 피하라

인터넷 설문조사 패널에 등록한다면 온갖 화려한 질문 유형을 제공받게 될 것이다.

- 슬라이더
- 맵
- 끌어 놓기
- 기타

이런 유형은 길고 지루한 시장조사 설문지의 단조로움을 깨며, 패널에 가입하는 사람들에게 인기가 좋다. 그런데 왜 사용하지 말아야 하는 것일까?

정말로 쉬운 인터랙션은 설계가 어렵다

이러한 화려한 질문 유형은 맞추기 어려운 세부 사항들이 있다. 예를 들어, 한 인터랙션 디자이너는 이렇게 말했다.

"새로운 슬라이더를 만들었는데 사람들 반응이 좋습니다."

그러면 우리는 슬라이더를 넣을까 말까를 고민하게 된다.

한눈에 보면 슬라이더는 괜찮아 보인다. 그런데 정말 그럴까? 답변하는 사람이 어떤 디바이스를 선택하든 상관없이 똑같이 잘 통할까? 텍스트를 확대하거나 스크린 리더를 사용하기로 한다면? 만약 답변자가 한 번도 슬라이더를 사용해본 적이 없다면?

슬라이더가 이론상으로는 어느 정도 잘 통한다 해도 설문조사 질문 답변에는 바람직하지 않을 수 있는 미묘한 세부 사항들이 있을 수도 있다. [그림 4.17]을 보자. 양 끝에 숫자 2개가 있는(1과 10) 슬라이딩 척도가 있다. 이 중 하나를 선택할 수 있는가? 슬라이더 세트를 1에서 시작하는가? 5에서 시작하는가? 그렇다면 무응답과 실제 '1'이나 '5'를 선택한 응답을 어떻게 구분하는가? 사람들은 '5'를 중간 지점이라 생각하지만 사실 그렇지 않은 경우에 생기는 문제는 어떻게 하는가? (중간 지점은 5와 6 사이다.)

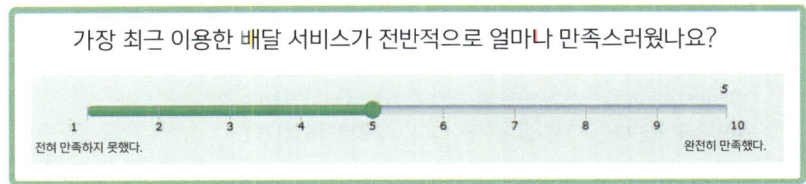

[그림 4.17] 슬라이더를 사용한 설문지

화려한 인터랙션 디바이스는 대부분 생기지 않을 문제를 해결하기 위해 설문조사 도구 제작자들이 만들어낸다. 하지만 짧고 흥미로운 설문지를 만들면 이 문제들을 해결할 수 있다.

이미지를 신중하게 선택하라

장식용 이미지는 설문지를 보다 매력적으로 보이게 만들 수 있다. 유용한 정보를 주는 이미지는 질문의 일부인 개념을 전달하는 데 도움이 된다. 하지만 이미지가 답변에 영향을 미칠 수도 있다는 사실을 늘 염두에 두어야 한다. 이미지에 대해 좀 더 자세히 살펴보도록 하자.

장식용 이미지는 기분을 좋게 만든다

설문지는 당신의 조직에서 답변하는 사람들과 하게 되는 전반적인 대화의 일부다. 당신의 조직이 신뢰받는 브랜드라면 설문지에 브랜드를 보여주어라. 신뢰도를 높여 응답률이 올라갈 가능성이 크다. [그림 4.18]은 영국 디지털, 문화, 미

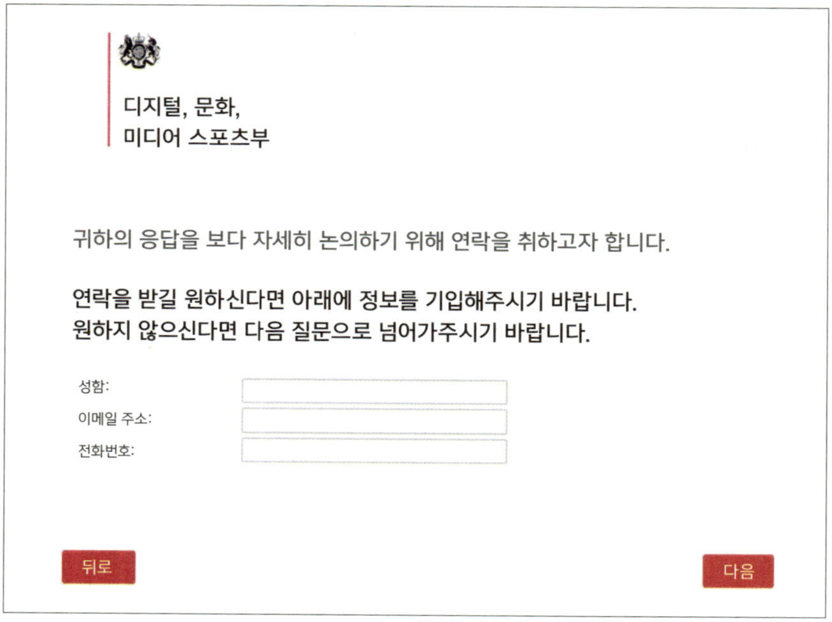

[그림 4.18] 영국 디지털, 문화, 미디어 스포츠부는 설문지의 모든 페이지에 로고를 넣어 해당 부처에서 설문조사를 후원하고 있음을 보여준다.

디어 스포츠부UK Government Department for Digital, Culture, Media & Sport의 예시다.

만약 당신의 전형적인 브랜드 스타일이 독특하고 눈에 띄고 잘 꾸며져 있다면 계속해서 설문지에 로고를 포함시킬지 여부를 고려해보도록 하라. 설문지가 너무 평범하면 부적절해 보일까?

2016년 구글과 AIGA(디자인 전문협회)는 designcensus.org에서 협동 설문조사를 진행했다.

'기본적인 월급에 대한 대화를 넘어 디자인 커뮤니티가 전문 개발을 담당하고, 통찰을 통해 보다 큰 행복을 달성할 수 있도록 힘을 실어줄 수 있는 정보를 수집하는 것이 목표다.'

[그림 4.19]를 보자. 이 설문지는 굉장히 독특한 브랜딩과 인터랙션 스타일을 가지고 있었다.

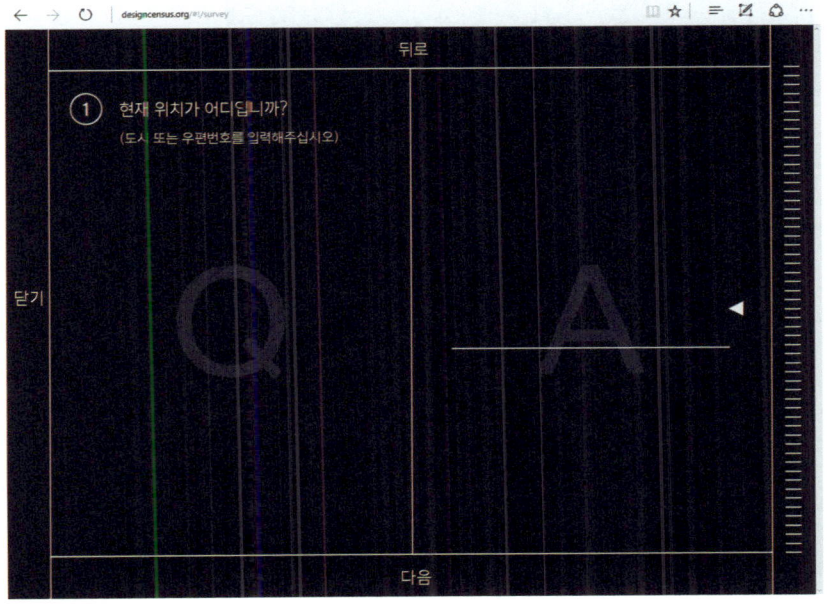

[그림 4.19] 디자이너를 대상으로 한 설문지의 평범하지 않은 인터랙션 디자인과 브랜딩

출처: designcensus.org

해당 설문지는 9,500개 이상의 답변을 받았다. 이 답변의 대표성이 어느 정도인지 판단하기는 어려우나 대부분의 데이터를 직접 탐색해 결정해볼 수 있다. (https://github.com/AIGAGithHub/DesignCensus2016)

처음 이에 대해 알게 된 것은 설문조사의 질문에 대한 응답을 담은 트윗이 나의 타임라인에 떴기 때문이다.

'�54: 디자인의 미래를 한마디로 요약해보세요.'

그는 '자신을 극복하라'라는 응답을 선택했다.

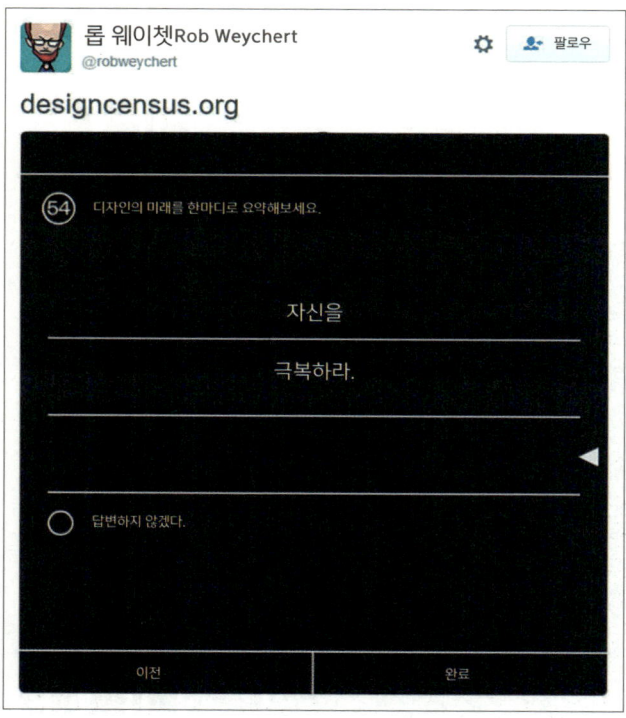

[그림 4.20] 2016년 designcensus.org에 대한 한 디자이너의 부정적 응답

출처: https://twitter.com/robweychert/status/804417995007262720

designcensus.org는 일부 응답자에게는 어느 정도 강력한 반응을 이끌어냈지만 데이터세트를 본 결과, 다음 사항을 발견했다.

- 9,595개 응답
- 6,902개 응답은 54번 질문에 답변했다.
- 답변 중 1,334개는 3개의 개별 단어(예: '유용한', '실제적인', '가치 있는')가 아닌 한 마디로 된 문장이었다([그림 4.20]에서 본 '자신을 극복하라' 와 같음).
- 342개의 세 단어 구절만이 다소 부정적이었다(예: '월급을 위해 싸운다').
- 부정적인 한마디 중 25개만이 54번 문항, AIGA, 설문조사 자체에 대한 의견을 나타냈다.

그 누구도 직접적으로는 평범하지 않은 인터랙션 디자인과 브랜딩에 대해 불만을 표하지 않았다. 이는 무응답 오차 때문일 수 있다. 브랜딩을 싫어한 사람들이 끝까지 기다렸다가 불만을 표하기보다는 중간에 포기했을 수도 있다. 하지만 이 질문에 답변하는 정의된 집단 사람들에 대해서는 해당 디자인이 목표를 달성했다고 믿는 쪽이다. 그 다음 해에 디자인 센서스Design Census도 같은 디자인을 사용했고, 공개된 데이터세트는 13,159개의 응답을 받았다.

솔직해질 수 없다면 최소한 중립을 지켜라

사람들은 당신의 조직에 알리고 싶지 않은 것들을 제3자에게 말하고 싶을 수도 있고, 그렇지 않을 수도 있다. 많은 조직이, 특히 브랜드가 잘 알려져 있는 경우 익명 조사를 위해 시장조사업체를 고용하기도 한다. '오토바이 제조업체에서 본 조사를 후원했습니다'와 '본 설문지는 할리데이비슨Harley-Davidson에서 만들었습니다'는 다른 반응을 얻어낼 가능성이 크다.

카네기멜론Carnegie Mellon의 한 팀에서 이러한 효과를 분명하게 입증해주는 실험을 시행했다. 설문지에서는 예민하거나(예: 친구에게 수입을 속인 것) 불법적인(예: 마약을 해본 것) 행동을 한 경험을 털어놓으라고 요청했다. 3분의 1의 사람은 [그림 4.21]처럼 '당신은 얼마나 나쁜 사람인가요?'라는 로고와 캐주얼한 폰트를 사용한 설문지를 받았고, 나머지 3분의 1은 로고도 없고 일반적인 폰트를 사용한 중

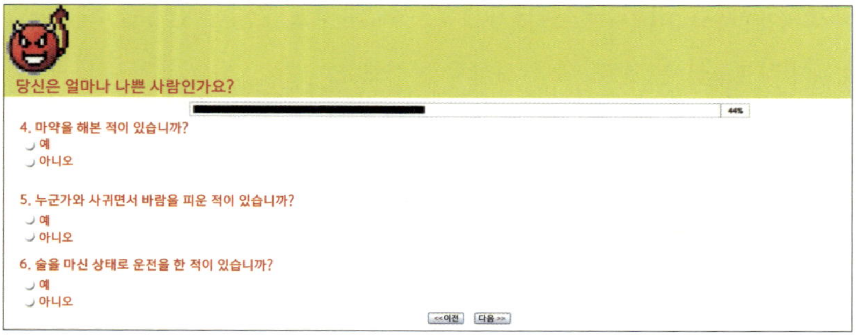

[그림 4.21] '당신은 얼마나 나쁜 사람인가요?' 스타일의 설문지

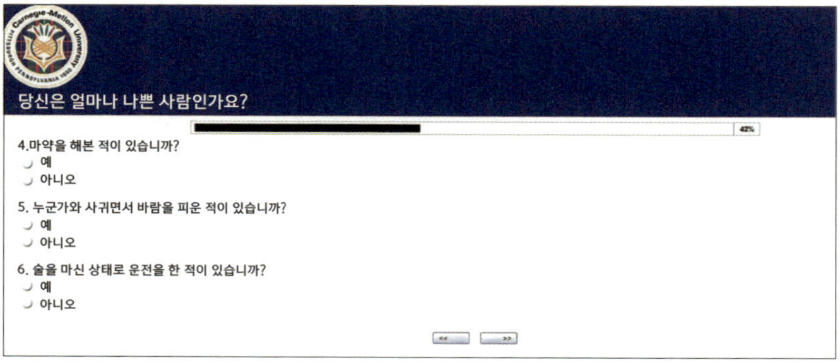

[그림 4.22] 카네기멜론대학 스타일의 설문지

립적인 설문지를 받았다.

　많은 사람이 안전하지도 않고 신뢰할 수도 없는 지표의 설문지에 자신이 한 부정적인 행동을 공개하는 것을 경계했을 것 같지만, 실제로는 '당신은 얼마나 나쁜 사람인가요?' 스타일의 설문지가 공식적인 버전보다 더욱 많은 답변을 이끌어냈다. 쪽지시험처럼 보이는 어두운 색 패턴을 사용한 설문지는 자신들이 무엇을 하는지에 대한 윤리 문제를 신중하게 고려한 대학 연구진들에게는 적절했지만 결과를 확실히 망쳐놓았다. 하지만 당신의 조직은 다른 조직인 듯 행동해서는 절대 안 된다. 이는 일부 국가에서는 불법이다.

　최고핵심질문에서 은행 브랜드에 대한 태도와 같은 어떤 주제에 대한 질문을 해야 한다면 시장조사기관의 중립적인 브랜딩하에 조사를 실시해야 한다.

이미지가 답변을 바꿀 수 있다

또 다른 유명한 실험에서 믹 쿠퍼Mick Couper, 프레드 콘래드Fred Conrad, 로저 투란고Roger Tourangeau는 설문지에 건강해 보이는 여성이 조깅을 하는 사진과 병상에서 병원복을 입고 있는 여성의 사진을 사용했다. 신중하게 매칭된 표본 집단이 자신의 건강에 대해 평가했다. 한 집단은 조깅을 하는 여성의 사진을 받았고, 또 다른 집단은 병상에 있는 여성의 사진을 받았다. 그 결과, 병상의 여성 사진과 자신을 비교한 집단 사람들이 자신의 건강 상태를 더욱 좋게 평가했다.

귀하의 건강 상태를 어떻게 평가하시겠습니까?

- 훌륭함
- 아주 좋음
- 좋음
- 보통
- 나쁨

33%가 '훌륭함' 또는 '아주 좋음' 이라 답했다.

41%가 '훌륭함' 또는 '아주 좋음' 이라 답했다.

[그림 4.23] 이미지가 답변을 바꿀 수 있다.

연구진은 이미지에 대해 다음과 같이 말했다.

"커플이 고급 식당에서 식사를 하는 사진을 보여줬을 때 응답자들은 행동의 빈도가 높은 사례(차에서 패스트푸드를 먹는 것)를 보여줬을 때보다 평균적으로 훨씬 적은 횟수(지난 1개월 동안의 외식)를 보고했다. 마찬가지로 마트 쇼핑 사진을 보여준 응답자들은 의류 쇼핑 사진에 노출된 응답자들보다 지난 1개월 동안의 쇼핑 횟수를 더 높게 보고했다."

정형화된 이미지는 거리감을 느끼게 할 수 있다

[그림 4.24]와 같이 '재치 있는' 이미지를 사용한 경우를 정말 많이 보았다. 이처럼 정형화된 이미지는 짧은 머리에 넥타이를 매고 있는 '남성'과 긴 머리에 넥타이

를 매지 않은 '여성'이라는 선택지를 제공하고 있다.

　남성과 여성 모두 피부가 하얗다. 내게는 왼쪽 이미지처럼 옷을 입지만 남성으로도, 여성으로도 성별을 확정하지 않은 동료도 있고, 오른쪽 이미지처럼 옷을 입고 남성이라고 생각하는 동료도 있다. 그리고 이 이미지와 자신의 피부색이 같지 않다고 생각하는 사람들이라면?

[그림 4.24] 정형화된 이미지를 선택할 것을 요구한 설문지

　앞서 이야기했듯 내가 문제를 과장해서 생각하고 있지는 않은지 고민해보았다. 바로 그날 BBC 뉴스는 영국 지방정부의 일부인 에식스 도의회 본부Essex County Council가 설문지에 잘못된 이미지를 사용한 것에 대해 사과하고 설문지를 철회했다는 사건을 보도했다. [그림 4.25]가 바로 그 설문지다.

[그림 4.25] 영국 정부기관이 망신을 당한 설문지

출처: www.bbc.co.uk/news/uk-england-essex-47064138

글을 읽기 어려운 사람들을 돕기 위해 특별히 고안된 설문지 버전에서 나온 이미지였기에 조금은 안타까웠다. [그림 4.26]은 차이를 존중하는 이미지가 없는 버전이다.

[그림 4.26] 성별에 대해 질문한 이미지가 없는 설문지

출처: http://surveys.essexinsight.org.uk/

질문이 이미지에 대한 것이라면 이미지를 사용하라

설문조사가 어떤 이미지에 대한 사람들의 감정을 묻는 것이라면 설문지에 이미지를 포함시켜야 한다. 나는 꽃무늬 프린트로 유명한 브랜드 캐스 키드슨Cath Kidston의 설문지에 답변을 했다.

[그림 4.27] 이미지를 보여주는 것은 해당 이미지에 대한 반응을 알아볼 수 있는 좋은 방법이다.

그 이미지는 생산에 들어갔다. 설문지를 작성한 지 약 1년 뒤에 출시된 찻주전자에서 이를 발견했다.

[그림 4.28] 하이게이트 로즈 티포트

출처: www.cathkidston.com

설문조사의 목적이 어떤 이미지에 대한 반응을 얻는 것이라면 해당 이미지를 사용하라. 그 외 이유로 설문지에 이미지를 사용하는 것을 고려하고 있다면 이미지 사용이 답변에 영향을 미친다는 사실을 알고 있어야 한다. 그리고 그 영향은 아마도 당신이 의도한 바가 아닐 것이다.

질문의 순서를 생각하라

간단 설문조사를 하기로 했다면 질문의 순서가 명백하기 때문에 크게 걱정하지 않아도 된다. 하지만 설문지가 대규모 설문조사에 좀 더 가깝다면 아마도 질문이 많아 어느 정도 정리가 필요할 것이다.

'옴니버스' 설문지는 출처에 따라 질문을 정리한다

질문을 정리하는 '옴니버스'라는 방법이 있다. 서로 다른 기관이 한 설문지에 질문을 제공하는 대규모 설문조사의 일종으로, 현장 업무 비용이 분산된다. 옴니버스 스타일은 네덜란드의 LISS와 같은 확률 기반 패널 운영자들도 사용한다. 해당 패널의 참가자들은 'LISS에 의한 웨이브'라 불리는 간격으로 설문지를 받는다. 사회 연구자들은 하나의 웨이브 또는 여러 개의 웨이브에 자신의 질문을 포함할 것을 요청할 수 있다. 일반적인 웨이브에서 답변하는 사람들은 약 다섯 가지 주제를 받게 된다.

주제의 범위는 매우 넓다. '간식을 먹는 이유'부터 '복수의 심리'까지 온갖 주제를 보았다. [그림 4.29]와 같이 코로나19 관련 주제처럼 최근의 우려 사항에 대한 질문을 탐색할 기회도 제공해준다.

꼭 '제공한 기관 순서대로' 주제를 추천하는 것은 아니나 답변하는 사람들은 주제가 갑자기 바뀌어도 매우 잘 수용할 수 있다는 것을 보여준다.

202	가족 설문조사 네덜란드 인구(FSDP)
203	초등학교 수행도
206	코로나19 발발의 영향
208	현대 사회의 희생양
210	LISS 패널의 코로나 바이러스 설문지

[그림 4.29] 2020년 LISS 패널 설문지에 나온 몇 가지 주제

출처: www.dataarchive.lissdata.nl/study_units/view/1

쉽고 사생활 침해가 덜한 주제로 시작하라

보다 관행적인 접근 방식이자 답변하는 사람들이 덜 당황스러운 방법은 설문지를 쉬운 주제로 시작해 보다 자세하거나 개인적인 주제로 옮겨가는 것이다. 영향력 있는 설문조사 방법론 학자 돈 딜먼Don Dillman은 그의 조언을 원하는 동료

로부터 다음과 같은 질문 목록을 받은 이야기를 들려주었다.

- 2009년 귀하 가정의 총수입은 얼마였습니까?
- 골프를 좋아하십니까?
- 지구온난화에 대해 어떻게 생각하십니까?
- 결혼하셨습니까?
- 어느 정당이 경제 성장 촉진을 가장 잘합니까?
- 작년에 볼링을 몇 차례 치러 갔습니까?
- 귀하가 선호하는 정당은 어디입니까?
- 환경오염을 줄이기 위한 방책으로 연료에 보다 높은 세금을 부과하는 것에 찬성하십니까, 반대하십니까?
- 귀하의 직업은 무엇입니까?
- 가장 좋아하는 여가 활동은 무엇입니까?
- 나이가 어떻게 되십니까?

이 목록을 세 가지 주제로 나누면 더 좋을 것이라 생각했다. (당신은 다르게 볼지도 모른다.)

여가활동

- 골프를 좋아하십니까?
- 작년에 볼링을 몇 차례 치러 갔습니까?
- 가장 좋아하는 여가 활동은 무엇입니까?

정치 및 기후

- 어느 정당이 경제 성장 촉진을 가장 잘합니까?
- 귀하가 선호하는 정당은 어디입니까?
- 지구온난화에 대해 어떻게 생각하십니까?
- 환경오염을 줄이기 위한 방책으로 연료에 보다 높은 세금을 부과하는 것에 찬성하십니까, 반대하십니까?

인구통계정보

- 결혼하셨습니까?

- 나이가 어떻게 되십니까?
- 귀하의 직업은 무엇입니까?
- 2009년 귀하 가정의 총수입은 얼마였습니까?

2개 또는 3개 설문지로 질문을 나누도록 동료를 설득할 수 없다면, 복잡성이 가장 낮은 영역인 여가 활동으로 시작해 정치와 기후 주제를 다루고, 마지막으로 가장 개인적인 질문으로 마무리할 수 있다.

흥미로운 질문으로 시작하라

대표 질문을 마지막에 넣으라는 나의 제안은 연령, 지역과 같은 '쉬운 질문'으로 시작하는 많은 설문지와는 정반대다. 하지만 사람들은 설문지에 어느 정도 신뢰를 쌓기 전에는 개인정보를 이야기하길 망설인다. 그리고 2장에서 말했듯, 대표성에 대해 생각할 수 있는 보다 나은 질문들이 있다.

[그림 4.30] 시작부터 성관계에 대해 질문하면 응답자가 깜짝 놀랄 것이다.

가장 주목할 만한 문제가 분명 시작하기에 더 괜찮은 선택지다. 어쨌든 사람들이 가장 이야기하고 싶어 하는 주제이기 때문에 주의를 끌 수 있을 것이다.

가장 흥미로운 부분을 지나면 중간에 그만둘 수도 있는 위험이 있으나 일부 '질문의 추진력'이 설문조사를 계속 진행하게 하는 것을 보고 놀란 적이 있다. 시작했으니 어쩌면 끝까지 할 수도 있다.

또 다른 선택지는 최고핵심질문으로 시작하나, 이 질문 자체가 무례하거나 사생활을 침해하는 것으로 보이지는 않는지 신중하게 생각해야 한다. 시장조사자 코린 모이Corinne Moy가 수년 전 한 워크숍에서 소개한 놀라운 예시가 있다. 한 정부기관 고객이 사람들이 휴가 때 피임을 하지 않은 상태로 성관계를 했는지 여부에 대한 조사를 실시하면서 [그림 4.30]처럼 전화 인터뷰를 활용하고자 했다.

이 예시에서 코린과 연구팀은 휴가에 대한 일반적인 질문으로 시작한 다음 나중에 까다로운 질문으로 넘어가는 설문지를 만들었다.

최고핵심질문이 사람들을 당황하게 하는가, 아니면 흥미로운 주제로 바로 들어가 사람들이 좋아하는가? 나는 모른다. 그리고 당신도 직접 시험하기 전까지는 모를 것이다.

사람들을 걸러내지 말라

인구통계정보 관련 질문을 마지막에 놓도록 권장한 것을 보고 조금 놀랐을 수도 있겠다(그런 질문이 있었다면). 모든 설문조사가 대규모 설문조사였던 시절에는 인터뷰 진행자들이 '50세가 넘는 여성 몇 명', '캔자스시티 거주민', '세제를 최근 구입한 사람'처럼 채워야 할 할당이 있는 것이 일반적이었다. 전형적인 인터뷰는 답변하는 사람이 어떤 집단에 속하는지 결정하기 위한 '스크리닝' 질문으로 시작했고, 그런 다음 사람들을 '걸러내고' [그림 4.31]처럼 인터뷰를 끝냈다.

> 안타깝게도 이번 인터뷰에는 귀하가 적합하지 않습니다.
> 오늘 이렇게 시간 내주시고 관심을 주셔서 정말 감사드립니다.

[그림 4.31] 인센티브가 없는 설문지의 받아들일 수 없는 오류 메시지

두둑한 인센티브를 선택했다면 (5장에서 더욱 자세히 다루도록 하겠다.) 집단별로 답변하는 사람의 수를 제한해 다루고자 하는 표본의 일부에만 모든 인센티브를 사용하지 않도록 해야 할 수도 있다.

하지만 순전히 사람들이 의견을 제시하는 것을 원하기 때문에 답변을 요청한다면 이들을 걸러낼 필요가 없다. 특정 유형의 사람들로부터 너무 많은 답변을 받을 수도 있지만 이는 좋은 문제점이고, 데이터를 정리할 때 쉽게 해결할 수 있다. (이에 대해서는 6장에서 더욱 자세히 다루도록 하겠다.)

사용하지 않을 수도 있는 답변을 사람들이 제공하도록 설득하는 것이 중요하다면 과도한 업무를 만들어내지 않고도 답변할 수 있는, 분석이 쉬운 질문을 생각해보아라. 이번 설문지 답변을 거부했다고 해서 다음 설문지에 대한 참여 의사도 없을 것이라고 생각할 필요는 없다.

감사의 말로 설문지를 마무리하라

언제나 감사의 말로 설문지를 마무리하라. 종이 설문지라면 마지막 부분에 간단하게 '감사합니다'라고 적으면 충분하다.

전자 형식의 설문지를 선택했다면 질문에 노력을 들인 사람이 자신의 답변이 이를 수신하는 컴퓨터로 전송되었는지 여부를 알 수 있어야 한다. 그러니 이들이 들인 노력이 가치가 있었음을 어떤 식으로든 알려주는 확인 메시지가 나오는 페이지를 제공하는 것이 좋다.

연락처 정보, 결과를 받기 위한 등록 또는 기관에서 설문조사 결과로 하고자 하는 것을 반영하는 무엇인가에 대한 후속 과정을 제공할 수도 있다. 기관에서 무엇인가를 판매한다면 홈페이지로 연결시켜 제품 구매 기회를 제공하고 싶은 마음이 굴뚝같겠지만 설문조사 답변을 어떻게 사용하기로 계획하는지에 대한 이전의 메시지들에 반하는 일이 아닌지 신중하게 생각해보아야 한다. 단순히 제품을 판매하기 위해 끌어들이려고 하는 것처럼 보인다면 결코 좋아 보이지 않는다.

나만 이렇게 생각하는지는 모르겠지만 나는 '당사의 서비스를 평가해주세요'라는 설문지를 마치며 리뷰 시스템에 대해 또 설문조사를 하게 하는 기관들을 굉

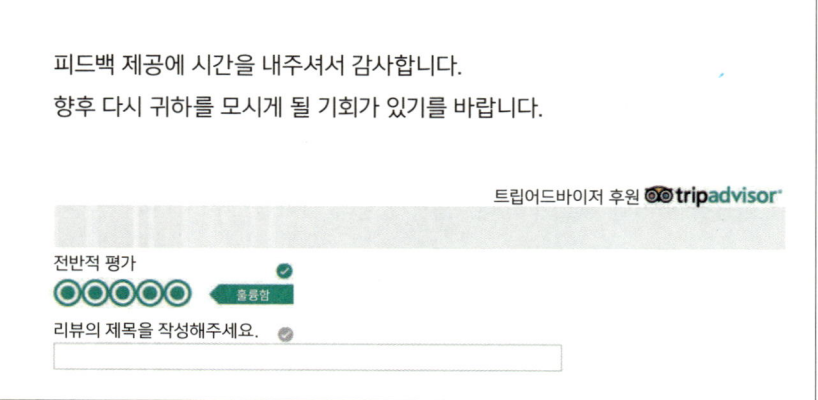

[그림 4.32] 트립어드바이저로 연결하며 끝난 설문지

장히 귀찮게 생각한다. 예를 들어 [그림 4.32]처럼 트립어드바이저Tripadvisor로 이어지는 설문조사가 그렇다.

소개 페이지를 피하라

감사 페이지가 필수적이라면 소개 페이지도 그만큼 중요하지 않을까? 어느 정도 맞추기 위해서라도?

아니다. 전혀 그렇지 않다. 나는 양식과 설문지를 테스트하는 데 수백, 수천 시간을 쓰면서 참가자가 질문으로 넘어가기 위해 소개 부분을 건너뛰는 모습을 자주 보았다. 그래서 누군가가 잠시 멈추어 소개 부분을 읽는 모습을 보면 오히려 더 놀란다.

설문지에 어떤 식이든 소개 메시지가 필요하다고 생각한다면 질문이 시작되는 페이지에 포함시키는 것이 낫다. 대부분의 사람은 읽지 않겠지만 다음 페이지로 넘기는 수고를 줄여준다.

윤리위원회의 승인, 회사 정책 또는 이해관계자의 요구 사항과 같은 이유로 소개 페이지가 절대적으로 필요하다면 최대한 짧게 만들고, 테스트 과정을 통해 열심히 반복 작업을 하도록 하라.

필수 질문을 포함시키지 말라

설문지에는 필수 질문이 없다. 언제나 모두 선택 사항이다. 너무 짧게 설명했는가? 좋다. [그림 4.33]에 어떤 행사에 대한 설문지 예시가 있다.

1. 다음 사항을 평가해주세요.*	미흡하다.	적절하다.	좋다.	훌륭하다.
네트워킹 기회	○	○	○	○
첫 번째 연사의 발표	○	○	○	○
두 번째 연사의 발표	○	○	○	○
패널 토론	○	○	○	○

[그림 4.33] 행사 후 설문지의 질문

이 설문조사에서 최악이었던 부분은 바로 별표(*)였다. 별표가 있으면 눈에 띄고 '반드시 이 질문에 답해야 합니다'라고 해석되기 때문이다. 나는 패널 토론 전에 나가야 했다. 어떻게 평가할 수 있겠는가? 나는 그 부분에 대해 잘못된 데이터를 제공하거나 설문조사를 포기해야 했다.

필수 질문을 꼭 해야겠다면 해당 질문이 다음 사항을 충분히 정당화할 수 있을 만한 가치가 있는지 확실히 파악해야 한다.

- 답변하는 사람의 일부를 잃는 것
- 다른 사람들로부터 일부 잘못된 데이터를 얻는 것

많은 사람이 이렇게 말할 수도 있다.

"그냥 '모르겠음'이나 '해당 사항 없음' 선택지를 추가해 필수 질문을 만들면 되지 않을까?"

물론 그것도 가능하다. 여기서 어려운 점은 읽는 시간과 설문지에 대한 수고가 조금 더 늘어난다는 것이다. 어쩌면 이 정도 추가적인 수고로움은 정당화될 수 있겠다. 이런 추가 선택지 덕분에 원래는 설문지를 중단해 응답을 놓쳤을 수도 있었을 사람들이 계속 설문을 진행하게 할지도 모른다.

그렇기 때문에 정의된 집단 사람들을 대상으로 질문을 테스트해보는 것이 매우 중요하다. 테스트는 '모르겠음', '해당 사항 없음'과 같은 작은 세부 사항들이 중요한지 여부를 알아볼 수 있는 방법이다. 특히 더 중요한 것은 테스트가 답변하는 사람들이 각 질문을 중요하게 생각하고 답을 하고 싶게 만드는 방법이 되어 설문지를 만들 때 어떤 특정 질문이 '필수'라고 말할 필요가 없게 만드는 것이다.

사람들이 어떤 질문을 누락하더라도 그들에게 뭐라고 해서는 안 된다. 설문 참여가 선택 사항이라면 (당신이 법으로 요구되는 몇 안 되는 설문조사를 하지는 않는다고 가정하겠다.) 각 질문도 선택 사항이 된다. 사람들이 어떤 질문을 건너뛰는 경우 정중하게 경고를 하고 답변을 완성할 수 있도록 다시 한 번 기회를 주는 것은 괜찮다. 하지만 답변하기를 원하지 않는다면 그들의 결정을 받아들이고 다음 질문으로 넘어가게 해야 한다.

설문지를 테스트하라

앞서 설문지에서 가장 잘못될 수 있는 부분이 테스트해보는 것을 잊어버리는 일이라고 이야기했던 것을 기억하는가? 설문조사 도구를 왔다 갔다 하며 작동시켜보고 모든 것이 올바른 자리에 있는지 확인하면서 자체적으로 테스트를 해보았다고 생각하기 쉽다. 미안하지만, 그렇지 않다.

다른 중요한 문서나 작업물과 마찬가지로 설문지 역시 인쇄상 오류 및 기타 오류가 발생할 수 있다. 따라서 누군가의 도움이 필요하다.

제대로 작동하는지 테스트하라

설문지가 제대로 작동하는지 확인하려면(기계적 테스트) 까다로운 마인드를 가진

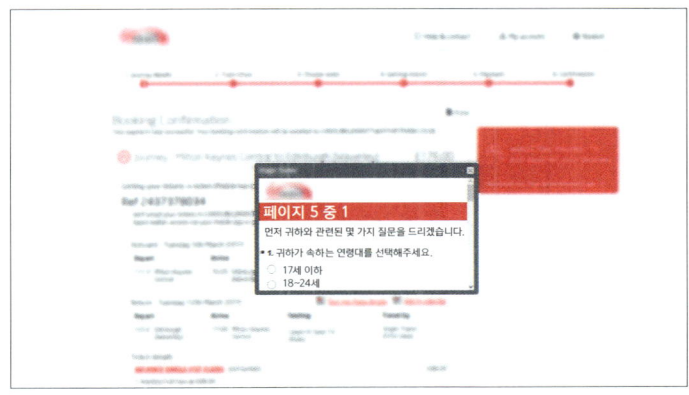

[그림 4.34] 이 설문지는 작은 상자에 표시되도록 선택되었다. 모바일에서는 괜찮을 수 있으나 데스크톱에서는 보기 좋지 않다.

독립적인 사람의 도움을 받는 것이 좋다. 최대한 정직한 사람의 관점으로 모든 선택지를 시도하며 설문지를 시험하도록 해야 한다. 약간의 테스트가 있었다면 설문지가 작은 상자에 뜨는 [그림 4.34]와 같은 문제를 알아챘을 것이다.

웹 설문지를 채택했다면 여러 가지 브라우저를 포함하도록 하라. 특히 시중에 나와 있는 대규모 컴퓨터 및 모바일 기기 제조업체에서 사용하는 최신 기본 브라우저를 포함시켜야 한다.

나는 순전히 테스트를 위해 저렴한 노트북을 구입하여 가능한 모든 디폴트 옵션을 선택해 설정했다. 나라면 이런 브라우저와 검색엔진을 절대 선택하지 않겠지만 일부 사람들은 이것 외에 다른 것을 선택할 줄 모른다.

[그림 4.35]를 보자. 영어 브라우저에서 아랍어를 사용하는 사람들을 대상으로 한 설문지를 테스트하는 실수를 저질렀다. 나는 영어 텍스트가 설문지 안에 뜨는 것은 문제가 있다고 생각했지만 사실 아랍어 버전은 괜찮았다.

4장. 설문지: 설문지를 만들고 테스트하라

[그림 4.35] 왼쪽: 아랍어 설문지/영어 브라우저
오른쪽: 아랍어 설문지/아랍어 브라우저

인지적 인터뷰를 한 번 더 시행할 것을 고려하라

3장에서 답변을 원하는 사람들에게 질문이 잘 작용하는지 확인하기 위해 인지 인터뷰를 시행할 것을 권고했다. 설문지를 만드는 동안 질문의 표현을 바꾸었다면 지금 시점에 다시 한 번 인지적 인터뷰를 시행하는 것이 좋다.

사용성 테스트를 하라

인지적 인터뷰는 답변하는 사람에게 각 질문의 의미와 답변을 생각할 때의 사고 과정에 집중할 것을 요청한다.

반면 사용성 테스트는 당신이 보는 동안 대상자가 설문지를 수행하도록 한다. 대상자가 답변하는 동안 설문지가 잘 되어가고 있는지 주로 집중해서 본다. 어떤 사람들은 설문지를 수행하는 동안 자연스럽게 소리를 내며 생각한다. 이는 이전 인지 인터뷰에서 알게 된 것에 더해 추가적인 것을 알 수 있으므로 도움이 된다. 하지만 그러지 않는다고 해서 걱정할 필요는 없다. 그냥 마지막에 답변하기 어렵거나 예상하지 못한 것, 잘못된 순서로 나온 것이 있었는지 물어보아라.

설문지에 대한 사용성 테스트는 가장 쉬운(그리고 가장 재미있는) 유형의 테스트다. 다음 사항만 수행하면 된다.

- 설문지에 답변하고자 하는 사람을 찾아라.
- 대상자가 설문지를 수행하는 동안 지켜보아라. 대상자들이 설문지가 어땠는지 말해줄 것을 기대하지 말라. 그들은 당신처럼 설문지를 잘 알지 못하고, 의도대로 되지 않았어도 인식하지 못할 수 있다.
- 지켜보면서 쉽게 잘 되는 것 같아 보이는 점과 문제가 될 수 있는 점을 기록하라.
- 마지막에는 대상자들에게 설문지에 대한 생각을 물어보아라. 이에 대해서도 기록을 남겨라.
- 기록한 내용에 대해 생각해보고 무엇을 바꿀지 결정하라.

설문지 테스트를 한 사람 이상을 대상으로 할 수 있을까? 물론 할 수 있다! 다음은 테스트를 개선해줄 추가적인 아이디어 리스트다.

- 정의된 집단 사람들 중에서 테스트 대상을 정하라. 설문지에 응답할 실제 사람들이다.
- 몇 명 더 테스트하라. 이미 사용성 테스트를 했다면, 사용성 테스트 전문가들이 3~5명(집단으로 하는 것이 아니라 한 번에 한 명씩) 정도 테스트할 것을 권장하는 것을 자연스럽게 받아들일 것이다. 보통은 3명 정도 테스트를 하면 원하는

[그림 4.36] 대상자가 설문지를 수행하는 동안 휴대폰으로 지켜보는 사용성 테스트

긴 목록을 만들게 될 것이다. 이후에도 다른 사람들을 대상으로 테스트를 반복하는 것이 좋다.
- 문해력이 낮거나 컴퓨터를 잘 다루지 못하는 사람들 또는 장애가 있는 사람들 몇 명을 포함시켜라. 나중에 장애가 있는 사람이 설문지를 시도했다가 응답하지 못하는 경우가 생기는 안타까운 상황을 방지할 수 있다.

사용성 테스트가 익숙하지 않거나 사용성 테스트에 대해 더 많은 것을 배우고 싶다면 스티브 크룩의 저서 《Rocket Surgery Made Easy》를 읽어보기 바란다. 대규모 설문조사 작업을 하고 있고 설문조사 방법론 학자들로부터 사용성 평가에 대한 자세한 내용을 배우고 싶다면 에밀리 게이젠Emily Geisen과 제니퍼 로마노 버그스트롬Jennifer Romano Bergstrom이 쓴 《설문조사 연구를 위한 사용성 테스트Usability Testing for Survey Research》를 읽어보도록 하라. 답변 제공에 있어 슬라이더를 사용하려고 할 때 사람들이 겪는 어려움과 같은 주제를 포함해 세부적인 사항들을 다루고 있다.

최종 설문지 스크린샷을 찍어라

이제 설문지를 철저히 테스트하고, 반복하고, 또 테스트했으니 답변할 사람들에게 내놓기 전에 마지막 한 가지 핵심 과제만 남았다. 바로 각 페이지의 스크린샷을 찍는 것이다.

자신이 설문지 개발 단계에 참여하지 않았던 데이터를 분석해야 하는 일이 있을 수도 있다. 데이터세트에 요약되어 있는 질문을 보고 답변했던 사람이 어떤 모습의 질문을 봤는지 추측해보는 일은 참으로 답답하다. 그리고 프로젝트 진행 중에 설문조사 도구에 대한 액세스를 잃거나 해당 도구가 바뀌어 더 이상 그 설문조사를 다시 해볼 수 없게 된다면 스크린샷을 남기라는 나의 조언을 고맙게 생각할 것이다.

설문지 전체를 담당하고 있다고 해도 결과가 나오기 전에 일부 세부 사항을 잊어버릴 수도 있다. 이때 역시 내 조언을 감사하게 생각할 것이다.

이 시점이면 알게 될 사실

설문지를 만들 때 생각해야 할 것이 많아 4장은 좀 길었다. 실제로 작업을 하다보면 설문지에 대해 알고 있는 대부분의 것이 사용성 테스트에서 알게 되는 부분이라는 점을 깨닫게 될 것이다. 이 시점까지 왔는데 아직 사용성 테스트를 한 번도 하지 않았다면 다음 단계를 따르도록 하라.

1. 멈춰라.
2. 돌아가라.
3. 사용성 테스트를 하라. 바로 문제점과 개선점이 나타나는 것을 발견하게 될 것이다.
4. 수정하고 다시 테스트하라.

설문지에 개선점을 반영하고 테스트를 했다면 답변을 원하는 사람들에게 설문지를 내놓는 단계로 이동할 준비가 되었다. 이것이 바로 5장의 주제다. 잠시 그 전에 스포트라이트 K에서 리커트 척도와 응답 형식의 복잡한 세계를 만나게 될 것이다.

스포트라이트 H
1부터 5까지의 척도 (리커트 및 평정척도)

설문조사 설계에서 자주 받는 질문 중 하나는 "리커트 척도에서 가장 좋은 포인트 수는 몇입니까?"다. 스포트라이트 H에서는 리커트와 리커트 척도를 구성하는 다양한 요소들 그리고 리커트 척도를 만드는 방법에 대해 소개할 것이다.

리커트 척도는 태도를 측정한다

1932년 통계학자 렌시스 리커트Rensis Likert는 '태도측정기법A Technique for the Measurement of Attitudes'이라는 제목의 유명한 논문을 발표했다. 리커트의 기법은 일련의 문장들을 사용하는 설문지를 만드는 것이었다. 예를 들어, '제국주의'에 대한 24개 문장을 통해 응답자의 태도를 측정하는 것이다(이 경우에는 제국주의에 대한 태도). 리커트 척도의 결과물은 하나의 계산된 점수다.

리커트의 논문은 너무나도 유명해 이제 사용자에게 여러 가지 의견 중 응답을 선택하게 하는 거의 모든 질문에 그의 이름이 사용된다.

리커트는 태도 척도를 발명하지 않았다

리커트는 태도에 대한 그림을 그리기 위해 여러 문장을 구축하는 데 이미 나와 있는 아이디어를 다루었다. 리커트의 척도 버전이 유명해진 것은 이전에 나온 이론처럼 탄탄하면서 만드는 데 노력이 덜 들고 점수를 계산하기가 훨씬 더 쉽기 때문이다. 하지만 양질의 리커트 척도를 만드는 일이 쉬울 것이라는 생각은 하지 말기 바란다. 굉장히 복잡해 설문조사 방법론에서 아직까지도 많은 연구가 진행되고 있는 주제다.

이제 리커트 척도를 구성하는 요소를 살펴보자. 1986년 존 브룩John Brooke이 고안한 리커트 척도인 SUS(System Usability Scale, 시스템 사용성 척도)를 예시로 들어 보겠다. 이 척도는 사용성 측정에 있어 아직까지도 가장 유명한 설문이다.

[그림 H.1]은 리커트 척도의 일부를 보여주고 있다. SUS는 10개의 질문이 있고, 각 질문에 하나의 문장과 5개의 응답 포인트가 있다. 각 질문이 리커트 항목이다.

리커트 척도로 설문지를 만들 때 각 리커트 항목을 개별 질문으로 제시하거나 [그림 H.1]처럼 모든 질문을 그리드로 통합할 수도 있다.

많은 사람이 질문을 받는 방식인 리커트 항목('리커트 척도에서 몇 점인가?')을 두고 '리커트 척도'라는 용어를 사용한다. 개인적으로 나는 이 부분이 헷갈린다고 생각하기 때문에 전반적인 질문에 대해서는 '리커트 척도'라는 용어를 정확하게 사용하고, '리커트 항목'라는 용어는 특정 문장과 응답 포인트를 종합하는 방식에 대해 사용하도록 하겠다.

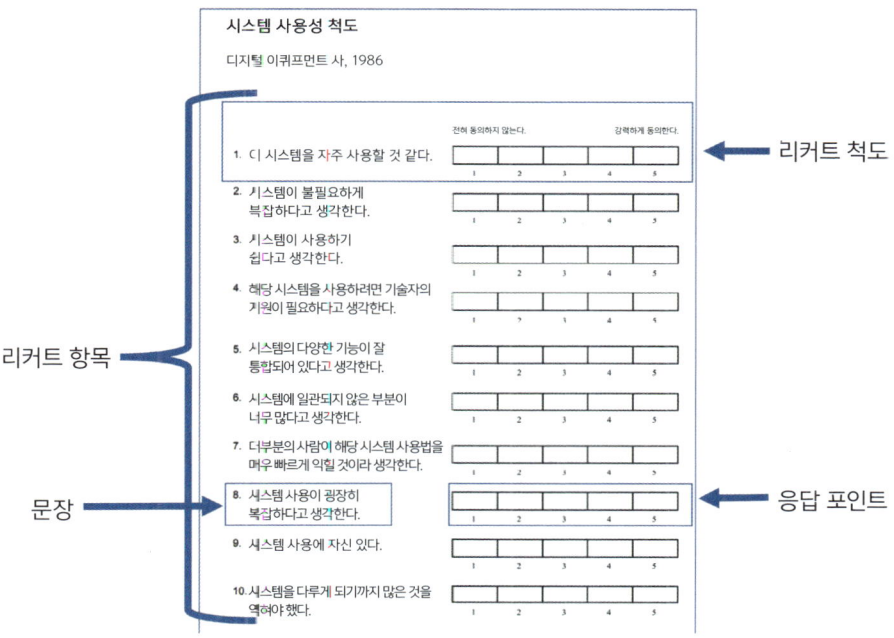

[그림 H.1] 시스템 사용성 척도는 10개의 리커트 항목이 있는 리커트 척도다.

리커트는 리커트 항목을 발명하지 않았다

리커트는 논문에서 리커트 항목에 대해 세 가지 스타일을 사용했다.

- [그림 H.2]와 같이 '강력하게 동의한다'에서 강력하게 반대한다 까지의 5포인트 항목
- [그림 H.3]과 같이 '예', '?', '아니오'의 3포인트 항목
- [그림 H.4]와 같이 의견을 반영하는 보다 긴 문장 5개

리커트는 응답을 발명하지 않았다. 1932년에 발표한 논문에서 한 가지에 대한 선호도를 표현했을 뿐인데 5개 항목과 그것의 많은 변형 버전에 그의 이름이 등

---

24. 애국주의를 장려하기 위해 군사훈련과 해군연습을 보여주는 영상을 전시해야 한다.

| 강력하게 동의한다. | 동의한다. | 잘 모르겠다. | 반대한다. | 강력하게 반대한다. |
| (1) | (2) | (3) | (4) | (5) |

[그림 H.2] 다섯 가지 선택지가 있는 리커트 항목

미국의 국제연맹 조기 가입에 찬성하십니까?

| 예. | ? | 아니오. |
| (4) | (3) | (2) |

[그림 H.3] 세 가지 선택지가 있는 리커트 항목

---

15. 치안 목적이 아닌 전쟁을 위해 고안된 장비를 의미함에 있어 '군비'라는 용어를 사용할 때 우리의 정책은 다음 사항을 우선해야 한다.
    - (a) 모든 국가의 절대적이고 즉각적인 군축 (5)
    - (b) 모든 국가의 빠르고 급격한 군축 (4)
    - (c) 모든 군비의 느리지만 지속적인 군축 (3)
    - (d) 모든 세력의 현재 군사 및 해군 군사력 수준을 오랜 시간 유지 (2)
    - (e) 기타 국가와의 협정으로 구애받지 않는 자유로운 군사 및 해군 확장 (1)

[그림 H.4] 여러 문장이 있는 리커트 항목

장하고 있다.

 앞서 스포트라이트 B에서 또 다른 리커트 항목의 유형인 '순추천지수와 상관관계'를 접했다. 순추천 질문은 11개 포인트(0부터 10까지의 응답)가 있는 리커트 항목이나, 순추천지수에는 문장이 하나밖에 없기 때문에 리커트 척도가 아니다.

 리커트 척도는 쉬워 보이지만 숨겨진 복잡한 부분이 많아 자주 연구되는 주제다. 예를 들어, 나는 [그림 H.5]처럼 웹 설문조사 응답 형식에서 '모르겠음' 선택

[그림 H.5] 응답 형식에 '모르겠음' 선택지만 다루는 설문조사 방법론 세미나

지에 대한 세 가지 실험 결과를 제공한 세미나를 재미있게 들은 적이 있다.

 많은 연구가 된 주제 중 하나는 응답 포인트의 개수다. 이번 스포트라이트의 뒷부분에서 '올바른 수'에 대해 다시 살펴볼 것이다.

리커트 항목을 그리드로 나타내는 경우가 많다

 설문지를 만드는 사람들이 리커트 항목을 굉장히 좋아하기 때문에 그리고 수많은 질문을 최고핵심질문 하나로 추려내는 것은 매우 힘든 일이기 때문에 '매트릭스 질문'이라고도 알려져 있는 문장 그리드를 보게 되는 경우가 많다.

 안타깝게도 많은 그리드가 답변하는 사람들이 좋아하지 않는 문제들로 가득

하다. 읽기 어렵고 질문을 이해하기 어려우며 답을 찾기 어렵다. 또한 답변을 제공하고 싶은지 확신할 수 없으며 '이 포인트가 좋은 것인지, 나쁜 것인지 그 의미가 정확하지 않다'라고 느끼게 하는 문제들이 있다. 사람들이 이런 말을 하는 것을 들었다.

"저는 그리드가 있으면 도중에 설문지 작성에 멈춰요."

실제로도 그리드 질문이 있으면 설문지 작성을 중단하는 사람이 급격하게 늘어나는 것을 많이 목격했다.

[그림 H.6]은 그리드 샘플이다. 자세히 살펴보자. 해당 그리드에는 7개의 리커트 항목이 있다.

가게에 대해 각 측면별로 평가해주세요. 아래 항목 중 원하는 답이 없다고 생각되는 경우에는 '해당 사항 없음'을 클릭해주세요.						
	매우 미흡함	미흡함	좋음	매우 좋음	훌륭함	해당 사항 없음
전반적인 방문에 대한 만족도	○	○	○	○	○	○
가게에서 서비스를 제공한 직원들의 전반적인 서비스	○	○	○	○	○	○
전반적인 제품 및 서비스 범위	○	○	○	○	○	○
전반적인 돈에 대한 가치	○	○	○	○	○	○
전반적인 제품 품질	○	○	○	○	○	○
전반적인 제품 가용성	○	○	○	○	○	○
전반적인 가게 환경	○	○	○	○	○	○

[그림 H.6] 그리드 샘플

[그림 H.7]은 3장에서 언급한 질문 답변을 위한 4단계이며, [표 H.1]은 그와 관련하여 그리드에서 발견한 문제점들이다.

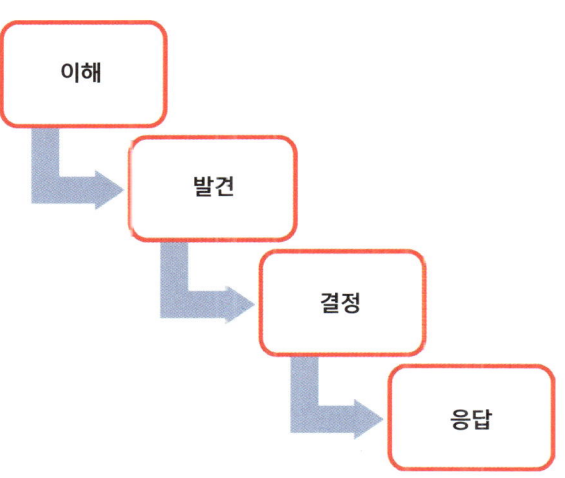

[그림 H.7] 질문 답변을 위한 4단계

[표 H.1] 그리드 질문 답변 단계 생각해보기

답변의 단계	그리드에서의 문제
이해	텍스트가 작다. '각 측면'이라는 문구와 같은 일부 단어는 익숙하지 않을 수도 있다. '각 측면별로'라는 문구어는 '별로'라는 추가적인 단어까지 들어가 있다.
발견	'전반적인 제품 가용성'이라는 항목이 있다. 이것이 사람들이 구매하고자 했던 제품에 대한 실제 경험과 어떻게 관련이 되는가? 그리고 반품 등의 다른 이유로 가게에 갔다면?
결정	'가게 직원들의 전반적인 서비스'에 대한 항목이 있으나 많은 이들은 미흡한 평가 점수로 인해 직원들이 해고될 수도 있다는 사실을 알기에 솔직한 의견을 제공하기를 망설일 수 있다.
응답	그리드 아래로 내려가면 상단 설명이 페이지 스크롤을 넘어가버려 각 라디오 버튼이 무엇을 의미하는지 기억해야 하는 어려움이 있다.

표에 나와 있는 이해, 발견, 결정과 관련된 문제는 개별적으로 고려되는 질문에 동일하게 적용될 수 있는 것들이고, 응답과 관련된 문제만이 그리드에 한정적인 문제점이라는 합리적인 주장을 할 수 있을 것이다. 그러나 실제로 발견하게 되는 사실은 그리드가 최악의 설문지 설계를 만들어내는 것 같다는 점이다. 충분한 주

목을 받지 못한, 너무나도 많은 질문을 모아놓은 쓰레기통이 될 수도 있다.

"하지만 모든 그리드가 그렇지는 않아요! 그것보다 나은 그리드를 본 적 있어요"라고 주장할 수도 있다. 맞는 말이다. 그렇지만 내가 보여준 예시만큼 형편없는 그리드를 굉장히 많이 보았고, 일부는 상태가 매우 심각했다. 사람들이 답변할 수 있는 괜찮은 그리드를 만드는 일이 불가능하다고 말하는 것은 아니지만 어려운 일임은 분명하므로 되도록이면 피하는 것이 좋다.

일부 그리드는 리커트 척도가 아니다

종종 설문지 설계자들이 리커트 항목처럼 잘 작용하는 것 같아 보이는 질문 몇 개를 만들어 그리드로 정리하는 경우가 있다. 각 질문에 대한 답변을 개별적으로 사용하여 다른 의사결정을 내리려는 계획이다. 이는 리커트 척도가 아닌, 그리드로 정리된 질문 세트다.

리커트 척도는 전반적인 점수를 제공한다

다른 경우에는 질문들이 하나의 특정 태도에 충분히 집중되어 답변을 종합해 해당 태도에 대한 전반적인 점수를 얻을 수 있다. 이렇게 하면 리커트 척도가 되는 것이다. 내가 생각하기에 리커트가 논문으로 남긴 가장 중요한 업적은 개별 응답 형식에 대한 모든 답변을 더해 점수를 내는 것이 그 이전의 척도 개발자들이 제안했던 보다 복잡한 방법(예를 들어 전체 척도에 대한 잠재적인 기여도를 각 문장마다 평가하기 위해 평가위원을 모집하는 것)만큼이나 효과가 좋다는 것을 입증했다는 점이다.

13가지 과제를 통해 리커트 척도를 구축하라

리커트 척도 구축에는 13가지 과제가 들어간다. 하나씩 설명하도록 하겠다. 전체 척도가 아닌 리커트 항목 한두 개 정도만 계획하고 있다면 7, 8번 과제로 바로 건너뛰어도 좋다.

후보 문장들로 리커트 척도를 시작하라

1번 과제: 50~100개 정도의 후보 문장을 수집하라.

리커트는 문장을 수집하기 위해 해당 주제에 대해 수행된 이전의 설문지를 찾아볼 것을 권고했다. 신문을 읽고 전문가들에게 자문을 요청하는 것도 언급했다. 이해관계자들과 회의를 하는 것도, 답변을 원하는 사람들이 가장 주목할 만한 문제를 알아내기 위해 인터뷰를 진행해보는 것도 생각해볼 수 있다.

후보 문장이 몇 개나 필요한가? 리커트는 정확한 숫자가 아닌, '적당한 수'가 필요하다고 말했다. 나는 최종 척도에서 10개 이하 문장을 목표로 하고 50~100개 정도 범위를 잡는다. (이를 하나의 최고핵심질문으로 추릴 수 있다면 더 좋다.)

이 시점에서는 문장의 자세한 표현을 걱정할 필요가 없다. 이후 과제에서 다루게 될 것이다.

리커트 척도를 사용하려면 하나의 주제를 선택하라

2번 과제: 후보 문장을 주제로 묶어라. 해당 척도에서 탐색하고자 하는 주제를 정하라. 다른 주제의 문장은 제외시키거나 다른 척도에 사용할 수 있도록 남겨두어라.

후보 문장을 수집했다면 마음속에 생각한 주제가 한 가지 있을 것이다. 모든 주제가 광범위하게는 해당 주제에 적합하더라도 그 안에서 변형이 생기는 경우가 많다. 그래서 한 주제가 여러 가지로 확장될 수 있다.

리커트 척도는 하나의 주제에 대한 태도를 측정한다. 결국 모든 문장은 반드시 하나의 주제에 대한 의견을 수집해야 한다. 문장들이 여러 가지 주제의 범위를 넘나든다면 하나의 척도에 모두 몰아넣어서는 안 된다.

이중으로 해석되는 문장은 나누어라

3번 과제: 이중 또는 여러 가지로 해석되는 문장은 나누어 하나의 의미를 가진 문장으로 만들거나 제외 시켜라.

리커트는 자신의 논문에서 '이중질문'을 언급했다. 1932년 이후 많은 것이 바뀌었지만 최근 스크린샷을 담은 나의 저장소에는 이중 또는 그보다 더 많은 갈래로 해석되는 리커트 문장이 많다. 예를 들어 [그림 H.8]에는 다음과 같은 문장이 있다.

'결제를 설정, 수정 또는 취소할 때(자동이체 또는 납부자동이체.)'

이 하나의 문장에 여섯 가지 요소가 들어가 있다. 두 가지 결제 유형(자동이체/납

	매우 용이	꽤 용이	어렵지도 용이하지도 않음	꽤 어려움	매우 어려움
귀하가 원하는 업무를 수행하기가 얼마나 용이했습니까? 혹은 어려웠습니까? 중요: 응답을 선택하기 전에 먼저 선택지를 신중하게 읽어주세요.					
결제를 설정, 수정 또는 취소할 때 (자동이체 또는 납부자자동이체)	5	4	3	2	1
현재 잔고 또는 거래 명세서를 조회하거나 다운로드할 때	5	4	3	2	1
현재 계좌로 결제 또는 이체할 때	5	4	3	2	1

[뒤로] [다음]

[그림 H.8] 다중 요소 문장이 있는 소규모 리커트 척도

부자자동이체)에 대한 세 가지 업무(설정/수정/취소)가 언급되었다.

문장이 의견임을 확인하라

4번 과제: 문장이 의견이 맞는지 확인하기 위해 검토하라. 문제가 있는 문장은 편집하거나 제외하라.

리커트 척도는 일반 상식 퀴즈가 아니다. 사실에 대한 문장이 아니라, 동의하거나 반대할 의견에 대한 문장이 필요하다. 리커트는 '해야 한다'라는 단어를 사용해 문장을 작성할 것을 권고했다. 예를 들어 다음과 같은 문장이 있다.

'상하이에서 범죄를 저지르는 미국인은 중국 판사의 재판을 받아야 한다.'

'해야 한다'는 식의 표현을 사용하는 것은 애매모호하기 때문에 권장하지 않는다. 다음 문장을 살펴보자.

'나는 금연해야 한다.'

첫 번째 문장의 경우, '해야 한다'가 중국 판사가 재판을 진행하는 것에 동의하는지에 대한 의견을 묻는다는 점에 동의하는가? 그리고 두 번째 문장의 경우, 흡연자가 정말 그러려는 의도 없이 "나는 금연해야 한다"라고 말하는 것을 들어본 적 있지 않은가? '해야 한다'는 맥락과 독자의 관점에 따라 의미가 달라질 수 있

는 애매모호란 표현이 되어버렸다.

이 시점에서 미래 행동에 대한 예측을 물어보는 것인지 확인하는 것도 좋다. 예측 곡선은 없다는 문제를 논의하며 3장에서 이어 대해 다루었다. 미래 행동에 대한 예측을 포함하는 것을 막을 수는 없지만 신뢰할 수 없는 정보로 악명이 높다는 것은 말해줄 수 있다.

익숙한 단어를 익숙한 방식으로 사용하는지 테스트하라

5번 과제: 정의된 집단 사람들 중 3~5명에게 해당 문장들이 명확한지 평가를 요청하라. 명확하지 않은 문장이 있다면 제외하거나 표현을 바꾸어 다시 테스트하라.

이 시점이던 하나의 태도에 대한 후보 의견 문장들을 수집했을 것이다. 이제 마지막 편집 간계는 답변하는 사람들에게 그 문장들이 말이 되는가를 확인하는 과정이다. 익숙한 단어를 익숙한 방식으로 사용해야 한다.

이를 위한 최선의 방법은 인지적 인터뷰를 하는 것이다. 다시 정리해서 설명하겠다. 정의된 집단에서 사람을 찾아라. 그 사람들에게 각 후보 문장이 무슨 의미인지 각자 자신의 표현으로 설명하게 하고, 어떤 문장이 명확하고 명확하지 않은지를 말해달라고 요청하라. 4번 과제를 통해 '해야 한다'라는 표현이 담긴 문장이 살아남았다면 사람들이 그 문장의 맥락에서 '해야 한다'의 의미를 어떻게 이해하고 있는지 특별히 신경 쓰도록 한다. 이 단계에서 사람들은 각 문장에 대해 동의하는지 여부까지 알려줄 것이다. 다양한 의견을 반영하는 문장을 원하기 때문에 이 또한 소중한 데이터다.

또 다른 방법은 이해관계자와의 회의를 통해 정의된 집단 사람들이 당신과 같은 방식으로 문장을 이해하는지 추측해보는 것이다. 나의 경험으로는 이 방법도 가능하긴 하지만 정의된 집단 사람 중 일부에게 물어보는 것보다는 시간이 많이 걸렸다.

'제외' 기준을 충분히 엄격하게 세웠다면 준비한 문장의 절반 이하 정도만 남았을 것이다. 이제 전반적인 시간을 절약해줄 수 있는 편집과 인터뷰 과정을 다시 한 번 수행할지, 이 모든 것을 가지고 다음 과제로 넘어갈지 결정하라.

문장이 10개 이상 남아 있는지 확인하라

6번 과제: 문장이 10개 이상 남아 있다면 몇 개 문장을 더 제외시켜라.

몇 차례의 편집 과정을 거쳤다면 '적당한 수'의 후보 문장 중 대부분을 제외했을 것이다. 이 시점에서 이상적으로는 답변하는 사람들이 당신과 같은 방식으로 이해할 것이 확실한 문장이 10개 이하로 줄어들었을 것이다. 아직도 10개 이상의 문장이 있다면 잘 살펴보고 일부를 제외할 수 있는지 여부를 확인하라.

문장이 긍정문인지 확인하라

7번 과제: 부정문으로 표현된 문장이 있는지 살펴본 뒤 각각을 긍정문으로 바꾸거나 제외시켜라.

'직선법'은 답변하는 사람이 설문지가 지루해져 모든 문장에 같은 답변을 선택하기 시작할 때 발생한다. 일부 시장조사자들은 이를 방지하기 위해 어떤 문장은 긍정문으로 작성해 '강력하게 동의한다'가 긍정의 의미가 되고, 어떤 문장은 부정문으로 작성해 '강력하게 동의한다'가 부정의 의미가 되도록 만들라고 한다.

예를 들어, 사용자 경험 전문가들이 사용하는 가장 인기 있는 리커트 척도 중 하나는 SUS(시스템 사용성 척도)이며, 이는 다음과 같이 2개의 문장으로 시작한다.

'이 시스템을 자주 사용할 것 같다.'

'시스템이 불필요하게 복잡하다고 생각한다.'

내가 SUS를 사용했을 때 사람들이 2번 문장에서 '머리를 다르게 굴려야 하는 것' 때문에 힘들어한다는 것을 발견했다. 그리고 전반적으로 부정의 표현이 들어간 문장은 긍정문보다 이해하기 어렵다.

응답 포인트 수를 선택하라

8번 과제: 응답 포인트 수를 선택하라(5개가 적합하다).

이미 확인했듯 리커트는 3개 포인트와 5개 포인트 리커트 항목을 사용했다. NPS는 11개 포인트(0~10) 형식을 사용한다. [그림 H.9]의 흐름표는 내가 포인트 개수를 선택할 때 사용하는 방법의 요약본이다.

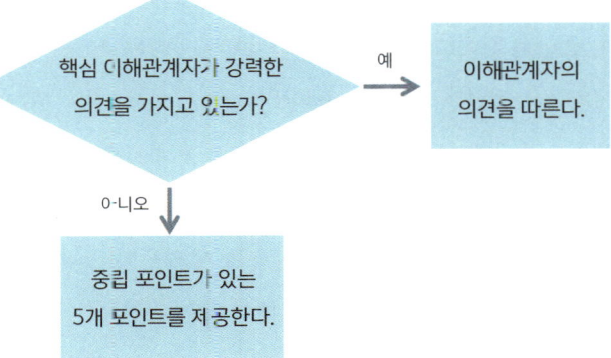

[그림 H.9] 응답 포인트 개수를 결정하기 위한 흐름표

    많은 설문지를 테스트하면서 답변하는 사람들은 제공되는 응답 포인트 개수에 거의 신경 쓰지 않는다는 사실을 알게 되었다. 그들은 문장과 해당 문장에 대한 자신의 관점에 더우 집중했다. 이것이 바로 핵심 이해관계자의 의견에 대한, 흐름표에서의 질문을 뒷받침해주는 근거다. 응답 형식의 포인트를 몇 개로 하는지는 답변하는 사람들에게 그다지 많은 영향을 미치지 않으므로 이해관계자를 만족시키는 편이 낫다.

    선택은 당신의 몫이지만 포인트는 홀수로 하는 것을 제안한다. 5개가 가장 많이 사용되지만 3개와 7개도 괜찮다. 홀수는 답변하는 사람 중 정말로 중립인 사람들과 다음과 같은 경우처럼 어느 특정한 답변 선택지에도 명확하게 떨어지지 않는 사람들에게 중간 지점을 제공해준다.

- 모르겠음
- 어떤 경우에는 이 의견인데, 다른 경우에는 다른 의견임
- 질문을 이해하지 못함
- 해당 사항 없음
- 답변을 원하지 않음
- 해당 주지에 대해 본인이 의견을 낼 수 없음(이 경우는 영국인에게 한정될 수 있다.)

리커트 항목의 절대적인 모든 부분에 있어 그렇듯, 각기 다른 의견이 있다. '모

르겠음' 또는 '해당 사항 없음' 선택지를 추가해 해당 질문이 선택 사항이며, 만약 어떤 이가 답변을 하지 않기를 원한다면 그냥 건너뛰면 되도록 진정으로 중립적인 중간 포인트를 가져가는 시도를 해볼 수 있다는 관점이 분명히 있다. 어떤 방식이든 끌리는 조합을 시도해보라. 12번 과제에서 척도를 테스트해보면 원하는 방식이 잘 작용하는지 알게 될 것이다.

답변하는 사람들이 응답 포인트 개수에 크게 신경 쓰지 않는다는 나의 주장이 설득력이 없어 보이는가? 그렇다면 독일 뮌스터 대학병원 피부과의 한 연구팀에서 발표한 논문을 살펴보자. 그들은 '소양증 중증도(일상 용어로 표현하자면 '가려움으로 인한 통증')'를 평가해야 했고, [그림 H.10]과 같이 세 가지 응답 테스트했다. 시각 아날로그visual Analog, 해당 연구진들이 '구두 평가 척도Verbal Rating Scale'라 부르는 4개 포인트 형식, 0부터 10까지의 형식이 바로 그것이다. 환자들(대부분 노인)은 익숙하지 않은 시각 아날로그 사용을 좀 더 어려워하긴 했으나 응답 포인트가 그다지 중요하지 않다는 사실이 발견되었다.

한 가지 예시로 충분하지 않다면 자유롭게 여러 문헌을 확인해보기 바란다. 나는 존 A. 크로스닉Jon A. Krosnick과 스탠리 프레서Stanley Presser의 논문을 추천한다. 그들은 리커트 항목 설계를 주제로 80개 이상의 논문을 인용했다.

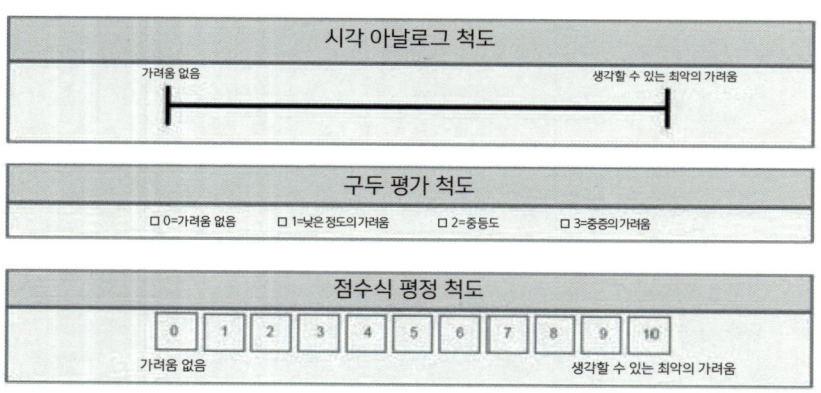

[그림 H.10] 세 가지 응답 형식

리커트 항목 점수측정 방법을 결정하라

9번 과제: 리커트 항목 점수 측정 방법을 찾아라. 누군가에게 결과를 제공할 계획이라면 그들이 당신이 선택한 방법이 적절하다고 생각하는지 확인하라.

응답 포인트 개수를 정했다면(5개를 골랐다고 가정해겠다), 이제 점수 측정 방법을 정해야 한다. 그렇다. 설문지를 만들기 전에 먼저 해야 하는 일이다. 어느 정도 응답을 얻을 때까지 기다리는 것은 부정행위다. (그리고 피하고 싶은 회의에서 열띤 논의를 벌여야 할 수도 있는 가능성을 제공한다.)

리커트는 항목 내에서 점수를 할당하는 두 가지 방법을 사용했다. [그림 H.11]을 통해 5개 포인트 형식을 살펴보자.

---

24. 아 국주의를 장려하기 위해 군사훈련과 해군연습을 보여주는
    영상을 전시해야 한다.

강력하게 동의한다.	동의한다.	잘 모르겠다.	반대한다.	강력하게 반대한다.
(1)	(2)	(3)	(4)	(5)

[그림 H.11] '제국주의'에 대한 리커트 척도의 24번 문장. '강력하게 동의한다'가 1점, '강력하게 반대한다'가 5점이다.

한 가지 더 이야기하자면, 나는 '해야 한다'를 쓰지 않고 이 문장을 다시 작성해보기로 했다. 새로운 버전은 다음과 같다.

'군사훈련과 해군연습 영상을 보는 것은 사람들로 하여금 더 애국심을 가지게 한다.'

당신은 더 나은 버전을 생각할 수도 있을 것이다. 이것이 바로 질문 작성의 묘미다.

리커트는 점수 측정에 있어 간단한 수치 방법을 사용할 수 있음을 보여주었다. 5개 포인트 항목에 대해서는 '강력하게 동의한다'를 1점으로, '강력하게 반대한다'를 5점으로 매겼다. 1932년에 사용된 종이 설문지에서 데이터를 수집하는 사람의 편의를 위해 각 응답 아래에 점수를 적어 놓은 것이 보일 것이다.

또한 리커트는 [그림 H.12]처럼 3개 포인트 항목에 4점, 3점, 2점을 할당한 이유를 논문을 통해 설명했다.

4장. 설문지: 설문지를 만들고 테스트하라

1. 미국의 국제연맹 조기 가입에 찬성하십니까?		
예.	?	아니오.
(4)	(3)	(2)

[그림 H.12] 세 가지 선택지가 있는 리커트 항목

7번 과제에서 설명했음에도 불구하고 부정문이 일부 남았다면 점수 체계를 반대로 해야 한다. SUS의 첫 번째 문장 2개를 다시 한 번 살펴보겠다.

1. 이 시스템을 자주 사용할 것 같다.
2. 시스템이 불필요하게 복잡하다고 생각한다.

1번 문장에서는 '강력하게 동의한다'가 5점, '동의한다'가 4점, '보통'이 3점, '반대한다'가 2점, '강력하게 반대한다'가 1점이다. 하지만 2번 문장에서는 '강력하게 동의한다'가 1점, '동의한다'가 2점, '보통'은 동일하게 3점, '반대한다'가 4점, '강력하게 반대한다'가 5점이다.

응답 형식에 대한 다른 여러 가지 점수 측정 방법이 있다. 다음은 많이 사용되는 점수 측정 방법들이다.

톱 박스: 강력하게 동의한다. 1
동의한다. 1
모르겠다. 0
반대한다. 0
강력하게 반대한다. 0

동의하는 정도에 약간의 편차가 있는 경우가 많음을 고려하여 시장조사에서 광범위하게 사용되는 방법이다. 그리고 일부 사람은 '강력하게 동의한다' 선택지를 고르는 것을 그냥 좋아하지 않는다.

퍼센트: 다음과 같은 가중치를 사용한다.
강력하게 동의한다. 100%

동의한다. 75%
모르겠다. 50%
반대한다. 25%
강력하게 반대한다. 0%

리커트 척도와 비슷하나, 0에서 시작한다는 점에서 선호하는 이들이 있다.

NPS: (0에서 10까지의 척도가 필요하다.)
9점 또는 10점을 '추천고객'으로 분류
0~6점을 '비추천고객'으로 분류
전체 점수는 '추천고객 퍼센트-비추천고객 퍼센트'다. (스포트라이트 B에서 다룬 내용이다.)

NPS와 기타 여러 가지를 포함하여 점수 측정 방법을 뒷받침하는 학술 논문을 찾을 수 있다. 개인적으로 가장 좋아하는 한 가지를 더 소개하겠다.

원본: 각 선택지를 고른 사람들의 수를 보고하거나 (동일하게) 답변하는 사람들 중 각 선택지를 고른 사람의 퍼센트를 보고하라. 응답을 점수로 집계하지 말라. 리커트 항목으로 제시된 질문에 대해 보고할 때 항상 이 방법을 쓰긴 하지만 리커트 척도에서는 응답을 점수로 집계하는 것이 목적이기 때문에 사용할 수 없다.

몇 년 전 나는 학계에서 존중되는 방식을 자체적으로 찾고 있었다. 그러던 중 이탈리아 볼차노에서 열리는 인터넷 설문조사 방법론 워크숍에 초대되는 행운을 얻었다. 워크숍에는 최고 설문조사 전문가들이 모두 참석했고, 나는 그들에게 궁금했던 것을 물어보았다.

전문가들의 메시지는 다음과 같았다(내가 다른 말로 바꾸어 표현했다).

"그다지 크게 중요하지 않습니다. 하나를 선택해서 고수하세요."

전문가들은 답변하는 사람들에게 모든 평가 질문이 어려운 일이라는 점도 지적했다. 이 부분에 대해서는 잠시 후에 다루도록 하겠다.

설문조사 작업을 진행하는 동안 적합한 시기에 참가할 만한 설문조사 방법론 워크숍이 없다면, 채점 방법에 대해 동의를 얻을 수 있는 몇 가지 방법이 있다.

1. 상사의 의견을 따르라.
2. 통계학자를 찾아 그들이 말하는 대로 하라.
3. 리커트 척도와 통계에 대한 문헌 선집을 읽고 결정한 다음 해당 선택을 뒷받침하는 글을 작성하라.
4. 내가 가장 많이 사용하는 접근 방식은 이해관계자들과의 워크숍이다.
   - [그림 H.13]에 있는 슬라이드의 데이터를 이해관계자들에게 제공한다.
   - 각 사람이 스스로 답변을 계산하게 한다(여러 워크숍에서 최소 일곱 가지 다른 답변이 나왔다).
   - 그런 다음 모두가 점수와 계산법을 공개한다.
   - 가장 좋은 방법이 무엇인지 논의한다.

'좋아한다/싫어한다' 질문에서 다음과 같은 응답이 나왔다.

매우 싫어한다.	2
싫어한다.	6
싫어하지도, 좋아하지도 않는다.	14
좋아한다.	31
매우 좋아한다.	13
총 응답 수	66

'좋아하는' 응답자 퍼센트를 계산해주세요.

[그림 H.13] 응답 계산법을 평가하는 워크숍에서의 데이터 예시와 지시 사항

리커트 척도에 대해 어떻게 점수를 만들지 결정하라

10번 과제: 개별 항목 점수를 통해 리커트 척도에 대한 전체 점수를 어떻게 계산할지 결정하라.

이제 개별 항목 점수가 있으니 이를 종합하여 척도에 대한 하나의 전체 점수를 계산할 차례다. 리커트는 특히 이전 아이디어들에 대해 다루었기 때문에 이 방법에 대한 다양한 통계적 방안을 묘사했다. 그는 단순히 개별 점수를 모두 합하는 방법이 이전에 나온 보다 복잡한 두 가지 접근 방식만큼이나 효과가 좋다는 것을 입증했다. 예를 들어, 이전에 나온 방법 중 하나인 L. L.서스턴L. L.

Thuston이 만든 접근 방식은 개별 항목이 전체 점수에 얼마나 기여해야 하는지를 심사위원들이 평가하는 과정이 포함되었다.

다시 SUS를 살펴보면 전체적으로 10개 문장이 있다. 모든 부정문에 대해 점수 체계를 바꾸면 각각 1~5점이 있는 문장 10개가 생긴다. 단순히 모든 숫자를 더하면 최악의 점수는 10점, 최고 점수는 50점이다. 하지만 이해관계자들은 0에서 100까지 범위의 점수를 좋아하기 때문에 마지막 단계는 총점수에서 10을 빼고 2.5를 곱하는 것이다.

평가 응답이 적절한지 생각해보라

11번 과제 각 문장을 직접적인 질문으로 바꿔보라. 직접적인 질문으로 물어볼지, 다시 문장으로 돌려놓을지, 제외시킬지 결정하라.

1번 과제는 리커트 척도가 적절한지 확인하는 것이었다. 이제 어떤 종류의 평가 응답이 적절한지 확인해보자.

볼차노의 워크숍은 답변하는 사람들에게 평가 질문이 꽤 힘든 일이라는 사실을 다시 한 번 상기시켜주었다. 응답자들은 다음 사항을 수행해야 한다.

- 무엇에 대해 질문하는지 알기 위해 문장 이해하기
- 주요 답변을 생성하여 자신의 의견 찾기
- 자신의 답변이 문장과 어떻게 비교되는지 결정하기
- 응답값이 제대로 되었는지 확인하기: "1점이 좋은 거였나, 싫은 거였나? 기억이 안 나네."
- 설문지에서 적절한 응답을 선택해 해당 질문을 마치고 다른 모든 문장에 대해 동일한 작업 반복하기

워크숍에 참석한 한 교수에게 내가 고군분투하고 있는 문장들을 그라면 어떻게 하겠느냐고 물었다. 그는 단호하게 말했다.

"저라면 직접적인 질문으로 바꾸겠어요."

[그림 H.14]를 보자. 만족도에 대한 다섯 가지 응답과 '해당 사항 없음'을 의미하는 'N/A' 응답이 있다.

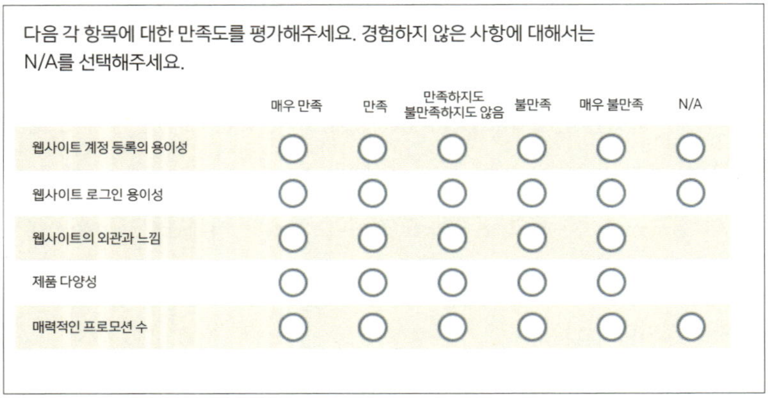

	매우 만족	만족	만족하지도 불만족하지도 않음	불만족	매우 불만족	N/A
웹사이트 계정 등록의 용이성	○	○	○	○	○	○
웹사이트 로그인 용이성	○	○	○	○	○	○
웹사이트의 외관과 느낌	○	○	○	○	○	○
제품 다양성	○	○	○	○	○	○
매력적인 프로모션 수	○	○	○	○	○	○

다음 각 항목에 대한 만족도를 평가해주세요. 경험하지 않은 사항에 대해서는 N/A를 선택해주세요.

[그림 H.14] 웹사이트 만족도에 대한 리커트 척도의 일부 문장

동일한 직접적인 질문에 대한 나의 제안 사항은 다음과 같다.

> 당사의 웹사이트에서 계정 등록을 하셨습니까?
> (　) 예, 등록 과정이 용이했습니다.
> (　) 예, 그러나 등록 과정이 어려웠습니다.
> (　) 아니오.
> (　) 기억나지 않습니다/답변을 원하지 않습니다.

모든 문장을 직접적인 질문으로 만들면 모든 질문에 맞추려고 하는 전반적인 질문 대신, 정확한 질문에 맞춰진 응답 선택지를 제공할 수 있다.

리커트 척도를 테스트해보라

이제 과제 중 가장 중요한 부분을 위한 준비가 되었다. 어떤 경우에도 다음 과제를 건너뛰어서는 안 된다.

12번 과제: 정의된 집단 사람들을 대상으로 척도를 테스트해보라. 그런 다음 테스트를 통해 발견한 사실을 기반으로 다시 반복하라.

예외 사항 없이 반드시 해야 한다. 사람들이 너무 많은 긍정문으로 인해 지루함을 느끼는지 여부도 알아볼 수 있다. 만약 그렇다면 문장의 수를 줄이고 다시 부정문으로 바꿀지 여부를 결정해야 한다.

리커트 척도에 통계를 적용하라

13번 과제: 해당 척도를 한 번 이상 사용할 계획이라면 정의된 집단에서 최소 100명을 모아 척도에 답변하게 하고, 통계 테스트를 시행하여 해당 척도가 검사/재검사 신뢰도가 있는지 확인하라.

이 시점이면 정의된 집단 사람들이 이해하고 답변할 수 있는 여러 개의 문장이 준비되어 있을 것이다. 또한 척도가 최고핵심질문에 적용되고 가장 주목할 만한 문제를 반영하고 있다는 것도 알 수 있다. 척도가 유효한지 확인하는 과정에 있는 것이다.

척도를 한 번만 사용하고자 한다면 얻게 되는 답변이 의사결정에 도움이 될지를 생각해보라. 도움이 된다면, 준비 완료다.

척도를 반복적으로 사용하고자 한다면(비교 설문조사의 경우 그럴 확률이 높다) '재현성'이라고도 알려져 있는 '검사/재검사 신뢰도'를 살펴볼 차례다. 검사/재검사 신뢰도는 한 사람이 동일한 척도를 두 번의 다른 상황에서 완성하고 둘 사이에 다른 변경 사항이 없다면 결과는 동일하다고 말한다.

예를 들어, 당신의 리커트 항목이 사람들이 당신의 웹사이트를 좋아하는지 여부를 측정하는 것을 목표로 하고 있다고 가정해보자. 한 집단 사람들을 오전에 답변하게 하고, 오후에 다시 답변하게 한다면(그 사이에 웹사이트에 대한 변경 사항은 없다) 매번 같은 결과를 제공할 것을 기대할 것이다.

리커트 척도를 신뢰할 수 있으면 시간이 지남에 따라 신뢰를 가지고 측정하는 데 사용할 수 있다. 점수 차이가 답변 과정 자체의 변동성 때문이 아니라 실제 태도 변화로 인해 생긴다는 사실을 알기 때문이다.

검사/재검사 신뢰도를 보장하기 위해 정의된 집단에서 최소 100명을 대상으로 척도에 답변하게 하고, 다음과 같은 테스트를 수행해야 한다.

- **요인 분석**: 해당 통계 과정은 척도가 정말로 동일한 것에 대한 다양한 측면을 다루는 것인지, 아니면 두세 가지 다른 주제를 숨기고 있는지 알 수 있게 도와준다.
- **크론바하알파계수** Cronbach's alpha: 이 과정은 척도 포인트 내 항목들이 동

일하게 일반적인 방향으로 가고 있는지 여부를 알려준다. 모든 항목이 긍정문으로 되어 있다면, 답변자는 전반적으로 해당 항목에 긍정적인 답변을 제공할 것이라 예상할 수 있다. 높은 크론바하알파계수가 이 사실을 확인해준다.

축하합니다-리커트 척도가 완성되었습니다

양질의 리커트 척도를 만드는 것은 상당한 노력이 드는 일이며, 리커트 항목과 양질의 단일 질문을 만드는 것조차도 어려움이 따른다는 것을 확인했다. 내가 이 과제들에 대해 과장한다고 생각하는가? 그렇지 않다는 것을 확인할 수 있다. [그림 H.15]는 고관절 치환술 후 어떻게 적응하고 있는지 평가하기 위해 나의 정형외과 의사가 5년마다 작성할 것을 요청하는 설문지다. 리커트 척도이며, 걷기와 옷 입기 같은 일상생활에 대한 항목이 포함되어 있다. 일반적인 의학 관련 설문지가 이 모든 단계를 거친다는 것은 그렇게 놀라운 일이 아닐 것이다.

지금까지 이야기한 13가지 과제를 모두 수행하도록 강요할 수는 없다. 내가 할 수 있는 것은 리커트 척도에서 유효하고 신뢰할 수 있는 데이터를 원한다면 이런 정도의 노력을 들여야 한다고 말해주는 것뿐이다.

양말, 스타킹, 레깅스를 입을 수 있나요?

◯ 네, 쉽게 입을 수 있습니다.

◯ 약간 어렵지만 할 수 있습니다.

◯ 중간 정도의 어려움이 있습니다.

◯ 매우 어렵습니다.

◯ 아니오, 불가능합니다.

[그림 H.15] 옥스포드 고관절 의학 평가 설문지에서의 질문

마지막 한마디: 순위 질문을 피하라

당신이 접하게 될 수도 있는 유형의 질문이 있다. [그림 H.16]과 같이 선호도 순서대로 선택지에 숫자를 매기도록 요청하는 '순위 질문'이다. 순위 질문은 평가 질문보다 사람들이 답변하기가 훨씬 더 어렵다. 순위 질문의 과정은 다음 사항을 포함한다.

- 항목을 평가하기 위해 목록 살펴보기
- 각 항목을 다른 모든 항목과 비교하여 어떻게 순위를 매길지 결정하기
- 익숙하지 않은 경우가 많은 인터랙션을 통해 목록 조정하기
- 응답자가 의견을 가지고 있는지 여부와 관계없이 모든 항목에 순위가 매겨져야 하는 의무 사항을 충족하기 위해 목록 검토하기

[그림 H.16]의 예시 질문을 받았을 때 이 전문협회의 내용에 전혀 관심이 없었고, 이를 어떻게 표현할 수 있을지 정확히 알지 못해 조금 당황스러웠다.

순위 질문은 점수 측정에도 어려움이 있다. 순위에 대한 통계검정은 평가 질문에 대한 것과는 다르다. 목록의 두 항목이 어떻게 다른지도 모른다. 1위, 2위로 선정된 항목은 굉장히 비슷할 수도, 굉장히 다를 수도 있다.

순위 질문을 생각하고 있다면 평가 질문을 사용한 다음 평균 평가 결과를 살펴보는 것을 고려하라. 항목에 대한 평가가 답변하는 사람들에게 보다 쉬울 것이며, 결국에는 항목에 대한 전반전인 순위도 알게 될 것이다. 평균 평가 점수를 비교하여 각 항목의 차이 정도도 알게 될 것이다.

그러나 답변하는 사람들이 꼭 순위를 제공해야 하는 경우라면(예를 들어, 응답자들의 우선순위를 알아야 하는 경우) 평소보다 신중하게 질문을 테스트하고, 결과를 얻기 전에 수용할 수 있는 수준의 점수 측정 방법을 결정해야 한다.

4장. 설문지: 설문지를 만들고 테스트하라

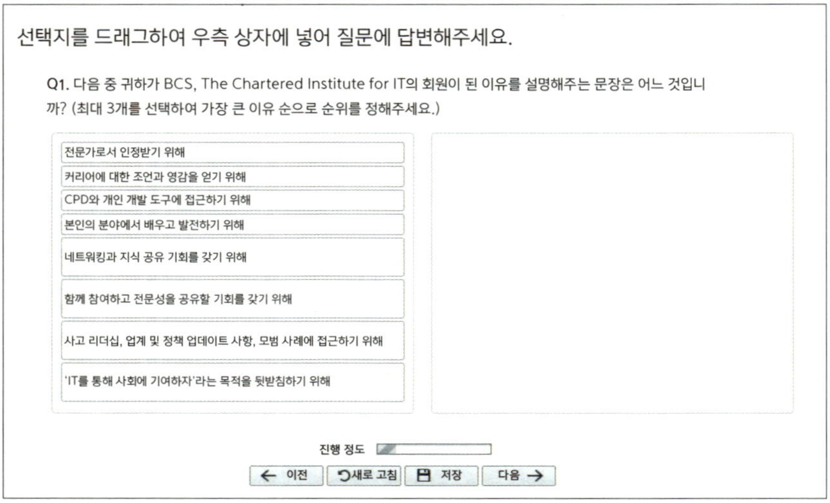

선택지를 드래그하여 우측 상자에 넣어 질문에 답변해주세요.

Q1. 다음 중 귀하가 BCS, The Chartered Institute for IT의 회원이 된 이유를 설명해주는 문장은 어느 것입니까? (최대 3개를 선택하여 가장 큰 이유 순으로 순위를 정해주세요.)

- 전문가로서 인정받기 위해
- 커리어에 대한 조언과 영감을 얻기 위해
- CPD와 개인 개발 도구에 접근하기 위해
- 본인의 분야에서 배우고 발전하기 위해
- 네트워킹과 지식 공유 기회를 갖기 위해
- 함께 참여하고 전문성을 공유할 기회를 갖기 위해
- 사고 리더십, 업계 및 정책 업데이트 사항, 모범 사례에 접근하기 위해
- 'IT를 통해 사회에 기여하자'라는 목적을 뒷받침하기 위해

진행 정도

← 이전　↻새로 고침　💾 저장　다음 →

[그림 H.16] 전문협회의 순위 질문

5장. 현장 업무

사람들이 응답하게 하라

이 시점이면 설문지가 준비되었을 것이다. 5장에서는 설문을 시작하기 위해 준비해야 할 몇 가지 단계를 거치고 드디어 현장 업무에 들어갈 것이다. 답변을 원하는 사람들에게 설문지를 선보이고, 그들이 설문조사를 수행하며 제공하는 응답을 지켜보고, 지금까지의 수고에 대한 결실을 누리기 시작하는 설레는 단계다.

초청장, 감사카드, 후속 조사에 대해 결정하라

초청장은 설문지를 소개하고, 사람들이 답변하면 얻게 되는 보상에 대해 알려주고(꼭 금전적인 보상이 아니어도 된다), 개인정보 정책을 설명해주거나 링크로 연결해주는 역할을 한다.

웹 설문지로 이어지는 이메일 초청장의 경우, 이는 다른 문제로 보고 설문지만큼이나 많은 주의를 기울여야 한다. 다른 유형의 설문지의 경우, 이미 설문지의 일부로 초청장을 설계해놓았을 수도 있다.

대부분 설문지 마지막에 나오는 감사카드에도 어느 정도 신경을 쓰고, 후속 조사를 진행할지 여부를 결정해야 한다.

설문조사에 대한 적절한 보상을 선택하라

2장에서 사람들이 왜 설문조사에 응답하기로 선택하는지에 대해 알아보았다. 잠시 다시 언급하자면, 인센티브를 주는 것은 응답을 장려하는 데 도움이 되지만 인지되는 보상이 인지되는 노력과 균형을 이룰 때에만 그러하다.

최고의 인센티브는 보장이 되고 즉각적으로 제공되는 것이다. 예를 들어 샌프란시스코 여행청에서는 설문조사를 완료하면 유명 케이블카 무료 이용권을 인센티브로 제공했다. 나는 설문조사에 참여하기 위해 기꺼이 줄에 합류했다.

제공하는 '보상'이 도움이 된다는 느낌이라면('귀하의 의견을 공유하여 도움을 주세요'), 단순히 동의하는 정도를 평가하는 질문만 나열하는 것이 아니라 적어도 하나의 질문(선택 사항)은 어떤 의견이든 공유할 수 있는 공간이 있는 열린 질문으로 만드는 것이 좋다.

사람들이 주제에 관심이 있어 답변하는 것이라면 보고서를 받을 수 있는 기회를 제공하는 것이 적절한 보상이 될 수 있다. 어떤 경우에는 이전 설문조사 결과로 이어지는 링크를 제공하는 것만으로도 응답률을 개선하는 데 충분하다.

응답률을 조사해보면 적절한 보상을 선택했는지 알게 될 것이다. 이것이 바로 시범 테스트를 해야 하는 여러 가지 이유 중 하나다. 보상이 적절하게 설정되었는지 확인하기 위함이다.

일부 응답자는 익명을 원하지 않는다

[그림 5.1]은 2017년 카디르 닐슨Kadir Nelson이 헨리에타 랙스Henrietta Lacks의 공로를 기리기 위해 상상에 기반해 그린 초상화다.

[그림 5.1] 헨리에타 랙스의 초상화

출처: www.smithsonianmag.com/smithsonian-institution/famed-immortal-cells-henrietta-lacks-immortalized-portraiture-180969085/

헨리에타는 1951년에 암으로 사망했으나 그녀의 세포(헬라 세포)는 의학연구에 굉장히 적합한 것으로 나타났다. 헬라 세포는 헨리에타의 기여에 대한 아무 인정도 없이, 그녀의 가족에게 알리지도 않은 채 수십 년간 사용되었다.

헨리에타의 이야기는 동의, 익명성, 기밀성에 대한 윤리적인 질문을 던지게 한다. '스포트라이트 E: 개인정보'에서 논의했듯 익명성과 기밀성에 대한 선택은 반드시 신중을 기해야 한다.

- **익명성:** 응답을 제공한 개인의 신원을 밝히지 않는다.
- **기밀성:** 응답자가 동의한 사람만 응답을 볼 수 있다.

답변하는 사람들이 자신의 기여를 인정받는 기회를 환영할지 여부도 곰곰이 생각해보아야 한다. 예를 들어, 나는 영국 대학교 학생들을 대상으로 설문조사 작업을 한 적이 있다. 이전 조사를 통해 대부분의 학생이 학교를 좋아한다는 사실을 알고 있었다. 학생들에게 익명성과 기밀성을 선택할 수 있게 하자, 3분의 1 미만이 기밀성과 익명성 모두를 선택했다(표 5.1 참조).

[표 5.1] 대학생들의 기밀성과 익명성 선택 비중

기밀성과 익명성	제공한 선택지	%
기밀성과 익명성 없음	'인용되기를 원합니다. 제 이름을 언급해주세요.'	26%
기밀성 없음, 익명성 보장	'인용되는 것은 좋지만 익명으로 해주세요.'	42%
기밀성과 익명성 보장	상기 선택지에 대해 해당 사항 없음	31%

조세당국의 유사한 작업을 비교해보자. 납세자들은 익명성과 기밀성이 완전히 보장된다는 것을 확인받기 전까지는 설문조사에 참여하는 것을 굉장히 꺼렸다.

후속 조사를 제공할지 여부를 결정하라

어떤 사람들은 개인적인 응답을 원해 익명이기를 거부한다. 다른 방식으로는 문제를 제기할 수 없었기 때문에 이 기회로 도움을 받거나 단지 개인적인 방식으로 표출하고자 하는 것일 수도 있다.

사람들에게 구체적으로 그 어떤 개인정보도 제공하지 않아도 되며 모든 기여 사항은 익명성과 기밀성이 보장된다고 말해도 사람들은 개인정보를 입력할 수도 있다.

다음과 같은 선택 사항이 있다.

- 데이터세트에서 개인정보를 삭제하고 건드리지 않는다. 이렇게 하면 익명성 문제는 해결되나 정보를 제공한 사람을 언짢게 할 수도 있다.
- 데이터세트에서 개인정보를 추출하여 일반적으로 연락처를 다루는 프로세스에 넣는다. 이렇게 하면 개인정보를 제공한 사람에게는 도움이 되지만 개인정보 정책과 기밀성 보장에 대한 영향을 생각하면 머리가 아플 수 있다.
- 당신 또는 당신의 기관에서 보다 적절하다고 생각하는 다른 방법을 사용한다.

리마인더(상기시켜주는 알림)를 보낼 것인지 여부를 결정하라

리마인더는 응답률을 증가시킬 수 있다. 대규모 설문조사의 일반적인 모범 사례는 다음과 같다.

- 적절한 기간 후(보통은 1~2주 후)에 리마인더를 제공하라.
- 두 번째로 보낼 때는 다른 방법으로 제공하라. 즉, 원래 초청장이 웹 설문조사였다면 리마인더는 종이 설문지처럼 다른 방식으로 제공하는 것이다(우편 정보가 있다는 것을 가정했을 때).
- 적절한 기간 후에 다시 시도해보라. 이상적으로는 또 다른 방식으로 시도하는 것이 좋다. 또 다른 종이 설문지를 보낼 수 있는 엽서 같은 것도 좋다.

이 방법이 간단 설문조사에도 통할까? 그렇지 않을 것이다. 너무 지나친 것 같다. 어떤 사람은 답변하지 않는다는 사실을 받아들이고 넘어가라.

설문지를 돌려받기 쉽게 만들어라

웹 설문조사를 한다면 링크가 작동하는지, 응답자가 답변을 마치면 설문지 데이터가 제대로 전송되는지 확인하라.

이메일 설문조사를 한다면 이메일 주소가 작동하는지, 이메일 설문지를 받는 수신함에 공간이 충분한지 확인하라. 사용자와 당신 메일함의 공간을 잡아먹을 화려한 그래픽이나 이미지는 피하라.

우편 설문조사를 한다면 우편 요금을 미리 지불한, 주소가 적힌 봉투를 넣고 봉투가 잘못 전달되는 경우를 대비하여 설문지 마지막에 주소를 입력하라.

주변에서 볼 수 있는 설문조사를 한다면 설문지 마지막에 주소를 넣어라(웹 링크도 있으면 좋다). 우편 요금을 선불로 지급할 수 있는지도 생각해보라. 어떤 사람들은 일단 가져가서 나중에 작성할 것이다. 많진 않겠지만 기대를 가져볼 수는 있다.

대면 설문조사를 한다면 누가 답변을 입력할 것인지, 종이 응답은 어떻게 저장할 것인지 확실히 결정하라.

양질의 초청장을 만들라

초청장은 설문지만큼이나 중요하다. 2장에서 언급한 인지된 노력/보상/신뢰 삼각형을 떠올려보자.

신뢰가 느껴지도록 만들어라

[그림 5.2]는 내가 가장 좋아하는 설문조사 초청장 중 하나다. 워크숍 참가자들에게 보여주면 대부분은 스팸이라고 비난한다. 저급한 클립아트와 읽을 수 없는 텍스트가 선택지에 영향을 미치는 것처럼 보인다. (스팸이 아닌 실제 초청장이다.)

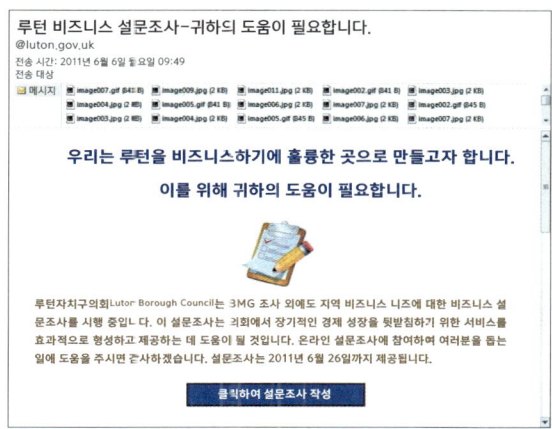

[그림 5.2] 설문조사 초청장

이미지 없이 초청장을 테스트해보라. [그림 5.3]은 프린터 제조업체 엡손Epson 의 설문조사 초청장이다.

[그림 5.3] 이미지가 없는 엡손의 설문조사 초청장

[그림 5.4] 이미지가 포함된 엡손의 설문조사 초청장

이 책을 위해 설문조사를 수집하고 있지 않았다면 '이미지 없음'이라는 빈 화면이 뜬 것을 보고 바로 이메일을 삭제했을 것이다. 그때는 어쩔 수 없었기에 이미지를 클릭했는데 [그림 5.4]와 같이 뜨는 것을 보고 소리 내어 웃었다. 솔직한 피드백을 중시하는 기업이 아니라 5점 리뷰를 달라고 재촉하는 기업 같아 보였다. 설문조사에 대한 모든 신뢰가 떨어져 답변을 거부했다. 더 놀라운 것은 몇 년 뒤 프린터를 교체했을 때 모델명과 새 프린터 사진 외에는 달라진 것이 없는 초청장을 받았다는 사실이다.

신뢰를 구축하기 위해 수행해야 할 사항

- 당신이 누구인지 밝혀라.
- 왜 특정 인물에게 연락했는지 이유를 밝혀라.
- 연락처 정보를 넣어 연락을 취할 수 있는 실제 사람이 이 설문조사를 담당하고 있다는 사실을 보여주어라.

인지되는 보상을 늘리기 위해 수행해야 할 사항

- 설문조사의 목적을 설명하라.
- 왜 특정 인물의 응답이 그 목적에 도움이 되는지 설명하라.
- 인센티브가 있다면 제공하라.

응답자가 들어가는 노력을 추정할 수 있도록 돕는 방법

- 설문조사 주제를 보여주어라.
- 설문조사 마감일을 밝혀라.
- 설문조사 소요 시간을 말하지 말라(테스트해보고 이에 대한 답에 확신이 서지 않는 한).
- 질문이 몇 개인지 밝혀라(가능하다면. 대규모 설문조사에는 건너뛰는 패턴이 많아 까다로울 수 있다).

피해야 할 실수

- 초청일 전에 마감일이 도래하는 경우
- 설문지로 이어지는 링크가 작동하지 않는 경우
- 온전하지 못한 데이터베이스로 맞춤형 초청장을 만들어 일부에게 '#이름입력 님께' 또는 '안녕하세요 _____씨!'와 같이 뜨는 경우
- 일반 텍스트로 표시될 때 꺼진 상태로 디스플레이되지 않는 이미지에 의존하는 경우

짧게 만들어라

초청장에 포함해야 할 사항에 대해 200자 넘게 설명했다. 이제 안 좋은 소식을 전해야 할 시간이다. 초청장의 최대 길이는 200자다. 이보다 짧으면 더 좋다. [그림 5.5]는 업무 관리 애플리케이션 트렐로Trello의 설문조사 초청장이다.

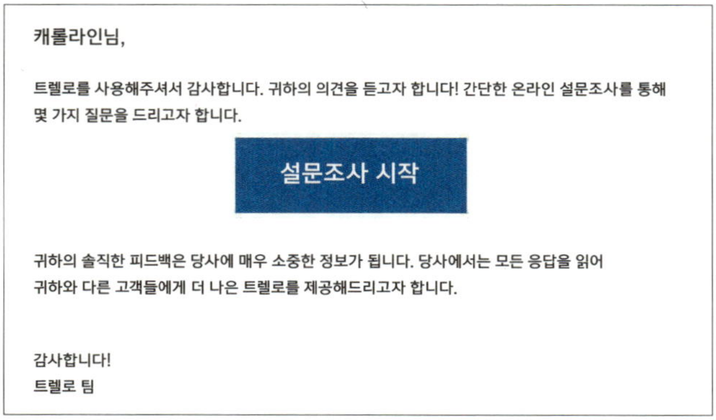

> 캐롤라인님,
>
> 트렐로를 사용해주셔서 감사합니다. 귀하의 의견을 듣고자 합니다! 간단한 온라인 설문조사를 통해 몇 가지 질문을 드리고자 합니다.
>
> **설문조사 시작**
>
> 귀하의 솔직한 피드백은 당사에 매우 소중한 정보가 됩니다. 당사에서는 모든 응답을 읽어 귀하와 다른 고객들에게 더 나은 트렐로를 제공해드리고자 합니다.
>
> 감사합니다!
> 트렐로 팀

[그림 5.5] 트렐로의 설문조사 초청장

이 초청장은 57자로 나를 설득시켰다.

- 자신들이 트렐로임을 밝히고 있다.
- 내가 트렐로를 사용했기 때문에 나에게 연락했다.

인지되는 보상을 위해 트렐로에서 수행한 일

- 더 나은 트렐로를 만들고자 한다.
- 모든 응답을 읽는다(많은 기관에서는 신경 쓰지 않는다는 것을 알고 있기 때문에 설문조사 전문가인 나에게는 중요한 부분이다).
- 금전적인 인센티브는 없었지만 나에게는 괜찮았던 기분 좋은 요인이 있었다.

응답자가 들어가는 노력을 추정할 수 있도록 트렐로에서 수행한 일

- 나의 트렐로 사용에 대한 설문조사다.
- 마감일을 넣지 않았다.
- '몇 가지 질문'과 '간단한'이라는 표현을 사용했다. 더 나은 표현이 있을 수도 있지만 초청장의 나머지 부분이 꽤 괜찮아 이 부분이 모호한 것은 넘어가겠다.

예의를 갖추기 위해 '감사 페이지'를 작성하라

나는 초청장이 설문지만큼이나 중요하다고 생각한다. 초청장이 통하지 않으면 분명 설문지도 잘 안 될 것이기 때문이다. 기분 좋은 '감사 페이지'는 좋은 기분을 더 좋게 만들어준다. 또한 후속 조사 기회를 다시 한 번 강조할 수 있는 공간

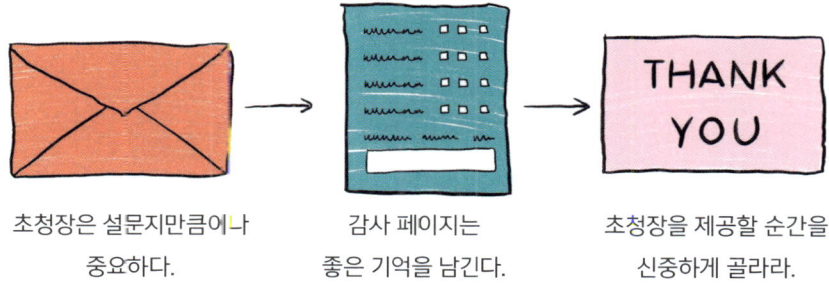

| 초청장은 설문지만큼이나 중요하다. | 감사 페이지는 좋은 기억을 남긴다. | 초청장을 제공할 순간을 신중하게 골라라. |

[그림 5.6] 감사 페이지의 중요성

이 되기도 한다. 모든 응답에 익명성과 기밀성을 보장하기로 결정했다면 적절한 연락처 정보를 기입하여 답변하는 사람이 후속 조사에 참여하고 싶은 경우 연락을 취할 수 있도록 할 수도 있다.

초청장을 제공할 순간을 신중하게 골라라

웹사이트에서 필요한 정보를 찾지도 못했는데 화면에 고객만족도 박스가 자꾸 팝업으로 뜬 적이 있는가? 잘못된 타이밍의 설문조사가 얼마나 짜증나는 일인지 이해할 것이다.

사용자 연구자 할 슈빈Hal Shubin은 이렇게 말했다.

"시간을 낭비했다며 나에게 욕을 한 응답자가 기억난다. 사이트에 남아 둘러볼 만큼 관심이 없었다면 한 가지 질문으로 된 설문조사도 작성하지 않았을 것이다."

고객들이 누리기 원하는 전반적인 경험과 그 경험 중 피드백을 요청할 만한 적절하고 예의를 갖춘 순간을 생각해보아라. 그리고 그들의 주의를 끌 수 있는 시간은 순간에 불과하다는 사실을 기억하라.

한 가지 질문만 묻고자 한다면 '당사의 설문조사에 답변해주시겠습니까?'라고 묻지 말라. 대신, 최고핵심질문이나 이를 위한 적절한 준비 단계가 되는 질문처럼 유용한 데이터를 제공해줄 수 있는 실제 질문을 던져라.

시범 테스트를 수행하라

답변을 원하는 사람들에게 처음 설문지를 전달하면 어쩔 수 없이 즉각적으로 바꾸어야 하는 몇 가지를 발견하게 될 것이다. 그렇기 때문에 작은 집단으로 시범 테스트를 수행해보는 것이 바람직하다.

나는 주로 표본의 10%를 대상으로 시범 테스트를 수행한다. 어떤 상황인지 파악하는 데에는 충분하다. 그러나 문제 해결을 위해 설문조사를 일찍 시작해야 전체 표본 앞에서 민망해지는 상황은 만들지 않았다. 보통은 시범 테스트가 잘 되어 시범 테스트 결과를 실제 보고서에 포함시킬 수 있다.

웹이나 이메일처럼 전자 설문조사인 경우, 지금까지 다양한 보조 기술을 사용하는 사람이나 보조 기술의 도움을 받지 못하는 장애인을 대상으로 설문지를 테스트해본 적이 없다면 시범 테스트는 그 누구도 배제하지 않을 수 있는 마지막 기회다.

시범 테스트의 전형적인 주의 사항
- 잘못된 사람에게 초청장이 전달되는 것
- 초청장이 제대로 표시되지 않는 것
- 설문지로 이어지는 링크가 작동하지 않는 것
- 예상한 곳으로 응답이 도착하지 않는 것
- 도움말 또는 연락처로 이어지는 링크가 작동하지 않는 것
- 응답률이 예상과 현저히 다른 것

대규모 설문조사를 하든, 간단 설문조사를 하든 시범 테스트는 분명 필요하다.

시범 테스트 응답에 대한 데이터 정리와 분석을 시작하라

시범 테스트 응답이 도착하면 즉시 응답을 검토해 필요한 결과를 제공할 수 있는지 확인하라. 시범 테스트에서 수집한 데이터를 바로 정리하고 열린 답변은 코딩하라. (6장에서 더욱 자세히 다루도록 하겠다.)

시범 테스트로 결과물 초안을 만들어라

이해관계자들이 설문조사를 통해 원하는 것은 무엇이며, 어떤 형식으로 원하는가? 1장에서 설문조사 작업에 들어가기 전에 발표를 만들어보라고 이야기했다. 그때 하지 못했다면 지금 시작하라.

어떤 이들은 단순한 수치를 선호하고, 어떤 이들은 그래프를 선호한다. 어떤 이들은 간단한 슬라이드 몇 장에 짧은 설명을 원하고, 어떤 이들은 전체 이야기를 매우 세부적으로 듣기를 원한다. (이에 대한 자세한 내용은 7장에서 확인할 수 있다.)

몇 가지 답변을 통해 발표 초안이나 보고서를 정리하면 필요한 답변을 얻을 수 있는 질문을 했는지 여부를 빠르게 알아낼 수 있다.

시범 테스트를 건너뛰지 말고 반복하라

저명한 시장조사자들이 만든 명망 있는 기관들의 방대한 설문지 스크린샷 수집본을 보여줄 수 있으면 좋겠다. 시범 테스트로 간단하게 잡아낼 수 있을 분명한 오류가 있는 설문지들이다. 잘못된 링크, 에러 메시지의 나쁜 예, 통하지 않는 가지치기 질문들이 있다. 설문조사 전체가 잘못된 시간에 전달된 것도 있다.

시범 테스트를 제발 건너뛰지 말라. 가능하면 메인 설문조사에 가깝게 만들어라. 단 한 가지만 차이를 두어라. 바로 질문하는 대상의 수다. 당신은 분명 나에게 고마워하게 될 것이다. 정말 그럴 것이다.

그리고 반복을 두려워하지 말라. 인쇄상의 오류가 발생할 수도 있다. 최고핵심질문을 물어보는 것을 잊어버릴 수도 있다. 이러한 문제를 해결하고 또 다른 10%를 대상으로 다시 시범 테스트를 하는 것이 메인 설문조사로 귀중한 기회를 낭비해버리는 것보다 훨씬 낫다.

현장 업무를 시작하고 살펴라

만세! 현장 업무가 원활히 돌아가게 하기 위한 모든 준비를 마쳤다. 그럼 잠시 휴식을 취해도 될까?

음, 그렇지 않다. 시범 테스트와 기타 준비 작업을 얼마나 신중히 했는지 여부와 상관없이 현장 업무에서 무슨 일이 일어나는지 확인하기 위해 준비가 되어 있어야 한다. 어쩌면 몇 가지 긴급 의사결정을 내려야 할 수도 있다. 예를 들어, '눈덩이 굴리기' 모집 방법을 통해 표본을 수집하기로 결정했다면 특히 더 신중해야 한다. 응답률이 갑자기 치솟았다면 사람들의 주의를 끌었다는 뜻이기 때문에 매우 좋은 소식일 수도 있다. 아니면 2장에서 보았던 '저스틴 비버-북한 문제'의 또 다른 예시일지도 모른다. 짓궂은 사람들이 당신은 생각도 못한 이유로 설문조사를 장악하기로 했을 수도 있다.

현장 업무 동안 계속해서 응답을 확인하라

답변이 들어오면 [그림 5.7]처럼 자주 확인해 짓궂은 장난으로 놀라는 일이 없도록 하라.

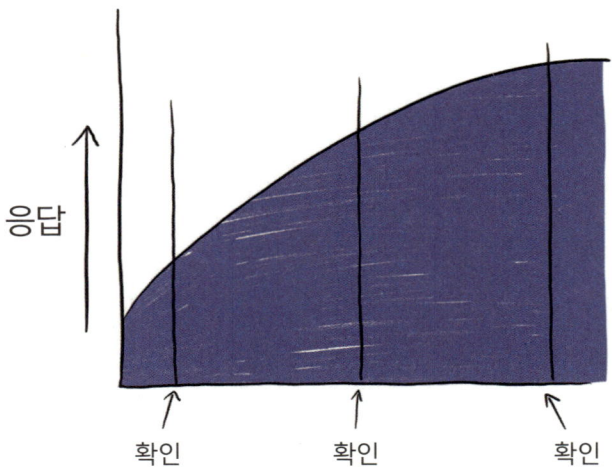

[그림 5.7] 일부 응답이 들어오면 즉시 작업을 시작하고 계속 반복하라.

나에게 통했던 한 가지 전략은 처음 100개 응답을 완전히 분석하고 보고서를 만드는 것이다.

- 이해관계자들이 필요한 보고서를 만들 수 있는 상황인지 파악할 수 있다.
- 통계검정 기록과 어떻게 통계검정을 했는지에 대한 기록이 있다. 전체 분석을 할 때 이러한 세부 사항은 자세하게 기억하기가 어려울 수 있다.
- 전체 분석 소요 시간을 추정해볼 수 있다.

현장 업무를 일찍 마치는 것을 두려워하지 말라

모든 것이 잘되고 이해관계자들이 100개 응답으로 의사결정을 내릴 수 있다면 그 시점에서 멈춰도 되지 않겠는가? 모두에게 비용도 적게 들고 쉬운 방법이다.

다른 이유들로 현장 업무를 일찍 마치는 것도 괜찮다. 무엇인가가 잘못되거나 완전히 통제할 수 없는 큰 사건이 발생하는 경우, 설문조사를 일찍 끝내는 것을 두려워하지 말라. 답변을 원하는 사람들과 당신의 시간을 낭비하는 것보다 빨리 끝내고 다시 모집하는 것이 낫다.

후속 조사를 제공했다면 적시에 시행하라

설문조사를 완료한 후에 인센티브를 제공하기로 했다면 신속하게 제공하도록 하라. 사람들은 서로 이야기를 주고받기 때문에 늦게 제공되는 인센티브는 조직의 평판을 나쁘게 만들 수 있다. 또한 어떤 유형이든 후속 조사를 제공했다면 계속 주시하고 적시에 시행하라.

현장 업무 관련 주의 사항

현장 업무 관련 주의 사항을 생각하면서 나는 딱 한 가지만 적고 싶었다. 바로 시범 테스트를 반드시 진행할 것! 설문조사 방법론에 대한 책을 읽으면 저자들이 계속해서 시범 테스트의 중요성을 강조하는 것을 확인할 수 있다. 그리고 나는 시범 테스트를 생략했을 때마다 크게 후회했다.

시범 테스트를 진행하고 완전한 현장 업무 단계에 들어왔다면 다음 사항을 주의해야 한다.

- 응답률이 치솟는 것(나쁜 쪽으로)
- 응답에 주시하지 않는 것
- 설문조사 시작을 너무 미루는 것
- 적시에 인센티브를 제공하지 않는 것
- 요청하는 사람들에게 계획된 후속 조사를 진행하지 않는 것

이 시점이면 알게 될 사실

이 시점이면 이제 응답을 수집한 상태다. 설문조사 과정 전체에서 가장 설레는 부분이다.

사례 연구 3. 응답률 2배로 늘리기

타베타 뉴먼은 영국에 위치한 조사기업 티무스Timmus Limited를 운영한다. 그곳은 기관의 전략적 변화와 기관 간 벤치마크의 영향을 평가한다. 우리는 3장에서 타베타의 '투표 트롤리'를 보았다. [그림 C3.1]은 타베타가 트롤리와 포즈를 취한 사진이다.

[그림 C3.1] 타베타 뉴먼과 투표 트롤리

타베타는 설문지를 바꾸지 않고 응답률을 2배로 늘린 설문조사에 대한 이야기를 해주었다. 나는 흥미를 느꼈다.

Q: 전략적 변화를 측정하기 위해 사용하는 온라인 설문조사에 대해 좀 더 설명해주기 바란다.

A: 어떤 기관에서 새로운 정책이나 관행을 시행하려고 계획한다면 그에 대한 영향을 수치화하고 묘사하기 위해 전후 태도를 측정하는 것이 좋다. 이럴 때 비교 설문조사가 도움이 될 수 있다.

Q: 왜 이 프로젝트를 요청받게 되었는가?

A: 나에게는 조금 이례적인 일이었다. 보통은 전후 설문조사 설계와 진행 단계에 참여한다. 일관된 설계가 있으면 전후를 비교 대조해볼 수 있다. 이

프로젝트에서는 고객이 2년마다 국가 벤치마킹 과정의 일환으로 표준화된 설문조사를 진행했다. 이전에 진행된 2개 설문조사의 응답률은 약 25%로 저조했다. 나는 현장 업무 동안 설문조사를 관리하고 보고서를 작성하도록 고용되었다. 하지만 설문지 자체를 변경하는 것은 허용되지 않았다. 복잡한 질문이 가득한 18페이지짜리 설문지였기에 참으로 안타까웠다.

Q: 설문지에 대해 할 수 있는 일이 없었는데도 이 일에 매력을 느낀 이유는 무엇인가?

A: 나는 행동생태학자이자 통계학자다. 초청장과 현장 업무가 설문조사 자체만큼 중요하다는 것을 입증할 수 있는 가능성을 보았다. 몇몇 행동생태학의 아이디어가 ('넛지 아이디어'라 부르기도 한다.) 인구 집단 전체에 대한 유효하고 신뢰할 수 있는 일반화를 하겠다는 궁극적인 목표로 응답률을 높일 수 있으리라 생각했다.

Q: 그래서 무엇을 했는가?

A: 이메일 초청장, 소개 페이지, 리마인더 이메일, 감사 페이지, 참가자에게 연락하는 방법 등 설문지와 관련된 모든 것에 집중했다. 이전 설문조사로부터의 변경 사항을 찾아 사람들에게 알려줄 수 있도록 했다. 사람들은 자신이 어떠한 일에 정말로 영향을 미칠 수 있다는 느낌을 받으면 참여할 가능성이 크다. 그렇지 않으면 시간 낭비라고 느낀다. 결국은 이렇게 생각하는 것이다. 응답자들에게 무슨 보상이 있을까? 왜 굳이 설문조사를 할까? 어떻게 하면 응답자들의 노력을 최대한으로 줄일 수 있을까? 설문조사에 대해 긍정적으로 이야기하게 만들려면 어떻게 해야 할까? 사람들은 주변 동료들로부터 영향을 받는다.

언제나 답변하기로 하는 사람들이 대표적이지 않을 수 있다는 우려가 있다. 예를 들어, 특별히 만족하거나 불만족한 사람들의 경우 충동적으로 설문지를 작성할 수도 있다. 그렇기 때문에 주요 현장 업무 전에 무작위 하위 표본을 대상으로 집단의 5%를 대표하는 이들의 의견이 최종적인 주요 설문조사 대상의 의견들과 일치하는지 여부를 알아낸다. 추가적인 노력이 드는 일이었다. 사람들을 선정하고 주요 현장 업무 전에 미리 연락하고 모두가 답변하도록 인센티브를 제공했다. 운이 좋게도 고객들이 훌륭하게 지원해주었고 어떻게 되어 가는지 알고자 많은 관심을 보였다.

Q: 주로 만든 변경 사항으로는 무엇이 있는가?

A: 먼저 해당 주제와 관련된, 연차가 가장 높은 직원을 식별했다. 그 직원은 이메일 초청장 리마인더, 감사 페이지에 자신의 이름을 넣는 것에 동의했다. 이를 통해 전송하는 이메일을 보다 개인적인 이메일로 만들었다. 설문지를 완료한 사람들을 추적할 수 있도록 허가를 받아 완료한 사람들을 다시 귀찮게 하지 않아도 되었다. 온라인 설문조사 도구를 사용하여 참가자들의 이름으로 맞춤형 이메일을 전송할 수 있었다. 초청장 이메일에는 이전 설문조사에 참여했던 사람들 덕분에 생긴 긍정적인 변화를 나열했다.

설문조사 초청장에 대한 시기를 정하는 것이 핵심이었다. 하루 중 가장 좋은 시간대는 늦은 오전(긴급한 이메일에 답변한 후)이고, 월요일과 금요일은 피하는 것이 좋다. 나는 목요일 오전 10시 30분을 초청 시간으로 정했다. 모든 직원이 오전 11시에 커피타임을 가져 설문조사를 완료할 시간이 있다는 것을 알고 있었기 때문이다.

모든 내용을 설득의 언어로 작성하여 사람들이 동료들과 함께 참여하도록 요청했다. '사회적 압력'을 활용한 것이다. 리마인더 이메일은 설문조사에 대한 실시간 정보를 업데이트하여 사회적 압력을 넣었다. ('직원의 50%가 이미 의견을 보내주셨습니다. 참여하시어 영향을 만들 수 있도록 도움을 주세요.') 설문조사에 참여한 사람들에게는 신중하거나 선택한 단어들로 만들어진 감사 이메일을 전송했다.

현장 업무를 짧게 해서 사람들이 수신함에 초청장을 내버려두지 않고 빨리 답변해야겠다는 생각이 들도록 했다. 모든 소통 자료는 짧았고 고객이 알았으면 하는 부분을 말해주는 것이 아니라 답변을 원하는 사람들의 관심사에 맞게 작성했다.

Q: 결과는 어땠는가?

A: 응답률이 엄청났다. 이전 응답률의 2배 수준인 49%가 나왔다. 무작위 하위 표본 접근 방식도 통했다. 하위 표본의 79%가 설문지에 답변했고, 해당 답변들은 보다 광범위한 응답과 통계적으로 다르지 않았다. 고객들은 신뢰할 수 있는 데이터와 향후 전략 기획에 영향을 미치도록 사용할 수 있는 실행 가능한 지표를 얻게 되었다. 정말 훌륭한 결과이지 않은가?

6장. 응답

데이터를 답변으로 바꾸어라

사람들이 질문에 답변을 마쳤다면 이제 답변들 중 어떤 것을 사용할지 결정해야 한다. 이 과정에는 다음과 같은 사항이 포함된다.

- 데이터 정리하기
- 누구의 답변을 사용할지 결정하기
- 수치 데이터 파악하기
- 열린 답변에서 주제 찾기('코딩'이라고도 알려져 있다.)

6장에서는 답변, 응답자의 응답, 데이터세트를 구분하도록 하겠다.

- '답변'은 특정 질문에 대한 개개인의 답변을 의미한다.
- '응답자의 응답'은 한 개인의 모든 답변을 의미한다.
- '데이터세트'는 답변한 모든 사람의 응답을 의미한다.

6장에서는 설문조사 문어의 2개의 촉수를 다룰 것이다. [그림 6.1]을 보자. 오른쪽에 있는 '답변을 사용할 대상'은 데이터세트에서 어떤 사람의 응답을 포함할지 혹은 제외할지를 결정하는 부분이다. 왼쪽에 있는 '얻게 되는 답변'은 특정 질문에 대한 답변으로 무엇을 할지 결정하는 부분이다.

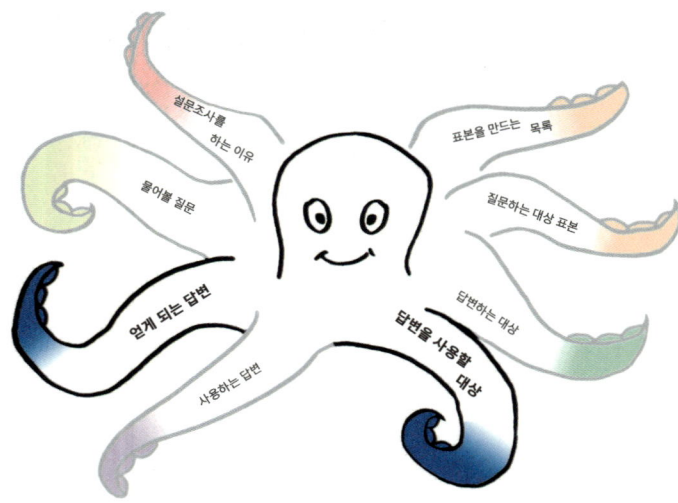

[그림 6.1] 6장은 '답변을 사용할 대상'와 '얻게 되는 답변'을 다루고 있다.

데이터를 정리하라

응답이 정리된 채 깔끔하게 오는 경우는 절대 없다. 항상 데이터 정리 단계를 통해 정리해야 한다. 종이 설문지를 했다면 스프레드시트 또는 기타 데이터베이스에 답변을 입력하거나 그 과정을 수행할 사람을 준비해야 한다. 누가 입력하든 입력을 하지 않은 사람에게 각 사람의 응답이 정확하게 입력되었는지 확인할 필요가 있다. 입력을 할 때는 실수를 피할 수 없다. 다른 사람의 글자체를 읽는 능력이 모두 다르기 때문이다.

[그림 6.2] 주방 바닥처럼 설문조사 응답도 정리를 잘하는 것이 좋다.

어느 설문즈사든 반드시 해야 할 사항을 살펴보자.

- 데이터세트 내보내기가 적절하게 되었는지 확인하라.
- 로그 페이지를 설정하고 백업을 시작하라.
- 제거하거나 삭제해야 할 부분이 있는지 생각하라.
- 칼럼을 어떻게 사용할 것인지 생각하라.
- 데이터세트 내보내기가 적절하게 되었는지 확인하라.

분석할 데이터세트를 받으면 나는 가장 먼저 다음 사항을 수행한다.

- 스프레드시트로 만들어 살펴본다. 데이터를 수집한 곳으로부터 정확하게 내보내기가 되었는가? 열린 답변 중에 길이가 줄어든 것이 있는가?
- 올바른 데이터세트를 받았는지 확인한다. 칼럼 제목이 설문지의 현재 버전과 일치하는지 확인한다.
- 스프레드시트에 올바른 수의 응답이 있는지 확인한다. 응답별로 데이터가 한 줄씩 있는지 확인한다.

그렇다. 잘못된 데이터세트 예시들이 있다. 특히 설문조사 도구가 여러 팀에 공유될 경우에 그러하다.

로그 페이지를 설정하고 백업을 시작하라

로그 페이지는 데이터 정리 및 분석 중에 수행하는 일을 기록하는 공간이다. 나는 데이터와 동일한 스프레드시트에 별개의 작업시트로 로그 페이지를 설정하고 입력 사항마다 날짜 스탬프를 찍거나 일정이 빡빡한 경우에는 타임 스탬프를 찍는 것을 선호한다.

팁: 타임 스탬프 찍는 방법

엑셀과 구글시트에는 시간 또는 날짜를 입력하는 단축키가 있다.

마이크로소프트 PC
- **날짜 입력:** CTRL(CTRL과 세미콜론 키를 동시에 누른다.)
- **시간 입력:** CTRL(CTRL, SHIFT, 세미콜론 키를 동시에 누른다.)

엑셀은 컴퓨터에서 현재 시간을 인식한다. 시트에서는 각 스프레드시트별로 설정해야 한다. (맥 컴퓨터는 비슷하나 CTRL 대신 CMD를 누른다.)

요즘은 스프레드시트에서 백업을 해준다고 하지만 나의 경험상 스프레드시트의 버전 컨트롤은 좋지 않다. 백업을 하고 데이터세트에 주요 변경 사항을 만들기 전에 분명히 이름을 정하고 작은 변경 사항이 있을 때마다 자주 백업을 할 것을 강력하게 권장한다. 일부 변경 사항이 예상치 못하게 잘못되었을 때 예전에 해놓은 백업으로 도움을 받았던 적이 많다.

우리끼리만 하는 이야기이지만 이번에는 정리와 분석 과정이 빨리 끝나 로그가 필요 없을 것 같다는 환상에 빠질 때가 많다. 그러나 항상 무슨 일이 생겨 중단을 해야 한다. 다시 돌아오면 [그림 6.3]처럼 (서두르다 생기는 전형적인 철자 오류와 이상한 구두법으로 가득하다.) 이전에 간과했던 노트를 다시 만들어야 함을 깨닫게 된다. 그리고 중간에 멈추었다가 다시 하려면 더 어렵기 때문에 한 번 더 자신을 질책하고, 그런 다음에는 꽤 신중해진다.

	A	B	C
1	날짜	관찰 사항/ 노트/활동	해당 작업시트
2	7월 22일	해당 데이터세트에 대해 로그 페이지를 설정하는 것을 기억함. 이기 수행한 사항 따라 잡기	
3	7월 22일	고객이 약 2주 전에 보낸 데이터. 개인정보 삭제함.	개인정보
4	7월 22일	현재 사용 중인 칼럼을 보여주는 칼럼 시트 설정	칼럼
5	7월 22일	분석의 목적으로 몇몇 칼럼을 더 짧은 이름으로 재설정함	칼럼
6	7월 22일	모든 핵심 데이터를 저장하기 위한 핵심 시트 설정	핵심
7	7월 22일	분 단위로 완성 시간 계산함	완성 시간
8	7월 22일	완성 시간이 1시간이 초과되는 칼럼 설정	칼럼
9	7월 22일	비현실적인 완성 시간이 걸리는 몇 가지 엔트리 발견함	
10	7월 22일	이와 같은 비현실적인 엔트리를 제외하기 위해 IP 주소 칼럼을 변경함	칼럼/이전 IP 주소 칼럼에서 '제외' 사용
11	7월 22일	고객의 연구 질문에 추가함	연구 질문

[그림 6.3] 로그 작업시트의 첫 번째 입력 사항. 2주 동안 중단한 이후 다시 시작했고 총 3시간어 걸렸다.

제거하거나 삭제해야 할 부분이 있는지 생각하라

정리 과정에서 주의할 사항은 다음과 같다.

1. 반복되거나 부적절한 응답이 있는가?
2. 완성 시간이 합리적인 범위를 벗어났는가?
3. 삭제해야 할 개인정보가 있는가?
4. 욕설이나 인종 차별적인 언어가 있는가?

5. 표준적인 0에서 9, A에서 Z까지의 글자 외에 글자 인식에 있어 시스템적인 오류가 있는가?
6. 이 설문조사에만 해당하는 특이점이 있는가?

반복되거나 부적절한 응답이 있는지 살펴라

일부 설문조사 도구는 같은 사람의 반복된 응답을 자동으로 거부한다. 하지만 허용하는 것들도 있다. 어떤 사람들은 한 가정에서 컴퓨터 하나를 공유하기도 하기 때문이다. 어느 경우이든 작은 문제들이 발생할 수 있으며 완전히 동일한 줄이 있다면 살펴볼 필요가 있다. 정말로 두 사람이 같은 답변을 했을 수도 있다. 특히 간단 설문조사를 진행하고 질문 수가 적은 경우에 그러하다.

단순히 어떤 사람이 우연히(꽤 자주 일어나는 일이다) 또는 고의로(이런 경우가 있다) 1개 이상의 답변을 반복적으로 보내는 경우도 있다. 2장에서 저스틴 비버가 팬사이트에서 진행한 설문조사를 기억할 것이다.

시작 시간과 완성 시간을 확인하라

많은 설문조사 도구가 각 사람이 응답을 시작한 시간을 알려준다. 시작 시간이 실제 답변하는 사람들에게 오픈되기 이전이라면 보통은 테스트에서 만들어낸 응답이 아직 남아 있다는 의미다.

설문지가 종료된 이후에 누군가가 답변을 했다는 것을 알려주는 시작 시간에 대한 정보를 얻게 될 수도 있다. 이 경우에는 늦은 응답이다. 나는 보통 테스트 응답은 삭제하고 늦은 응답은 허용한다.

어떤 경우에는 설문조사 도구가 해당 사람이 응답을 완료하는 데 걸린 시간을 보고해주지만, 보통은 제출 시간에서 시작 시간을 빼 직접 계산해야 하는 경우가 더 많다.

이상할 정도로 소요 시간이 짧은 사람이 있는가? 그렇다면 그게 가능한지 직접 응답을 읽어보라. 회의나 일 때문에 도중에 중단했을 수도 있다. 너무 오래 걸린 시간은 '완료까지의 평균 시간'에서 제외하거나 대신 중간값을 보고하는 방안을 고려하는 것이 좋다.

개인정보를 확인하고 삭제 여부를 결정하라

개인정보에 대한 작업을 적절히 수행했다면 이미 한참 전에 개인정보를 어떻게 다룰지 작업해놓았기 때문에 개인정보에 대한 결정이 쉬울 것이다. 그러나 많은 개인정보가 담겨 있는 설문조사 데이터세트를 분석해야 하는 경우가 많고, 개인정보를 아무도 신경 쓰지 않거나 내가 해당 개인정보를 봐도 괜찮은지 아무도 고려하지 않는 경우가 있다. 나는 찾을 수 있는 모든 개인정보를 삭제한 다음 개인정보가 들어 있던 데이터세트의 복사본을 파기하는 방법으로 해결한다. [표 6.1]에 몇 가지 방법을 소개해놓았다.

[표 6.1] 살펴보아야 할 식별 가능한 데이터 및 이를 다룰 수 있는 전략

살펴볼 데이터	전략
이메일 주소	• '제공된 이메일'로 변경
주소 세부 사항	• 식별 가능한 수준을 낮추어 더 짧게 만든다(예: 도시, 주, 도 또는 국가 단위로). • 알래스카처럼 작은 타운이나 인구가 적은 주의 단독 응답자인지 주의하고 응답자 수가 적은 국가의 응답자인지 확인한다. • 여러 작은 지역의 사람들을 하나로 크게 묶어 익명성을 보장할 수 있다.
ISP 주소	• 고유한 ISP 주소가 있는지 확인하고 모두 삭제한다.
열린 답변에 숨겨져 있는 세부 정보	• 답변에 개인정보를 기입하지 말라고 요청해도 개인정보를 작성하는 사람들이 있을 것이다. • 모든 답변을 읽어보고 개인정보를 삭제한다.
직위	• 직위와 기관은 개개인을 식별하기에 충분한 정보가 될 수 있으며 직위 하나만으로도 식별할 수 있는 경우가 있다. 예를 들어, 답변에 '양식 및 설문조사 전문가'라는 직위가 있다면 그 사람은 나일 가능성이 크다.

욕설이나 악담이 있는지 확인하라

어떤 사람들은 [그림 6.4]와 같이 강한 언어를 사용하여 강한 감정을 표현할지도 모른다. 일부 기관에서는 직장에서의 부적절한 언어 사용 관련 정책 때문에 이러한 데이터세트를 공유하거나 사용하는 것이 어려울 수도 있다.

안타까운 일이지만 답변을 하는 사람이 인종 차별적이거나 당신과 팀원들에게 굉장히 모욕적인 언어를 사용할지도 모른다. 데이터 정리 과정이 스트레스가 되는 일이 될 수도 있음을 주의하라.

나는 보통 첫 번째 글자 다음에 별표를 넣어 모욕적인 단어를 삭제한다. 즉, f***, n***** 등으로 바꾸는 것이다. 이렇게 하면 기업 내에서 번거로운 상황을 만들거나 언어폭력을 지속하지 않으면서도 (그래도 기분은 언짢다.) 답변의 감정을 보존할 수 있다. 물론 당신은 다른 전략을 선호할 수도 있다.

어떤 사람의 응답이 모욕적인 언어로 가득할 뿐만 아니라 연락처 정보까지 담고 있어 기관 내 누군가가 연락을 취해주기를 분명히 바라고 있는 것을 보면 깜짝 놀라곤 한다. 후속 조치 과정이 있다면 이를 다루는 담당자에게 삭제된 언어에 대해 경고를 해주어야 한다.

[그림 6.4] 종종 답변에 강한 언어를 사용하는 사람도 있다.

표준적인 0에서 9, A에서 Z까지의 글자 외에 글자 인식에 있어 시스템적인 오류가 있다면 수정하라

[그림 6.5]를 보자. 각 도구는 말려 있는 인용부호와 악센트 활자처럼 글자를 인식하고 표시하는 방법이 모두 다르다. 나는 원본 데이터 사본을 백업하고 (그렇다. 계속 이 과정을 반복할 것이다.) 이와 같은 오류에 대해 전체적인 교체를 엄격하게 수행하도록 한다.

```
  ,    Let‰Ûªs
  É    MONTRÌäAL
```

[그림 6.5] 좌측은 입력된 글자를, 우측은 스프레드시트에 표시된 글자를 의미한다.

이 설문조사에만 해당하는 특이점이 있는지 확인하라

데이터 정리에 대해 지금까지 말한 모든 것이 대부분의 설문조사에 적용되지만 특정 그 주제에만 해당하는 특이점이 있을 수도 있다. 예를 들어, 한 패션 웹사이트의 설문조사에서 한 달 패션 예산을 2만 달러 이상으로 추산한 응답자가 20명 정도 있었다. 그들의 다른 답변을 조사해보니 모든 열린 질문에 이상한 답변만 적어 놓았다. 나는 그들의 데이터를 제외시켰다. 하지만 한 달에 1만 달러 정도라는 진솔한 답변들도 있었다.

칼럼을 어떻게 사용할 것인지 생각하라

요즘에는 많은 설문조사 도구에 질문의 전체 텍스트를 칼럼 헤더로 내보내기를 해주는 유용한 기능이 있다. 최종 설문지 스크린샷을 찍는 것을 모두가 잊어버렸다면 좋은 일이지만 질문이 길면 좀 어색해 보인다. 예를 들어, '~에 대한 컨퍼런스에 참석하셨다면…'으로 시작하는 2개의 긴 질문이 들어간 설문지가 있었다. 이러한 것은 질문으로는 문제가 없으나 분석을 위한 칼럼 헤더로는 불편하다.

나는 보통 분석을 목적으로 칼럼 이름을 10자 정도 길이로 변경한다. 노트에 기존 질문을 기록해 보고서를 작성할 때 요약본이 아닌 설문지에 들어간 질문 그대로를 포함할 수 있도록 한다.

사례 연구: 데이터 정리

설문지 작성 과정에 참여하지 않은, 한 대규모 설문조사의 분석용 데이터세트를 받은 적이 있다. [표 6.2]는 1만 개 이상의 응답을 가진 데이터 세트에서 해결해야 하는 몇 가지 문제를 보여준다.

[표 6.2] 한 대규모 설문조사의 문제들

문제	내려야 할 결정
대부분이 유사한 설문지 2개가 약간 다른 응답자 집단에 전달되었다.	데이터세트 2개를 따로 분석할 것인가, 아니면 칼럼을 합쳐 하나의 큰 데이터세트를 만들 것인가?
설문지에서는 무작위 순서로 제품에 대한 10가지 특징을 주제로 질문 했으나 프로그래밍 오류 때문에 같은 특징에 대해 2번씩 질문했다. 일부 사람은 [그림 6.6]과 같이 일관성 없이 답변했다.	어떤 답변을 수집해야 하는가, 아니면 두 답변 모두 수용하지 말아야 하는가?
한 질문에서 '기타' 박스를 제공했으나 '기타' 부분에 대한 답변 공간이 너무 짧았다.	짧은 답변을 어떻게 해석할 것인가?
일치된 데이터가 돌아왔을 때 일치하지 않는 모든 응답이 삭제되었다.	해당 응답을 잃어버린 것을 받아들일 것인가, 아니면 누락된 응답을 찾고 복원하기 위해 몇 시간 동안 작업할 것인가?

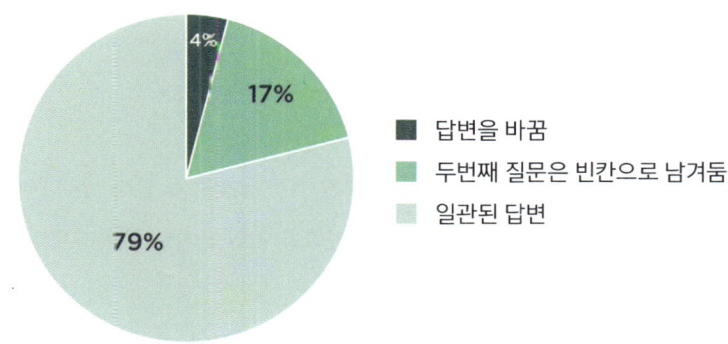

[그림 6.6] 사람들이 항상 동일한 질문에 동일한 방식으로 답변하는 것은 아니다.

나는 세 가지 이유로 이 사례 연구를 언급했다.

- 어떤 규모의 데이터세트라도 이와 같은 결정이 필요할 가능성이 크다는 사실을 다시 한 번 확인시켜주기 위해
- 데이터 정리에는 시간이 걸리고 생각이 필요하다는 주의를 주기 위해
- 설문조사를 시행하기 전에 분석을 계획하면(그리고 시범 테스트를 하면) 분석 중 시간과 자원을 절약하는 데 도움이 될 수 있음을 다시 한 번 상기시켜주기 위해

1만 개 이상의 엔트리가 있는 데이터세트 분석 작업을 하며 고객과 동료에게 표본 규모를 최대한 작게 만들라고 설득하는 것이 꽤우 가치 있다고 확신했다.

누구의 응답을 사용할지 정하라

적절히 정리된 데이터세트에는 보통 각 줄에 한 사람의 응답이 담긴 스프레드시트가 있다. 그 안에서 1개 이상의 질문에 답변하지 않기로 결정한 사람이 있

을 수도 있다. 이를 '누락 데이터'라 한다.

이제 각 사람의 응답을 포함할지 제외할지 결정을 내릴 때다.

누락 데이터를 어떻게 할지 결정하라

간단 설문조사의 경우, 누락 데이터를 그다지 걱정할 필요가 없다. 곧 다른 설문조사를 할 것이기에 어떤 사람의 응답이 완료되지 않았어도 데이터세트에서 제외해도 괜찮다.

하지만 대규모 설문조사를 하는 경우에는 누락 데이터가 가장 큰 어려움 중 하나가 될 것이다. 나는 작은 규모로 수집한 데이터세트를 분석해 누락 데이터에 대한 정책을 정하고 이해관계자들과 합의를 완료할 때가 너무 기쁘다. [표 6.3]은 누락 데이터를 다루는 몇 가지 전략을 정리한 것이다.

[표 6.3] 누락 데이터 처리 전략

전략	비고
데이터세트에서 해당 사람의 응답을 삭제한다.	• 가장 간단한 방법이다. • 데이터를 놓친다.
문제가 되는 답변만 제거하고 나머지 응답은 유지한다.	• 최대한 많은 응답을 보존한다. • 각 질문에 대한 표본 크기가 다르다는 것을 의미한다. • 모든 데이터 항목에 대한 엔트리가 필요한 통계 방식에 문제가 될 수 있다. • 보고서에 혼란을 야기할 수 있다.
통계를 사용해 누락된 값을 '대체'시킨다.	• 각 사람의 응답을 최대한 많이 보존하고 모든 질문에 대한 표본 크기를 동일하게 만들 수 있다. • 통계적으로 보다 복잡하다. • 이해관계자들에게 설명하기 어려울 수 있다.
다음에 반복할 때는 보다 나은 설문조사를 설계한다.	• 지금 가지고 있는 데이터세트에 당장 도움이 되지 않는다.

'대체impute'는 '추정값으로 대체'를 의미한다

데이터세트에서 어떤 것의 평균을 알고자 한다고 가정해보자. 예를 들어 답변한 사람들의 지난달 구매 건수 평균을 구하려고 하는데 A라는 사람이 '연령' 질문을 건너뛰었다. 누락된 연령 때문에 데이터세트에서 A의 응답 전체를 삭제하면 A는 설문조사를 한 적이 없는 것처럼 되어버리고 A라는 사람의 변산성은 잃게 된다.

예를 들어 A는 대부분의 사람보다 나이가 어리지만 이례적으로 열성적인 구매자일지도 모른다. 그러면 이와 같은 추가적인 변산성을 잃게 된다.

'대체'는 나머지 데이터세트를 기반으로 한 추정값으로 누락된 답변을 대체하는 것을 의미한다.

A의 연령은 아마도 평균 연령과 꽤 가까울 것이나 데이터세트에서 유사한 응답을 한 다른 응답자를 찾으면 보다 정확하게 추정할 수 있을지도 모른다.

연령을 대체하기 위해 다음 사항을 시도할 수 있다.

- 연령 최빈값을 사용한다(가장 많이 등장하는 연령).
- 연령 평균값을 사용한다(산술평균).
- 다른 모든 응답에서 선정하는 무작위 연령을 사용한다.
- 문제의 응답을 답변한 다른 모든 사람의 응답과 비교한다. 문제의 응답과 가장 가까운 응답을 찾아 일치하는 응답의 연령을 사용한다.

이러한 방법을 사용하면 연령에 대한 변산성은 조금 줄어들겠지만 A의 나머지 응답을 보존하여 전체 데이터세트를 가지고 분석할 수 있다.

내가 대체 작업을 한 적이 있는지 궁금한가? 없다! 그래도 설명은 하겠다. 대체 작업을 하기로 결정했다면 다음 사항을 수행해야 한다.

- 모든 대체값을 포함하는 새로운 칼럼을 생성하라.
- 대체값을 포함한 분석, 제외한 분석을 수행하여 차이를 알아보아라.
- 이 과정을 어떻게 수행하는지 아는 사람을 찾아 도움을 받아라.

대표성에 대해 생각하라

2장에서 답변하는 사람들의 대표성이 답변하는 사람의 수보다 중요하다고 설명했다. 목표로 하는 대표적인 표본을 얻었는지 여부를 평가할 수 있는 한두 개의 질문을 포함시키기로 했기를 바란다.

이제 이 질문들을 확인할 시간이다. 다음은 조사를 하는 사람들에 대한 설문조사의 예시다. 고객에게는 두 가지 대표성 질문이 있었다.

- 직위
- 수행한 조사 관련 활동 유형

이러한 질문에 대한 답변을 비교하여 고객이 사용자 경험UX 조사를 하는 사람들의 양질의 응답을 가지고 있으나 학자들이나 시장조사를 하는 사람들의 응답은 몇 개 되지 않는다는 것을 확인할 수 있었다. 중점을 두는 분야가 UX 조사였기에 괜찮았지만 다른 응답자들에 대해 보고할 수 있는 최적의 방법은 무엇일까?

이 예시에서는 고객에게 UX 조사자가 아닌 다른 사람들의 응답 몇 개를 제외할 것을 제안했다. 고객은 설문조사의 원래 목표를 감안해 이를 받아들였다.

'가중치'를 둘 것인지 여부를 결정하라

고객의 목표가 달랐다면 (예를 들어 UX 조사자와 시장조사자의 의견을 비교하는 것이었다면) 응답에 '가중치'를 두는 방법을 선택했을 수도 있다. 과소 표시된 집단 사람들은 더 높은 가중치를 받고, 과대 표시된 집단 사람들은 더 낮은 가중치를 받는다. 설문지에 가중치를 둔다는 것은 각 응답에 대표성에 비례한 증배계수를 할당하는 것을 의미한다.

나는 대부분 간단 설문조사 작업을 한다. 이 경우에는 가중치처럼 복잡한 통계 과정을 거치는 것보다 반복 작업이 더 수월하다. 가중치가 도움이 될 수도 있으나 반복 작업이 더 도움이 되는 경우가 많다.

예를 들어, 앞서 언급한 조사자 설문조사에서 고객은 당시에 충분한 데이터가 있다고 결정했으나 표집 방법과 설문조사 초청장에 약간의 변화만 준다면 다음 설문조사에는 더 많은 학자들과 시장조사자들에게 설문조사가 전달될 것이라고 확신한다.

조정 오류는 누구를 포함할 것인가에 대한 결정에서 발생한다

대표성을 어떻게 평가할 것이며 가중치를 둘지 여부에 대한 결정 그리고 가중치를 둔다면 어떤 증타계수를 사용할지에 대한 결정은 쉽지 않으며 그 과정에서 오류가 생긴다.

'조정 오류'는 어떤 사람의 답변을 포함하고 그 답변을 어떤 식으로 가중치를 둘지에 대해 결정하는 과정이 완벽하지 못할 때 발생한다.

[그림 6.7]을 보자. '답변하는 대상'과 '답변을 사용할 대상' 사이에 조정 오류가 어떻게 들어가는지 확인할 수 있다.

조정 오류는 내가 진행하는 설문조사 유형에서 그다지 많이 걱정하는 부분은 아니다. 언제나 가장 단순한 선택지를 선택해도 괜찮다는 사실을 발견했다(누락 데이터 엔트리는 삭제하고 가중치 과정을 생략한다). 하지만 완성도를 위해 보다 복잡한 선택지를 포함시켜야 했다.

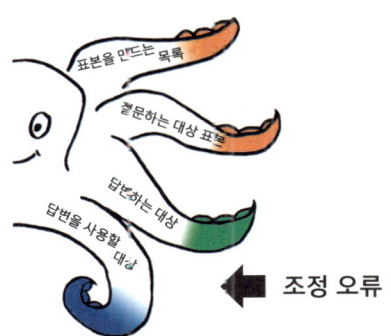

[그림 6.7] 조정 오류는 답변을 사용할 대상을 결정하는 과정에서 발생한다.

수치적 데이터를 파악하라

설문조사 여정을 시작할 때 우리는 '수치'를 살펴보았다. 수치는 설문조사의 결과이며, 설문조사 방법론 학자들에게는 '설문조사 통계'로 알려져 있다.

이제 깔끔하게 정리된 데이터세트가 있으니 답변을 어떻게 사용할지 생각해보아야 할 때다. 먼저 수치 데이터를 살펴본 다음 열린 답변에서 주제를 찾는 것을 다룰 것이다.

기술 통계를 사용하여 데이터를 파악하라

내가 작업했던 거의 모든 설문조사는 수치적 답변을 제공하는 질문이 적어도 1개는 있었다. 먼저 일부 기술 통계에 대해 생각해보자. 가장 자주 사용하는 통계는 가장 단순한 것들이다.

- n은 데이터세트의 엔트리 개수를 의미한다.
- '최소'는 특정 답변의 최솟값을 의미한다.
- '최고'는 특정 답변의 최댓값을 의미한다.
- '범위'는 최댓값에서 최솟값을 뺀 것이다.
- '최빈값'은 가장 자주 등장한 답변의 값이다.
- '중앙값'은 가운데 값이다(가장 작은 값부터 큰 값까지 모든 답변을 나열했을 때, 가운데에 있는 것이 중앙값이다).
- '평균'은 답변에 대한 산술평균이다(모든 답변을 더하여 n으로 나눈다).

최솟값과 최댓값은 데이터의 타당성을 확인하기에 특히 유용하다. 정말 이렇게 큰 값이 답변이 될 수 있을까? 이렇게 작은 값이 답변이 될 수 있을까?

'범위'는 데이터세트 2개를 비교하거나 최대값과 최솟값을 동시에 말할 때 편리하다.

'최빈값'은 예를 들어 가장 자주 등장하는 고객 유형을 위한 양질의 경험에 대해 결정을 내릴 때 유용한 경우가 많다.

다음은 한 컨퍼런스에 대한 데이터세트의 예시다. 주최자들은 컨퍼런스 웰컴 키트에 해당 도시의 기념품을 넣을지 여부를 결정하고자 했다. 나는 데이터를 빠르게 훑어보았다. 이 경우에는 [그림 6.8]과 [표 6.4]의 데이터처럼 각 참가자의 도시가 있었다.

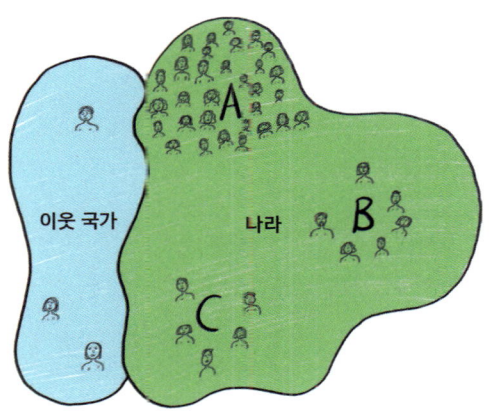

[그림 6.8] 컨퍼런스 참석자들의 지역

[표 6.4] 컨퍼런스 참석자들의 지역

컨퍼런스 도시 A	59	최빈값
도시 B	12	
도시 C	5	
이웃 국가	3	
기타	1	
무응답	15	

최빈값은 어디에서 나왔을까? 바로 컨퍼런스가 열린 도시의 사람들이었다! 기념품에 대한 아이디어는 활기를 잃었다. 대신 주최자들은 그 도시에 있는 자선단체에 기부를 하도록 해 최빈값의 사람들을 만족시켰다. 이 자선단체들은 전국적으로 활동하고 있었기 때문에 다른 2개 도시에서 온 참석자들에게도 괜찮았다. 타국에서 온 소수의 참석자들은 자체적으로 기념품을 구입할 수 있었다!

통계 관련 도서나 대학교 수업에서는 최빈값에 대해 이야기하는 경우가 드물다. 실질적인 의사결정에 대한 최빈값이 유용함에도 불구하고 통계적 유의성을 만들 수 있도록 하는 편리한 수학적 속성이 없기 때문이다.

'중앙값'은 몇몇의 매우 큰 값과 작은 값으로 영향을 받지 않기 때문에 편리할 수 있다. 하지만 최빈값처럼 유용한 수학적 속성이 많지는 않다.

'평균'은 많은 통계검정의 기본인 중심극한정리Central Limit Theorem라는 것 때문에 통계학자들로부터 가장 많은 주목을 받는다.

평균은 이상점에 민감하다

안타깝게도 평균은 큰 문제점을 안고 있다. 지나친 극한값으로 인해 쉽게 왜곡된다. 지나친 극한값이란 무엇일까? 통계와 관련된 유명한 일화가 있다.

'빌 게이츠가 술집에 들어가면 평균적으로 그 술집의 모든 사람이 백만장자가 된다.'

빌 게이츠의 자산이 엄청나게 많기 때문에 어느 경우이든 평균을 내면 그 평균값은 치솟는다. 평균을 설계한다면 대부분의 사람에게 그다지 많은 관련성이 없는 것에 대해 설계해야 한다.

일부 통계는 해당 데이터가 얼마나 분포되어 있는지를 알려준다

평균, 중앙값, 최빈값은 모두 '집중경향성의 측정값'이다. 데이터의 중심에서 어떤 일이 일어나고 있는지 알려준다. 다음 측정값들은 데이터가 얼마나 분포되어 있는지에 대한 것이다.

'분산'은 평균과 비교하여 데이터값이 얼마나 분포되어 있는지를 측정하는 값이다. 표본분산은 각 값에서 평균을 뺀 뒤 각 결과값을 제곱하고, 모든 결과값을 더한 다음 해당 결과값을 n-1로 나누어 계산한다.

예를 들어, 어떤 사람에게 연령에 대한 질문을 하면 57세라는 평균을 얻을 수 있다. 계산된 분산은 16일 수 있으며, 이는 '제곱 연수'로 표현된다. 제곱값을 비교하는 일은 매우 까다롭기 때문에 보통은 표준편차를 사용한다.

'표준편차'는 분산의 제곱근이다. 제곱근으로 하면 다시 연령 자체로 돌아가

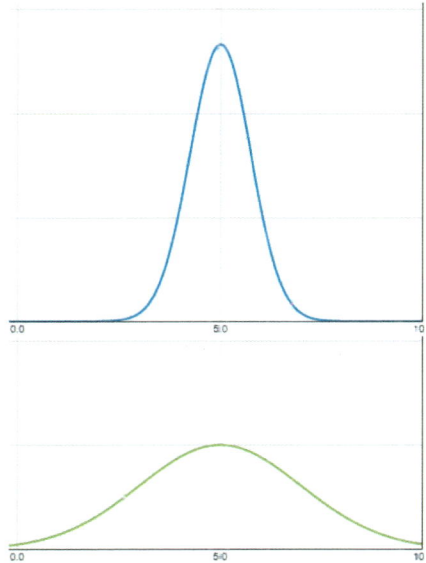

[그림 6.9] 윗부분의 정규분포는 아래보다 표준편차가 적다.

평균은 57세, 표준편차는 4세가 된다.

  정규분포는 본 적이 있을 것이다. 다양한 측정 유형에서 등장하는 종 모양 커브다. 표준편차는 이 커브가 [그림 6.9]의 윗부분처럼 좁은지, 아니면 아랫부분처럼 펼쳐져 있는지 알려준다.

차트를 이용하여 데이터 알아가기

  수치 데이터에 대한 기술 통계뿐 아니라 차트를 만들어 정규분포 형상인지 다른 형상인지를 확인한다. 이러한 조사 방법은 저명한 통계학자 존 튜키John Tukey가 고안해냈다. 그의 저서 《탐구적 자료 분석Exploratory Data Analysis》은 펜과 연필만으로 차트를 만들 수 있는 여러 가지 독창적인 방법을 담고 있다.

  이유는 [그림 6.10] 앤스컴 콰르텟Anscomebe's Quartet에서 알아보자. 앤스컴은 [표 6.5]처럼 같은 기술 통계를 공유하지만 차트로 보면 패턴이 다른 4개의 데이터세트를 만들었다.

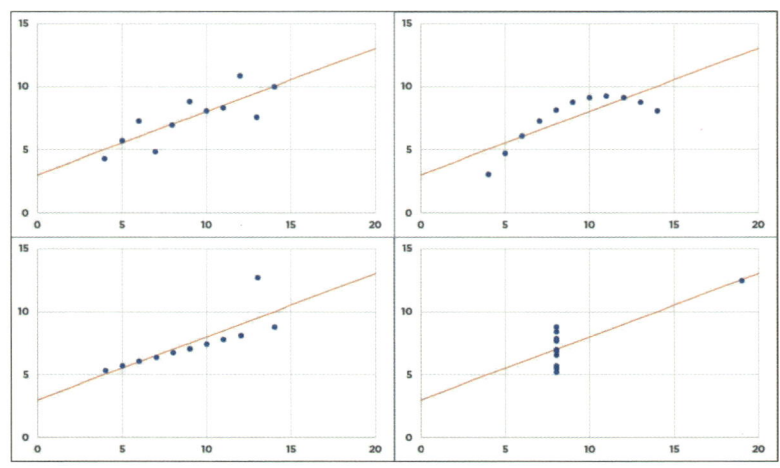

[그림 6.10] 앤스컴 콰르텟: 동일한 경향과 기술 데이터가 있는 4개의 데이터세트

[표 6.5] 앤스컴의 기술 통계

기술 통계	값
x의 평균	9
x의 표준편차	3.32
y의 평균	7.50
y의 표준편차	2.03
x와 y의 상관관계	0.816

아래 2개 차트 모두 '이상점'이 있다. 이상점은 나머지 데이터와 눈에 띄게 다른 데이터포인트를 의미하며, 언제나 조사해볼 가치가 있다. 진짜 값이고 특이한 경우인지(가능하다), 아니면 데이터 수집과 정리 과정에서의 실수 때문인지 생각해보는 것이다(안타깝게도 이쪽일 확률이 더 크다).

보다 최근에는 알베르토 카이로Alberto Cairo가 만든 데이터 공룡Datasaurus이 있다. [그림 6.11]의 데이터세트 2개는 동일한 기술 통계를 공유하지만 차트를 보면 장난으로 만든 것이 분명해 보인다.

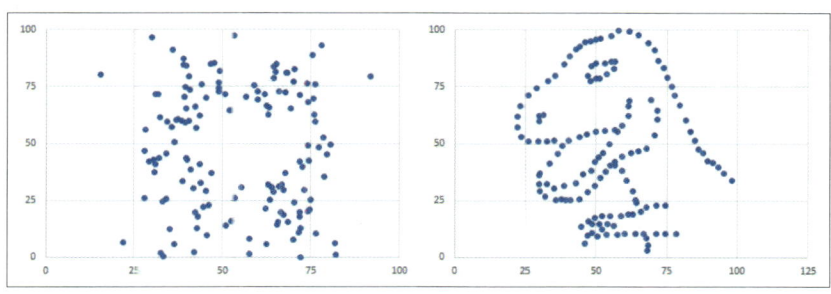

[그림 6.11] 왼쪽에 있는 카이로의 흩어진 데이터세트와 오른쪽의 데이터 공룡은 동일한 기술 통계를 공유하고 있다.

데이터를 차트로 만드는 것이 중요하다는 사실이 당신에게 전달되었기를 바란다. 개인적으로 차트를 읽는 것이 까다롭다고 생각된다면(많은 사람이 그렇게 생각한다), 차트에 좀 더 익숙한 사람을 찾아 도움을 요청하기 바란다.

차트를 이용한 데이터 탐색에는 어떠한 규칙이 없다. 다음은 내가 많이 하는 것들이다.

- 한 답변에 대한 데이터를 여러 다른 차트로 만든다. 보이는 패턴이 있는가?
- 몇 가지 답변에 대한 데이터를 서로 비교하고 주로 데이터 공룡처럼 x/y 플롯을 사용한다. 이상해 보이는 부분이 있는가? 패턴이 있는가?

아직 공룡을 발견하지는 못했지만 분명 이상점을 찾았고 분석을 위한 여러 가지 아이디어를 얻었다.

이 단계에서는 차트가 제대로 작동하지 않거나 색깔 선택이 형편없지는 않은지 걱정할 필요가 없다. 여러 가지를 시도해보며 흥미로워 보이는 것을 찾아라. [그림 6.12]는 내가 분석한 데이터세트의 한 질문에 대한 2개의 차트다. 막대 차트를 봤을 때 '선호 사항 없음'이 조금 크게 보였고 이례적이라고 생각했다. 트리맵의 기본 색상이 '라지' 선택지가 가장 매력적이지 않다는 것을 강조하고 있었기에 다시 고객의 목표를 점검하여 '라지' 선택지가 그들에게 특별히 중요한 부분인지 확인해야겠다는 생각이 들었다.

6장. 응답: 데이터를 답변으로 바꾸어라

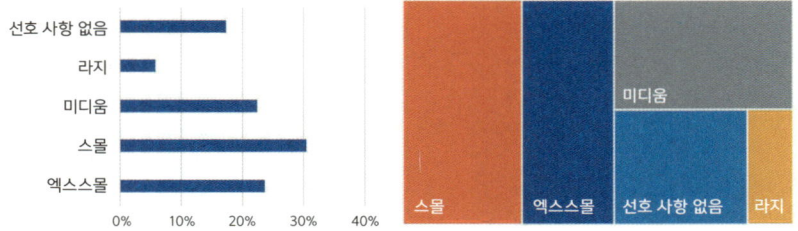

[그림 6.12] '선호하는 사이즈' 질문에 대한 2개의 차트: 막대 차트와 트리맵

나의 판단이 차트 소프트웨어의 색상 선택으로 인해 영향을 받았다는 사실을 눈치챘을 것이다. 이것이 바로 인간 지각의 부정적인 면이다. 우리는 실제로 있지도 않은 것까지 패턴을 찾도록 진화되었다. 그렇기 때문에 다시 목표를 점검하고 기술 통계와 비교해야 하는 것이다.

비교를 통해 데이터 파악하기

설문지를 최고핵심질문과 대표성 질문으로 최대한 줄였다면 이제 비교를 시작하기 좋은 타이밍이다. 설문조사 도구에서 2개 질문을 서로 비교해주는 '크로스탭cross tabulation'을 제공할 수도 있다. 엑셀과 구글시트는 크로스탭을 피벗 테이블Pivot Table이라 부른다.

몇 가지 팁을 소개한다.

- 하나의 작업시트에 모든 데이터를 모아 첫 번째 줄에는 칼럼 제목만 넣고 그 아래 칼럼에 데이터를 넣는다.
- 가끔 알 수 없는 이유로 피벗 테이블이 작동하지 않는 경우가 있다. 그러다 갑자기 되는 경우도 있으니 줄과 칼럼을 다른 조합으로 시도해보아야 한다.
- 피벗 테이블이 무언가 유용한 것을 만들어내면 테이블값을 복사하여 스냅샷을 만들고 별도의 작업시트로 옮긴다. 다음에 필요할 때 노트에서 테이블을 다시 만드는 것보다 이 방법이 쉽다.

다음은 2019 AIGA 디자인 센서스 데이터designcensus.org탐구 자료의 예시다. 해당 설문지에는 내가 탐구하고자 했던 2개의 질문이 있었다.

- 나는 디자인 분야에서 ~년 종사했다.
- 나의 나이는 ~세다.

나는 두 질문을 각각 줄과 칼럼에 넣었다. 그리고 '나는 디자인 분야에서 ~년 종사했다'를 카운트할 값으로 선택했다.

여기 나와 있는 것보다 실제 표가 훨씬 더 크다. 표를 살펴보았을 때 [그림 6.14]처럼 0세, 1세, 5세, 14세, 16세로 시작하는 것을 보고 깜짝 놀랐다. 또한 어떤 사람은 5세인데 디자인 분야에서 20년 동안 일했다고 주장하고, 또 다른 사람은 14세인데 디자인 경력이 20년이라고 주장하는 것도 보았다. 나는 16세 미만 사람들은 제외하기로 했다.

[그림 6.13] 디자인 분야의 연령과 경력 연수를 비교하기 위해 구글시트의 피벗 테이블 편집기가 설정되었다.

	A	B	C	D	E	F	G
COUNTA 나의 나이는 ~세다.							
나는 디자인 분야에서 ~년 종사했다.		0	1	5	14	16	
1~4년		2					
10~14년		3					
15~20년		2	1				
20+년		9		1	1		
5~9년		1					
1년 미만		1				1	
총계		18	1	1	1	1	

[그림 6.14] 피벗 테이블 결과물은 대표성에 대해 생각해보게 한다.

간단하게 줄과 칼럼을 바꾸니 [표 6.6]처럼 대표성에 대해 생각해보기 좋은 자료가 나왔고, 이를 새로운 시트로 복사해 16세 미만 또는 100세 이상이라 주장하는 사람들을 제외했다. 또한 데이터를 밴드에 넣어 사람들의 나이에 맞는 타당한 경력 연수인지 보다 쉽게 확인할 수 있었다. 1% 미만 퍼센트는 '-'로 대체하여 표를 좀 더 보기 쉽게 만들었다.

[표 6.6] 디자인 분야에서 종사한 연수와 디자이너의 나이 비교

나이	응답자 답	나는 디자인 분야에서 ~년 종사했다.					
		1년	1~4년	5~9년	10~14년	15~20년	20+년
16~19세	44	-	-	-	-	-	-
20~29세	3,999	3%	23%	15%	1%	-	-
30~39세	3,146	-	3%	12%	13%	4%	-
40~49세	1,273	-	-	1%	2%	5%	5%
50~59세	658	-	-	-	-	1%	6%
60~69세	244	-	-	-	-	-	2%
70~79세	38	-	-	-	-	-	-

이 표를 해석해보면 디자인 분야에서 1~4년 종사한 20대들이 응답자 중 가장

많은 비중을 차지하지만 해당 설문조사는 경력이 더 많은, 더 나이가 든 디자이너들로부터도 상당한 응답을 받았다.

그런 다음 [그림 6.15]와 같은 나이에 대한 별도의 차트를 보고 데이터에 숨어 있는 이상한 점이 없는지 확인했다.

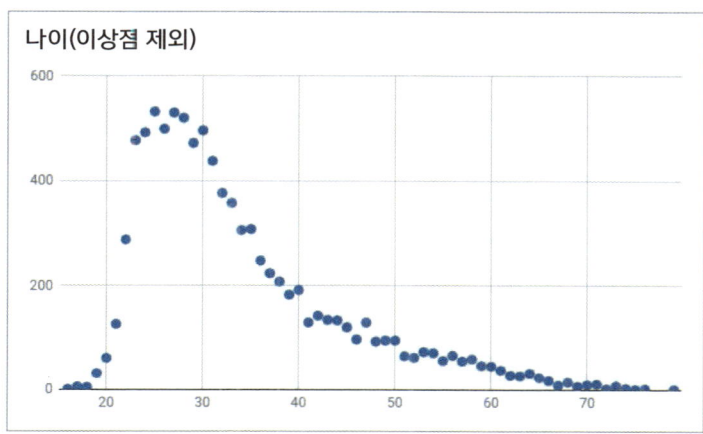

[그림 6.15] 디자인 센서스 2019에 답변한 사람들의 나이 프로필

열린 답변에서 주제를 찾아라: 코딩

4장에서 센서스 데이터 처리를 위해 1895년경 허만홀러리스가 발명한 펀치카드를 살펴보았다. [그림 6.16]과 같이 종이 설문지에서 카드로 답변을 옮기는 작업을 '코딩'이라 불렀다. 코딩은 이렇게 펀치카드 사용에서 프로그램 컴퓨터 그리고 이제는 프로그래밍 자체를 의미하는 용어로 바뀌었다.

[그림 6.16] 홀러리스 기계를 사용한 코딩

출처: www.census.gov/history/img/hollerithmachine.jpg

그 당시에는 인터뷰 진행자들이 센서스를 위해 '계산자'들을 불렀고 대면 인터뷰를 통해 질문을 하고자 이동했다. 인터뷰 진행자들에게는 '코드북'이라 불리는 지시 사항 안내서가 있었는데, 이는 면접 기록의 각 질문에 대해 무엇을 작성해야 하는지 알려주었다. 예를 들어 다음과 같다.

> 칼럼 9. 싱글, 결혼, 사별 또는 이혼 여부. 싱글 또는 미혼인 사람은 'S', 결혼한 사람은 'M', 사별한 사람은 'Wd', 이혼한 사람은 'D'로 작성.
> 1900년 10년 주기 설문조사

분석을 위해 열린 답변에 대한 코딩이 필요하다

종이 설문지 또는 대면 인터뷰를 선택했다면 답변을 코딩하는 것이 실제 답변을 입력하는 것보다 훨씬 더 빠르다는 사실을 알게 될 것이다. 다음 예시는 2015년 코드북에서 가져왔다.

> '(이름)은 현재 결혼, 사별, 이혼, 별거 중이거나 결혼한 적이 없습니까?'
> 1. 결혼-배우자 있음
> 2. 결혼-배우자 없음

3. 사별
4. 이혼
5. 별거
6. 결혼한 적 없음

웹과 전자 설문조사 도구의 분명한 장점은 닫힌 질문에 대한 코딩을 해준다는 것이다. 다음 예시는 사용자 연구 전문가에 대한 설문조사에서 가져왔다. 우리는 다음 질문을 물어보았다.

'사용성 테스트를 할 때 Picture-in-Picture Video를 사용하십니까?'
( ) 항상 그렇다.
( ) 대부분 그렇다.
( ) 가끔 그렇다.
( ) 절대 사용하지 않는다.
( ) 기타(구체적으로 답변 부탁드립니다.)

[표 6.7]은 28번부터 32번 응답자까지 답변 스프레드시트의 일부를 담고 있다.

[표 6.7] Picture-in-Picture Video 사용 관련 설문조사 질문에 대한 몇 가지 답변

응답자 수	사용성 테스트를 할 때 Picture-in-Picture Video를 사용하십니까?	PIPP 기타 (구체적으로 답변 부탁드립니다.)
28	항상 그렇다.	
29	대부분 그렇다.	
30	기타(구체적으로 답변 부탁드립니다.)	사용할 수 있다면 사용하겠다.
31	대부분 그렇다.	
32	절대 사용하지 않는다.	

두 번째 칼럼은 사용한 설문조사 도구가 어떻게 결과를 라디오 버튼 질문으로 만들어주는지 보여준다. 30번 응답자는 '기타'라는 선택지를 고르고 추가로 '사용할 수 있다면 사용하겠다'라고 덧붙였다. 즉, 5개 엔트리 중 4개가 이미 코딩이

되어 PIPP 기타 칼럼의 엔트리에 대한 작업이 훨씬 줄었다.

촉수를 생각하며 코딩을 준비하라

'코딩 준비'는 설문조사 문어의 촉수를 다시 살펴보며 지금 내가 무엇을 찾고 있는지 다시 한 번 생각해보는 과정이다. [표 6.8]을 보자 촉수와 각 활동을 비교해 놓았다.

[표 6.8] 코딩 준비 활동

촉수	내가 하고자 하는 것	활동
물어볼 질문(질문)	'기타' 답변이 너무 많지는 않은지 확인한다. 이 경우 질문에 문제가 있다는 의미일 수도 있다.	답변을 읽고 생각한다. 설문지를 반복할 수도 있다.
답변하는 대상 (표본)	사람들이 정의된 집단에 있지 않아 '기타'를 선택하는 건 아닌지 확인한다.	답변을 읽고 생각한다. 표집에 대한 결정을 다시 살펴볼 수도 있다.
설문조사를 하는 이유(목표)	의사결정에 도움을 주기 위해 열린 답변을 사용할 방법을 찾는다.	마음속에 확실한 목표를 가지고 코딩을 한다.

코딩 준비의 예시

Picture-in-Picture 예시를 다시 한 번 살펴보자. 사용성 테스트에서 Picture-in-Picture Video를 사용하는 것의 장점은 조사자와 이해관계자들 또한 참가자가 보고 있는 화면 옆으로 참가자의 얼굴을 볼 수 있어 참가자의 말과 행동을 이해하는 데 도움이 된다는 점이다. 단점은 일부 참가자는 영상이 찍히는 것을 어색하게 생각할 수도 있고, 녹화는 개인정보 문제를 만드는 식별 가능한 개인정보이기 때문에 추가적인 기술이 필요하다는 점이다.

이러한 문제와 기술에 대한 어느 정도 경험이 있는 사용자 경험 전문가들의 답변만 얻고자 했다. '사용성 테스트를 할 때 Picture-in-Picture Video를 사용하십니까?'는 대표성을 위해 사용한 질문 중 하나였다.

응답자 중 9명만이 해당 질문에 '기타'라 답변했다. [표 6.9]는 응답자들이 제공한 추가 정보를 그대로 담고 있다.

[표 6.9] PIPP('기타)에 대한 답변

응답자 수	PIPP(기타)
30	사용할 수 있다면 사용하겠다.
43	PIPP 없이 UserTesting.com 연구만 하고 다른 유형의 조정된 연구는 하지 않는다.
76	예전에는 사용했다. 지금은 대부분 연구가 조정되지 않고 이 기능이 없다.
93	얼굴+화면에 2개 화면을 사용한다.
109	참가자가 대면으로 참여하던 항상 사용한다.
117	가능한 경우 사용한다. 일의 특성상 항상 가능하지는 않다.
136	고객이 요청하는 경우 사용한다(의료 분야는 절대 요청하지 않는다).
176	Marvel에 연결된 Lookback을 사용하여 사용자의 표정을 기록한다.
198	기술적 제약 때문에 사용해본 적이 없다.

이번에는 답변을 읽어보니 모든 응답자가 해당 아이디어와 기술에 대한 경험이 어느 정도 있는 듯해 내가 찾던 정의된 집단 사람들에 속한다는 것을 알 수 있었다. 이 결문은 목표가 아닌 대표성에 대한 것이었기 때문에 답변들을 '기타' 분류에 그대로 두고 더 이상의 코딩 작업은 하지 않기로 했다.

일부 열린 답변은 약간의 정리만 하면 된다

방금 본 답변들은 상대적으로 긴 코멘트였다. 열린 답변이 이보다 훨씬 짧은 경우도 있는데, 그 경우에는 약간의 정리만 하면 된다.

다음과 같은 사례 연구가 있다. 대부분 영국에 거주하는 사람들을 대상으로 한 설문지로, 다음 질문으로 추가 선택지를 제공했다.

'영국 외에 어느 국가에서 거주하고 계십니까?'

대부분의 답변은 일관된 국가명으로 정리할 수 있는 간단한 것들이었다. [표 6.10]은 아르헨티나로 쉽게 코딩할 수 있었던 예시들이다.

[표 6.10] 쉽게 코딩한 답변의 예시

코딩 전	코딩 후
현재 아르헨티나임	아르헨티나
아르헨티나	아르헨티나
아르헨티나에 있음	아르헨티나

[표 6.11]의 예시는 코딩하기가 조금 까다로웠다.

[표 6.11] 사소한 문제를 제기한 답변의 예시

코딩 전	문제	코딩 후
캐나다, 독일, 스페인	어느 국가를 선택할 것인가?	1개 국가 이상
영국 출신이나 캐나다	추가 코멘트를 무시해도 괜찮을까?	캐나다
카탈로니아	어떤 사람들은 카탈로니아를 개별 국가로 생각하고, 어떤 사람들은 스페인의 일부로 생각한다.	스페인

그리고 [표 6.12]와 같이 몇몇 답변은 사람들이 완전히 다른 내용을 작성했다는 것을 보여준다.

[표 6.12] 국가와는 무관한 답변의 예시

코딩 전	코딩 후
맨체스터에 있는 가족과 살기 위한 비자	국가가 아님
다음번에 영국으로 가야 한다. 지원을 부탁한다.	국가가 아님
존경하는 선생님께 정중히 요청드립니다. (긴 요청이 뒤따랐다.)	국가가 아님

전체적으로 해당 질문에 2,000건이 조금 넘는 답변으로 시작했고 362가지 다른 답변이 나왔다. 다음 사항을 수행하는 데 약 1시간이 걸렸다.

- 간단하게 변형된 답변을 일관된 국가명으로 코딩하기
- 좀 더 문제가 있는 약 100개 답변을 어떻게 할지 결정하기

최종적으로 162개의 다른 국가와 '영국', '국가가 아님'이라는 답변이 나왔다.

보다 긴 코멘트 코딩을 위한 전략을 선택하라

경험상 방금 본 '기타' 선택지처럼 일부 질문 유형은 꽤 빠르게 코딩할 수 있는 짧은 답변이 나오지만 '코멘트를 남겨주세요'처럼 일반적인 오픈박스로는 훨씬 더 긴 답변이 나오곤 했다. 사람들이 입력하는 오픈박스 크기를 꽤 크게 만들어 더 긴 답변을 작성하도록 장려하는 경우에 특히 그렇다. 일부 사람은 상세하게 글을 적는데, 좋긴 하지만 해야 할 일이 더 많아진다는 단점이 있다.

[표 6.13]은 내가 자주 사용하는 코딩 방법을 정리한 것이다.

[표 6.13] 코딩 방법 모음

방법	수행 사항	어떤 경우에 좋은가
간단 코딩	모든 코멘트를 이해관계자에게 보낸다.	이해관계자가 설문조사에 진심으로 관심이 있고 답변을 읽는 수고를 받아들일 때
형용사형 코딩	해당 응답을 요약해주는 형용사를 선택한다.	'찬성'과 '반대' 감정의 전반적인 수준을 표현할 때
기술 코딩	해당 코멘트를 한 단어 또는 짧은 문장으로 요약한다.	새로운 아이디어를 탐색하거나 새로운 아이디어에 개방적일 때

작업 분야 코딩	조직에서 해당 작업 유형을 담당하는 곳에 각 코멘트를 할당한다.	즉시 후속 조치가 있도록 할 때
현장 코딩	응답자의 답변 중 전반적인 응답을 대표하는 부분을 선택한다.	이해관계자들에게 사람들이 해당 주제에 대해 어떻게 생각하고 어떤 단어를 사용하는지 이해할 수 있도록 도와줄 때
임시 코딩	설문조사 개시 전에 미리 결정한 코드 시작 목록을 설정한다.	기존 아이디어 또는 제안 사항을 지지하거나 반대할 때

추가적인 세부 사항과 더 많은 방법을 알고 싶다면 조니 살다나Johnny Saldana의 저서 《정성적 조사자들을 위한 코딩 매뉴얼The Coding Manual for Qualitative Researchers》을 읽어볼 것을 권한다.

코딩에 스프레드시트를 사용하는 방법

나는 스스로 코딩을 하는 경우가 많다. 다음은 간단 코딩보다 보다 복잡한 작업을 해야 할 때 내가 하는 일들이다. '1단계 코딩'과 '2단계 코딩'이라는 용어는 정성적 조사자들이 고안해냈다. 이제 우리는 정성적 분석을 해야 한다.

1단계 코딩

1. 코딩되지 않은 답변을 위한 칼럼을 생성한다. 답변을 복사해 코딩이 되도록 한다. 혹시 나중에 문의가 있을 수 있으므로 기존 데이터 칼럼은 그대로 둔다.
2. 코딩되지 않은 답변을 알파벳순으로 놓기 위해 스프레드시트를 정리한다.
3. 코딩되지 않은 답변을 읽어 코드에 대한 아이디어를 얻는다.
4. 2~3개 정도 되는 코드에 대한 칼럼을 생성한다. 나는 보통 처음 2개 코드는 '모르겠음'과 '해당 사항 없음'으로 진행한다.
5. 코딩되지 않은 답변이 코드와 일치하면 해당 코드 칼럼으로 이동시킨다. 어떤 답변이 2개 이상의 코드와 일치하면 관련된 부분으로 나눈다. 답변의 일부만이 코드와 일치하면 해당 부분을 그 코드의 칼럼으로 이동시키고 나머지는 코딩되지

않은 상태로 둔다. 이렇게 하면 코딩되지 않은 칼럼이 점차 비워진다.
6. '기타'로 둘 수 있을 만큼 미처리된 답변이 조금 남을 때까지 2단계부터의 과정을 반복하고 멈춘다.

여러 개의 코드가 있는 것보다 각 단계별로 3개 코드를 넘지 않고 정리 과정을 반복하는 것이 더 빠른 것을 경험했다.

이 과정을 수행할 수 있는 다른 방법도 많다. 예를 들어, 다른 방식으로 스프레드시트를 정리하거나, 코딩되지 않은 답변을 이동시키는 대신 코드에 대한 칼럼에 체크마크를 표시하거나, 선호하는 다른 변형된 방식을 찾을 수도 있다. 가지고 있는 데이터 표본에 적합한 방법을 시도해보고 반복하는 작업인 것이다.

2단계 코딩

처음 코드 세트가 준비되면 기존의 조사 목표를 가지고 매우 신중하게 코드를 확인한다. 이 코드가 의사결정을 내릴 수 있는 수치를 낼 수 있도록 도움을 주었는가? 추가적으로 그룹으로 묶거나, 요약하거나, 나누어야 하는가?

보통 2단계 코딩은 해당 코드가 유용한지, 조정이 필요한지 매우 신중하게 생각해보는 데 시간이 걸리기 때문에 1단계만큼 오래 걸릴 수 있다.

열린 답변을 정리할지 여부를 결정하라

PIPP 예시에서 약간의 입력 오류가 있었던 응답을 알아챘을 수도 있다. 나는 그 오류를 무시했다.

'176-Marvel에 연결된 Lookback을 사용하여 사용자의 표정을 기록한다.'

데이터세트 규모가 크면 열린 질문에 답변할 때 입력 오류가 나는 것을 피할 수 없다. 다음은 2017년 AIGA 디자인 센서스의 예시다. 질문 하나와 열린 답변 하나가 있었다.

> 35- 현재 나는 다음을 듣는 것을 멈출 수가 없다.

상당수의 디자이너가 디자인 팟캐스트 '99% invisible with Roman Mars'를 언급했다. 그리고 다음과 같은 철자 오류가 있었다.

> 99 present invisible
> 99% Invicible
> 99%indivisible

나는 개인적으로 이런 오류들을 무시하고 모두 '99% Invisible'로 코딩한 뒤 그렇게 보고한다. 반면 답변 중 3개는 다음과 같이 '크리스마스 음악'으로 시작했다.

> 어쩔 수 없이 크리스마스 음악을 듣는다.
> 크리스마스 음악. 11월이지 않은가.
> 크리스마스 음악. 미안하다. 아직 추수감사절도 오지 않은 것을 알고 있다!

어떤 음악을 듣는지 장르에 대한 정보를 원했다면 아마 이 모든 답변을 '크리스마스 음악'으로 정리했을 것이다. 하지만 나는 답변하는 사람의 실제 답변이 중요한 '현장' 코딩을 하고자 했고, 그런 경우에는 당연히 구두점과 철자를 그대로 보존한다.

다른 문화권 사람, 다른 언어를 사용하는 사람, 기술적인 문제를 겪고 있는 사람, 장애가 있는 사람의 답변을 존중하는 것은 매우 중요하다. 이 질문을 자신에게 해보라.

'답변한 사람들이 들인 노력을 존중하며 정확하게 답변한 사람들을 대표하고 있는가?'

코딩 테스트하기: 팀과 함께

팀의 일원으로 작업을 하고 있다면 한 사람에게 코딩을 맡기고 싶은 생각이 들겠지만 그렇게 하면 응답에 대한 모든 지식을 한 사람에게 맡기는 것이 된다. 효과적으로 작업을 분담하는 방법은 다음과 같다.

- 각 사람에게 응답을 몇 개씩 할당한다(한 사람에게 10개 정도).
- 코딩을 처음 하는 사람이라면 방법에 대해 약간의 교육을 제공한다.
- 모든 팀원이 맡은 응답을 코딩한다.
- 지금까지 수행된 작업을 모두 비교한다.
- 공통의 코드 세트에 대해 결정한다(재미있는 단계다).
- 각 팀원이 또 다른 10여 개를 코딩하여 해당 코드를 가져갈 수 있을지 확인한다.
- 코딩에 대해 아직 다른 부분이 남아 있다면 조율한다.
- 팀원끼리 남은 응답을 나누고 코딩한다.

이렇게 하면 코딩이 훨씬 빨라지고 팀에서 훨씬 더 많은 사람이 데이터에 대해 잘 알게 되어 다음에 더 작은 표본으로 설문조사를 할 때 당신의 조언에 동의할 가능성이 커진다.

정말 고급스러운 설문조사를 원한다면 '평가자 간 신뢰도'를 생각해볼 수 있다. 평가자 간 신뢰도는 코딩 팀의 모든 구성원이 동일한 방식으로 각 응답을 코딩할 때 발생한다. 상대적으로 작은 규모의 데이터세트로 일회성 설문조사를 한다면 모든 사람이 동일한 응답 세트를 코딩하는 것이 가능하다. 이런 경우 서로 얼마나 일치하는지 확인한다.

데이터세트 규모가 크거나 과정이 보다 복잡하면 아마도 모든 것을 나누는 것을 선호하게 될 것이다. 한 가지 방법은 무작위로 할당하여 각 항목을 두 사람이 확인하게 하는 것이지만 모든 사람이 다른 부분을 받아 차이점이 있는지 확인하는 것이 좋다. 아니면 당신이 합리적이라고 생각하는 것을 선택하면 된다.

대규모 연속 데이터세트에는 CAQDAS를 고려하라

오픈박스로 긴 답변을 수집하는 설문조사를 하는 경우가 많다면 CAQDAS (Computer Assisted Qualitative Data Analysis Software, 컴퓨터 지원 질적 데이터 분석 소프트웨어)라고 알려진 도구의 집합을 조사해보기 바란다. CAQDAS 도구는 내가 언급한 스프레드시트 방법보다 복잡한 코딩을 할 수 있는 다양한 방법을 제공한다.

몇 년 전에 이러한 도구 몇 가지를 시도해보았으나 당시 너무나 힘든 학습 곡선 때문에 좌절하고 말았다. 나는 어느 프로젝트든 일반 스프레드시트를 사용하는 것이 더 비용 효율적이라고 생각한다. 그리고 CAQDAS 도구 사용 방법을 배우는 데 들여야 하는 노력을 정당화할 만큼 동일한 분석을 자주 반복하지 않는다.

하지만 요즘에는 도구가 더 쉬워졌을 수도 있고, 당신을 더 자주 필요로 할 수도 있으며, 다중 사용자 분석과 같은 부분이 충분한 중요성을 가지기 때문에 CAQDAS 도구 사용 방법을 배우는 것이 가치 있는 일이 될 수도 있다.

영국 서리대학교의 CAQDAS 프로젝트는 CAQDAS 도구에서 무엇을 살펴보아야 하는지 설명하고 주요 도구에 대한 리뷰를 제공한다. 다음 사이트를 참고하면 도움이 될 것이다.

www.surrey.ac.uk/computer-assisted-qualitative-data-analysis/support/choosing.

감성 분석을 시도하되 회의적인 자세를 가져라

목표가 답변하는 사람들이 무엇인가에 긍정적인지, 부정적인지를 알아내는 것이라면 여러 가지 '감성 분석' 도구 중 한 가지에 코멘트를 넣어볼 수 있다. 여러 가격대의 다양한 도구가 있으며, 무료로 제공되는 것도 있다. 일부는 소셜미디어 코멘트를 중점적으로 다루나, 어떤 텍스트든 적용 가능한 도구들도 있다.

나는 유료 서비스는 사용해본 적이 없다. 몇 가지 무료 서비스를 사용해보았는데 대체로 실망스러웠다. 하지만 코멘트를 읽으며 감성에 대한 좋은 아이디어를 얻을 순 있었다. 감성 분석 도구에 대한 액세스가 있다면 시도해보되, 코멘트를 꼭 읽어보기 바란다.

워드 클라우드를 시도하되 회의적인 자세를 가져라

여러 코멘트를 시각화하는 가장 간단한 방법은 워드 클라우드('태그 클라우드'라고도 알려져 있다)를 생성해주는 도구에 넣어보는 것이다. 이런 도구들은 생겼다 사라지곤 하기 때문에 가장 시간이 드는 부분은 아직도 실행이 되는 도구를 찾는 일일 것이다. '태그 클라-우드 생성 시스템' 또는 '워드 클라우드'를 찾아라.

나는 한 클라우드 생성 시스템을 찾아 앞서 언급한 AIGA 데이터에서 '35- 현재 나는 다운을 듣는 것을 멈출 수가 없다'에 대한 답변을 시도해보았다. [그림 6.17]에 클라우드가 있다.

총 소요 시간 10분. 그만한 가치가 있는가? 내 경험상 보통은 그렇지 않다. 하지만 몇 가지 형용사형 코딩을 먼저 한다면 대조되는 워드 클라우드를 만드는 것이 편리할 때도 있다. (예를 들어 '긍정적'과 '부정적')

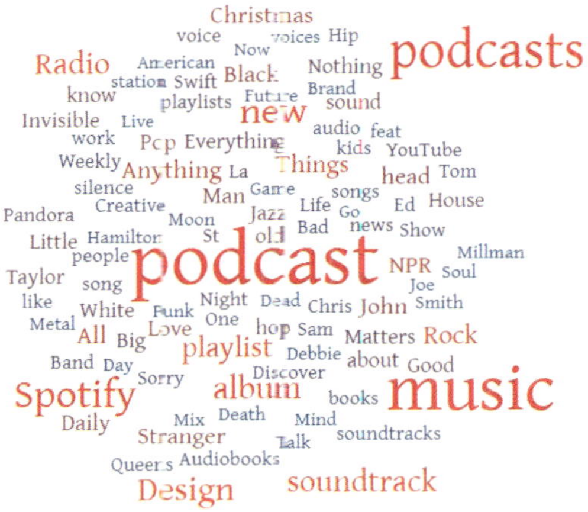

[그림 6.17] 2017년 디자이너들이 들었던 것에 대한 워드 클라우드

응답 관련 주의 사항

응답을 다룰 때는 [그림 6.18]의 2개의 축수, 즉 '답변을 사용할 대상'과 '얻게 되는 답변'을 생각해보아야 한다.

문제: 조정 오류

6장에서 각 개인의 응답을 포함할지, 제외할지 그리고 어떻게 가중치를 둘지에

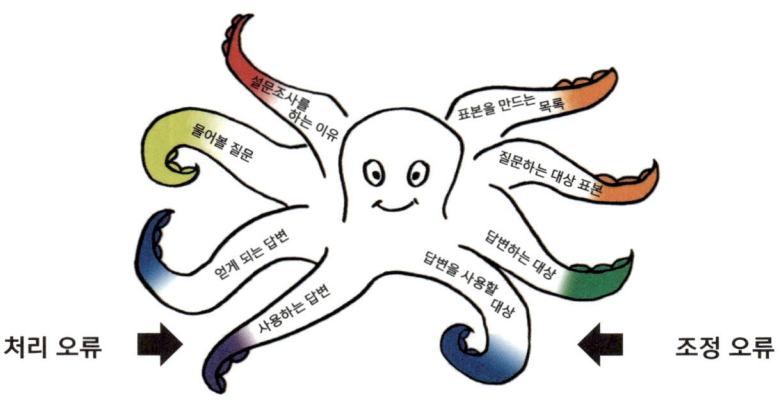

[그림 6.18] 응답은 두 가지 오류가 있는 2개의 촉수와 관련되어 있다.

대해 꽤 오랜 시간 고민했다. 이러한 결정은 설문조사의 전체적 결과에 상당히 많은 차이를 가져올 수 있기 때문에 자체적으로 오류가 생긴다.

'조정 오류'는 어떤 사람의 답변을 포함하고 그 답변을 어떤 식으로 가중치를 둘지에 대해 결정하는 과정이 완벽하지 못할 때 발생한다. 조정 오류는 10개년 인구조사처럼 국가적으로 중요한 설문조사 작업을 하는 설문조사 방법론 학자들이 주로 우려하는 부분이나 대부분의 사람은 그다지 걱정하지 않아도 된다.

문제: 처리 오류

설문조사 문어의 왼쪽 촉수에 '얻게 되는 답변'이 있다. 이는 개별 질문에 대한 답변을 살펴보는 과정이다. 예전에는 이 촉수가 큰 장애물이 되었다. 작성한 답변을 분석에 적합한 것으로 바꾸는 과정(주로 지루한 입력 과정이 많았다)에서 오류가 발생하는 경우가 매우 많았기 때문이다.

전자 형식을 선택했다면 답변하는 사람들이 대부분의 입력 작업을 해주었을 것이다. 하지만 앞서 이야기했듯 그들도 입력 오류를 일으킬 수 있고, 질문을 잘못 이해했을 수도 있다. 이 과정에서 온갖 재미있는 상황이 발생한다.

그리고 내가 제발 기록을 남기고 자주 백업을 하라고 부탁했던 것을 기억하는가? 스프레드시트를 잘못 건드려 몇 시간을 투자해 한 작업을 날려버렸을 때 얼마나 당황했는지 모른다.

마지막으로, 이상점을 어떻게 할지에 대한 결정과 비수치적 답변 코딩 방법에도 문제가 있을 수 있다. 여기서 '처리 오류'가 발생한다. 처리 오류는 조정 오류에 포함된 것 외에 데이터 정리와 최종 결果 계산 중에 생기는 모든 실수를 의미한다.

이 시점이면 알게 될 사실

설문조사 과정이 이제 거의 끝났다. 설문조사 문어의 촉수 하나를 남기고 모두 해결했다. 다양한 유형의 오류를 다루기 위해 최선을 다해왔다. 이제 양질의 데이터세트와 왜 데이터세트를 수집했는지에 대한 분명한 목표가 있다. 설문조사를 통해 직접적으로 얻거나 크로스탭을 생성해 얻은 수치들도 있다.

이제 해야 할 일은 단 하나! 이 수치를 의사결정으로 만드는 것이다. 7장에서 이에 대해 자세히 알아보기 전에 양질의 차트를 만드는 것을 주제로 한 스포트라이트를 살펴보도록 하자.

스포트라이트 I
좋은 차트는 읽기도 쉽고 솔직하다

앞서 데이터를 파악하기 위해 차트를 사용하는 법을 살펴보았다. 이 차트들은 당신을 위한 것이다. 다른 사람에게는 아무 의미가 없어도 괜찮다. 이번 스포트라이트에서는 데이터 소통을 위해 사용하는 차트를 다루고자 한다.

다음은 내가 만든 좋은 차트의 특성 목록이다.

- 솔직하다.
- 읽기 쉽다(시력이 안 좋은 사람이나 색을 다르게 보는 사람도).
- 올바르게 표시되어 있다.
- 명확한 메시지가 있다.
- 읽을 사람들에게 통한다.

또한 다음 사항을 잊지 않아야 한다.

- 차트 읽기가 어려운 사람들이나 차트에 맞지 않는 보조공학을 사용하는 사람들을 위해 다른 방식으로 수치를 표시할 수 있다.

몇 가지 차트의 나쁜 예를 보고 어떻게 양질의 차트로 바꿀 수 있을지 생각해보자.

3D 차트를 사용하지 말라

3D 차트는 어떤 것이든 사용하지 말라. 데이터를 왜곡하며 불필요한 비주얼 노이즈를 더한다. 다음은 UX 컨퍼런스의 직급에 대한 데이터 차트의 나쁜 예다.

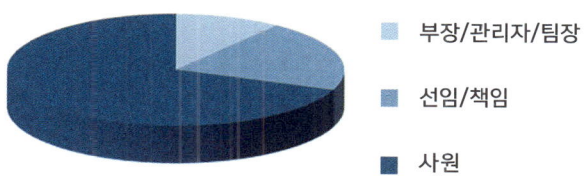

[그림 I.1] 뒤쪽에 있는 조각이 실제보다 더 작아 보이는 3D 파이형 차트

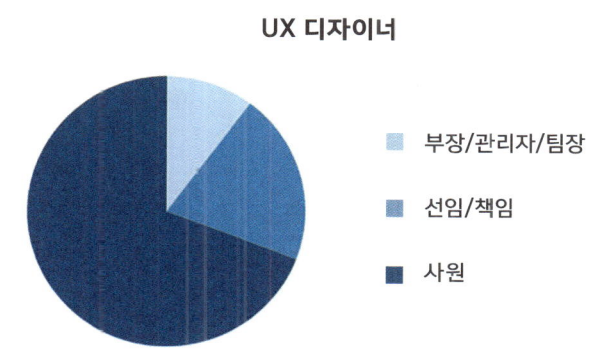

[그림 I.2] 비율을 더 잘 알아보게 해주는 2D 파이형 차트

'UX 디자이너' 직급을 가진 사람들 중 자신을 '선임 디자이너' 또는 '관리자'라고 묘사하는 사람의 비율을 나타내고자 했다. [그림 I.1]의 3D 파이형 차트에서는 뒤쪽에 있는 조각이 실제보다 더 작아 보이기 때문에 그 두 조각이 거의 동일하고, 합치면 전체 디자이너의 4분의 1이 조금 넘는 정도라는 인상을 준다.

3D 차트를 사용하지 않는다는 규칙은 막대, 칼럼, 파이형 차트에도 마찬가지로 적용된다. 3개의 축에 대한 데이터를 보여주려고 할 때는 3D 차트 사용을 허용할 수 있으나 그때도 차트 해석이 어려울 수 있다.

[그림 I.2]의 2D 파이형 차트는 동일한 데이터를 사용하고 있으며, 선임 UX 디자이너가 관리자보다 2배가량 더 많다는 것과 이를 합치면 UX 디자이너의 3분의 1가량이 된다는 것을 보여준다.

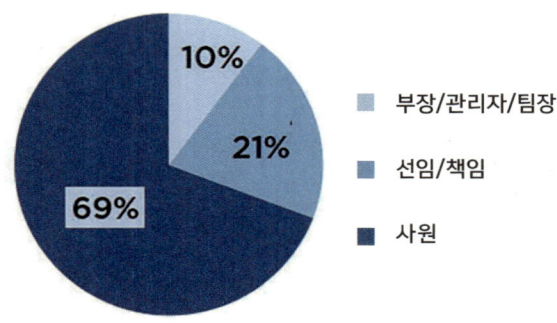

[그림 I.3] 비주얼 노이즈를 감수하고 정확한 라벨을 추가한 2D 파이형 차트

[그림 I.3]과 같이 차트에 라벨을 추가하면 보다 나을까? 아니면 비주얼 노이즈를 추가하는 것일까? 이에 대한 선택은 내가 차트를 만들어주는 대상이 추가적인 정확한 수치를 원하는지 여부에 달려 있다.

그리고 차트를 읽기 어려워하는 사람들을 위해 [표 I.1]과 같이 추가로 표를 만드는 것이 좋다.

[표 I.1] 'UX 디자이너'라는 직급을 가진 사람들의 세부 직급에 대한 비율

부장/관리자/팀장	10%
선임/책임	21%
사원	69%

간단한 파이형 차트가 괜찮은 경우도 있다

조각 수가 적었고 간단한 비교를 하고자 했기 때문에 나는 2D 파이형 차트를 사용했다. 안타깝게도 파이형 차트는 잘못 사용하기가 쉽다. 실패한 파이형 차트를 모아놓은 블로그에 등장하고 싶지 않다면 다음 규칙을 따르기 바란다.

- 파이의 조각 수는 최대 6개다.
- 각 조각을 분명히 다르게 만들어야 한다(유사한 카테고리가 있으면 안 된다).

- 조각은 색의 지각에 특정 문제가 있거나 파트를 흑백으로 보는 사람들도 반드시 볼 수 있어야 한다.
- 다시 한 번 강조하지만(그럴 만한 이유가 있다), 3D는 사용하지 않는 것이 좋다.

작은 카테그리가 많다면 '그 외' 조각으로 묶어 '최대 6개 조각' 규칙을 지켜라. 하지만 나라던 다른 차트를 먼저 시도해보겠다.

화려한 차트를 사용하지 말라

대부분의 스프레드시트 프로그램은 탐색해보기에 흥미로운 차트들을 제공해 주지만 결국 차트를 볼 사람들에게는 통하지 않을 수 있다.

나는 직급 데이터세트로 [그림 I.4]와 같이 동심원 도넛 차트를 시도해보았다. 매일 동심원 도넛 차트로 작업하는 사람이라면 이 차트로 의미를 찾을 수 있을 지도 모른다. 하지만 나는 헷갈리기만 했다.

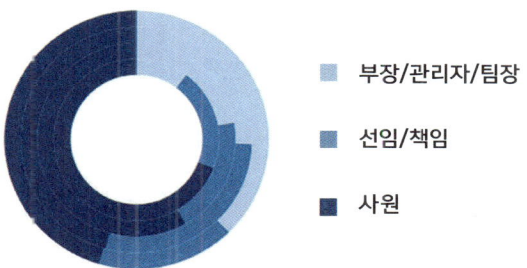

[그림 I.4] 나에게 아무런 의미가 없었던 동심원 도넛 차트

나는 주로 두 가지 유형의 칼럼 차트를 사용한다

개인적으로 나는 주로 두 가지 유형의 칼럼 차트를 사용한다. '나란히 칼럼 차트'와 '퍼센트 쌓아 올리기 칼럼 차트'가 바로 그것이다. 예를 들어, [그림 I.5]에서는 3:4 비교를 나타내고자 했다(4개 작업 영역의 세 가지 단계 직급). 나는 이를 나란히 칼럼 차트로 나타냈다.

이 차트를 보면 '부장' 직급의 사람들이 '기타' 직무 영역에 있는 경우가 훨씬 더

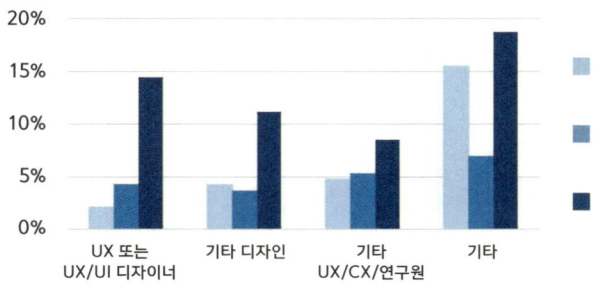

[그림 I.5] 나란히 칼럼 차트

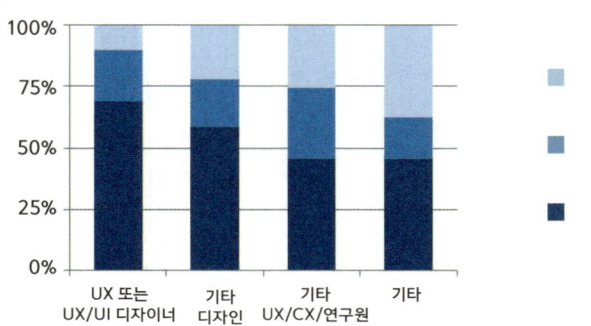

[그림 I.6] 퍼센트 쌓아 올리기 칼럼 차트

많고 'UX 또는 UX/UI 디자이너' 직무 영역에는 거의 없다는 것을 확인할 수 있다. 당신은 다른 것을 보거나 아예 보지 못할 수도 있다.

   퍼센트 쌓아 올리기 칼럼 차트는 조금 덜 익숙할지도 모른다. 한 카테고리 내에서 퍼센트를 비교하는 차트다. 이 경우에는 [그림 I.6]처럼 네 가지 직급의 비율을 비교하고 있다.

막대 차트는 뒤집힌 칼럼 차트다

앞서 본 칼럼 차트에서 칼럼 아래에 쌓인 라벨을 읽기가 너무나도 어려웠을 것이다. 막대 차트는 칼럼 차트의 사촌 격으로, 수직 칼럼을 수평 칼럼으로 바꾸어 놓은 것이다. 이 경우 [그림 I.7]처럼 라벨을 위한 수평의 공간이 좀 더 생긴다.

막대 차트와 칼럼 차트는 둘 다 유용하지만 나는 칼럼 차트를 조금 더 선호하는 편이다. 이해관계자들이 'up(증가)'을 'more(더)'로 읽기가 조금 더 용이하기 때문이다.

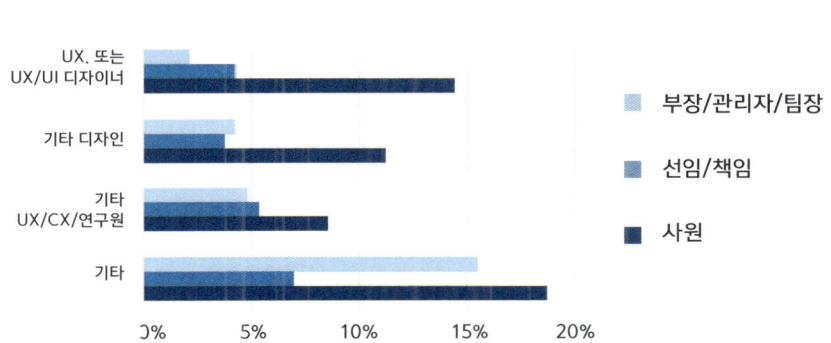

[그림 I.7] 카테고리에 대한 라벨이 더 긴 경우 막대 차트가 나을 수도 있다.

데이터의 메시지에 집중하라

나는 차트로 실험할 때 데이터가 무슨 말을 해주고 있는지 나타내려고 하는 데 몰두하여 이해관계자들이 의사결정을 내리도록 도와주는 것이 목표라는 사실을 잊어버리기 쉽다고 느꼈다.

이 데이터세트에서 나의 이해관계자들은 한 UX 컨퍼런스의 주최자와 연사들이었다. 그들이 무엇에 관심이 있는지, 내가 데이터로부터 무엇을 알게 되었는지에 대해 좀 더 생각해보았다. 그들은 다음 해 컨퍼런스를 계획하고 있었고, 대부분 다음과 같은 사항을 알고자 했다.

- 청중에게서 어느 정도 수준의 UX 지식을 기대할 수 있는가?

- 청중들은 실제 업무를 하는 사람들이 많을까, 관리자들이 많을까?

나의 경우, 'UX 지식수준'을 가장 비슷하게 측정할 수 있는 방법은 직급에 'UX'가 들어가면 UX에 대해 무엇이라도 알고 있을 것이라 가정하는 것이었다. 이상적인 방법은 아니지만 가지고 있는 데이터로 작업을 한 다음 설문조사를 반복해야 하는 경우도 있다.

그래서 보다 간단한 분류를 선택했다. 한 카테고리에는 UX가 들어간 모든 직급을 담고, 나머지는 다른 카테고리에 담았다.

[그림 I.8]은 컨퍼런스 참석자의 약 3분의 1이 UX 관련 직급을 가지고 있으나 UX 직급을 가진 경우 관리자 일보다는 실제 업무를 할 확률이 높다는 것을 보여준다. 나는 다양한 차트 유형을 모두 탐색해본 뒤 칼럼을 변형해보았다.

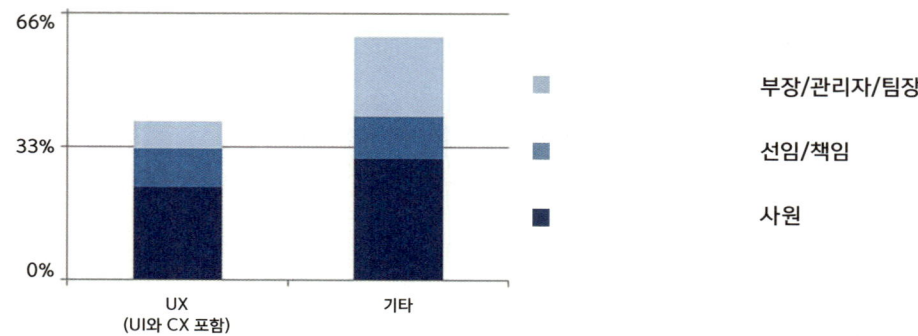

[그림 I.8] 참석자의 약 3분의 1이 UX/UI/CX 관련 직급을 가지고 있음을 보여주는 칼럼 차트

그리고 마지막으로 어떠한 이유로든 차트를 좋아하지 않는 사람들을 위해 [표 I.2]와 같이 표를 만들어야 한다.

[표 I.2] 직무 영역 및 직급 비교

참석자	UX(UI와 CX 포함)	기타
사원	23%	30%
선임/책임	10%	11%
부장/관리자/팀장	7%	20%

차트에서 시각적으로 정신없는 요소를 제거하라

사용하는 스프레드시트/차트 프로그램에 따라 디폴트 옵션에서 시각적으로 정신없게 하는 다양한 요소를 보게 될 것이다. [그림 I.9]는 엑셀의 디폴트 옵션에서 이전 차트를 적용한 모습이다.

당신은 이 버전을 선호할 수도 있겠지만 나는 다음 사항을 수행하기로 했다.

- 수직 척도를 변경한다. 디폴트는 0~70%이나, 한 칼럼이 데이터의 3분의 1을 넘고 다른 칼럼이 거의 3분의 2가 되도록 좀 더 명확하게 33~66%를 채택했다.
- 폰트 크기를 늘린다.
- 칼럼 라벨에 있는 범례를 다른 곳으로 이동시킨다.
- 이 책을 흑백 기기로 보는 사람들이나 모든 색을 보지 못하는 사람들을 위해 흑백으로 변경한다.

다른 차트의 경우 다음 사항을 고려해볼 수도 있다.

- 소수점 자릿수를 줄인다(데이터가 지원하지 않는 정밀도를 요구하지 말 것).

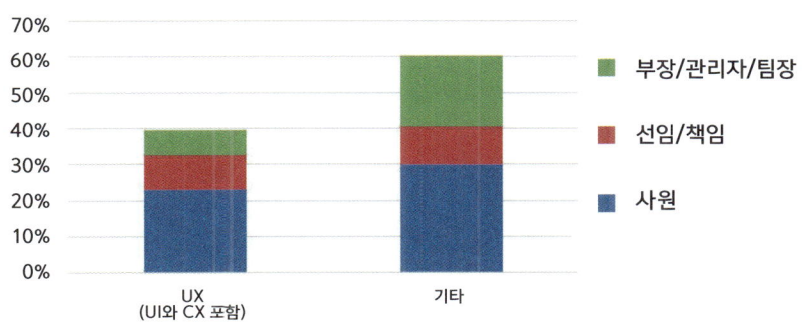

[그림 I.9] 엑셀 디폴트 옵션에 이전 차트를 적용한 모습

7장. 보고서

의사결정자에게 결과를 보여주어라

이제 응답을 탄탄한 데이터로 바꾸기 위한 모든 작업을 마쳤다. 당신이 설문조사 결과에 따라 어떤 조치를 취할지 최종 결정하는 것까지 포함하여 모든 것을 담당하고 있다면 이제 당신의 일은 끝났을 것이다.

다른 사람들이 의사결정을 내리도록 설문조사를 하고 있거나 그 결정이 당신에게 달려 있는데 다른 사람들에게 올바른 결정을 내렸음을 설득시켜야 한다면 설문조사를 통해 알게 된 사실을 보고하거나 발표해야 한다. 7장에서 이에 대해 자세히 다룰 것이다. 7장의 주요 촉수는 '사용하는 답변'과 '설문조사를 하는 이유'다(1장에서 다룬 내용).

알게 된 사실을 수치적으로 생각하라

수치에 대해 좀 더 생각해보자. 이번에는 수치를 결정으로 바꾸는 관점으로 생각하자. 1장에서 원하는 수치의 유형, 즉 단순 숫자일지, 범위일지, 평균, 중앙값, 최빈값이 될지와 같은 것들을 생각했다.

보고하는 수치가 모두 설문조사 응답 데이터에 대한 것이라면 이를 '기술 통계'라 한다. 모든 사람에게 질문하고 모든 사람이 대답했다면 수집한 데이터와 정의된 집단 사람들이 정확하게 일치하므로 이에 대해서는 추론할 것이 없다. 그러나 현실에서는 이렇게 정확하게 일치하는 경우가 거의 없으므로 '추론통계'를 생각해보아야 한다.

추론통계는 설문조사 응답 데이터에 기반을 둔 정의된 집단 사람들에 대한 기술이다. 추론통계는 복잡할 필요가 없다. 내가 가장 좋아하는 방식 중 하나는 퍼센트다. 다음은 전형적인 기술 통계의 예시다.

- 답변한 사람 78명 중 54명이 XYZ를 선호한다.

이를 다음과 같이 바꾼다.

- 답변한 사람의 69%가 XYZ를 선호한다.

그래도 여전히 기술 통계다. 이를 다시 한 번 다음과 같이 바꾼다.

- 69%가 XYZ를 선호한다.

표본에 대해 설명하지 않고 정의된 집단 사람들 또는 (내가 맥락을 제공하지 않는 경우) 전반적인 사람들에 대해 주장을 했기 때문에 추론통계가 되었다.

나의 주장은 정확하다. 표본 규모에 따르면 지나치게 낙관적일 수는 있다. 설문조사 문어의 문제들을 잘 다루었고 무작위 표본을 얻을 수 있는 표집 방법을 사용했다고 합리적으로 확신할 수 있다면 신뢰 구간(보통 95%)이 있는 추론통계를 만들 수 있다.

- 69% ±0.1%가 XYZ를 선호한다.

질문의 표현을 유지하기 위해 신중하게 질문을 뒤집어 소수 집단에 집중하기로 선택할 수도 있다(신뢰 구간은 동일하다).

- 31% ±0.1%가 XYZ를 선호하지 않는다.

어떤 접근 방식이 당신의 보고서와 결정에 적합한가? 나는 모르지만 당신은 1장에서 '목표'에 대해 알아보며 제대로 작업을 했을 것이기에 잘 알 것이라 확신한다. 그 목표에 집중한다면 괜찮을 것이다.

의견의 강도와 방향성을 모두 고려하라

2장에서 강력한 감정을 가진 사람들이 응답할 확률이 더 높다면 응답 영역이 어떻게 될지에 대해 생각해보았다.

이제 최빈값과 평균에 대해 잘 생각해보아야 한다. [그림 7.1]을 보면 평균 반응이 정중앙에 있는 것이 보인다. 그리고 극단의 거의 동일한 피크 2개가 서로의 균형을 잡아주고 있다. 이 그림에서는 두 가지 가능한 최빈값이 있다. 하나는 '싫다', 다른 하나는 '좋다' 부분이다.

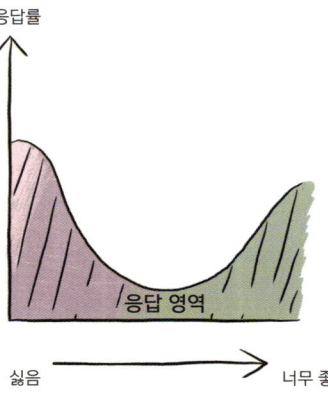

[그림 7.1]
강력한 감정을 가진 사람들이 응답할 확률이 더 높을 때 이러한 응답 영역이 나타날 수 있다.

데이터를 보며 '분할 보고서'가 필요할지 고려해보라. 분할 보고서는 하나 이상의 강력한 소수 집단과 전반적인 다수 집단의 의견을 반영한다. 인증제도를 제공할지 여부에 대한 설문조사를 진행할 때 분할 보고서의 필요성을 명확히 보여주는 예시가 있었다. 다수 집단은 분명하게 그러나 열성적이지는 않게 '진행합시다'라고 했으나 소수 집단은 강력하게 반대했다.

열린 답변을 체리피킹하지 말라

많은 사람이 설문조사보다는 정성적 연구를 더 편하게 생각한다. 정성적 연구에서는 응답자 중 소수의 이야기가 우리가 하는 일의 본질이다. 그리고 명확한 코멘트는 보고서나 발표에 활력을 더할 수 있다. 즉, 설문조사 데이터에서 인사이트를 선정할 때, 특히 응답을 다루며 답변 코딩에 많은 노력을 쏟았을 때 '체리피킹cherry picking'의 함정에 빠질 수 있다는 의미다.

체리피킹은 수치를 포함하여 전반적인 응답에 집중하지 않고 적은 수의 코멘트를 보고하는 것이다. 그러니 수치를 살펴보아라. 대부분의 응답자는 질문에 그냥 답변을 하지, 글을 써주지는 않는다.

6장에서 사용자 연구자 설문조사의 PIPP에 대한 질문 코딩을 어떻게 해결했는지 설명했다. 주어진 상황은 다음과 같았다.

- 9명이 열린 텍스트가 있는 '기타 답변'을 선택했다.
- 191명이 '항상 그렇다'에서 '절대 사용하지 않는다'까지의 범위가 있는 '빈도 답변'을 선택했다.

다수가 빈도 답변을 선택하고 그보다 적은 수의 사람이 기타를 선택한 합리적인 이유가 있었기에 191개 응답을 사용하여 안전하게 분석을 지속할 수 있겠다고 결정했다.

어떤 소식을 언제 전할지 정하라

간단 설문조사로 설문조사 규모를 성공적으로 잘 조절했다면 최고핵심질문과 최소한의 대표성 질문만 했을 테니 모두에게 결과에 대해 말해도 된다.

대규모 설문조사에 가까운 규모의 설문조사를 하게 되었다면 지금까지 많은 작업을 해왔을 테니 [그림 7.2]와 같이 모두에게 결과에 대해 말하고 싶은 유혹이 들 것이다. 하지만 말하지 말라.

이제 목표로 돌아가보자. 이해관계자들이 설문조사에서 알아가기를 바라는 가장 중요한 인사이트는 무엇인가? 집중적인 보고서를 만들면(보통 짧게 만들라는 의미.) 이해관계자들이 의사결정을 내리는 데 도움이 될 것이다. 그리고 이것이 지금까지 당신이 목표로 해온 것이다.

[그림 7.2] 보고서에 모든 것을 포함시키는 것이 좋을까?

다음과 같은 고려 사항도 있다.

- 나쁜 소식으로 사람들을 놀라게 하는 것은 절대 좋은 아이디어가 아니다. 응답이 들어오기 시작하자마자 분석을 시작했다고 가정했을 때, 주요 소식은 이해관계자들에게 일찍 알려주는 것이 좋다.
- 설문조사 타임라인을 꿰고 있어라. 응답 데이터세트 정리와 멋진 발표를 만드는 데 시간을 너무 오래 사용해 의사결정 순간을 놓칠 수 있다.
- 결과에 어느 정도 공백이 있는 것도 괜찮다. 전달을 미루기보다는 '추가 작업 필요'라고 적는 것이 낫다.

다음은 '충분하지 않은 데이터'를 다루는 방법의 예시다. 영국 헤드헌터 회사 지프라 피플Zebra People의 닉 코크레인Nick Cochrane과 나는 함께 설문조사 작업을 하며 이런 문제를 겪었다. 닉의 목표는 지프라 피플에서 중점을 두고 있는 공석 일자리 범위에 대한 프리랜서 요율 대비 고정 급여 비교 보고서를 고객에게 제공하는 것이었다.

전반적으로 응답률도 훌륭했고, 닉이 보고하고자 했던 200개 카테고리에 대한 데이터를 거의 모두 수집했으나 한 카테고리에 응답이 몇 개밖에 없는 공백이 일부 있었다. 그 수치를 평균이나 중앙값으로 바꾸면 표본이 작아 신뢰성이 떨어질 것이라 생각했다.

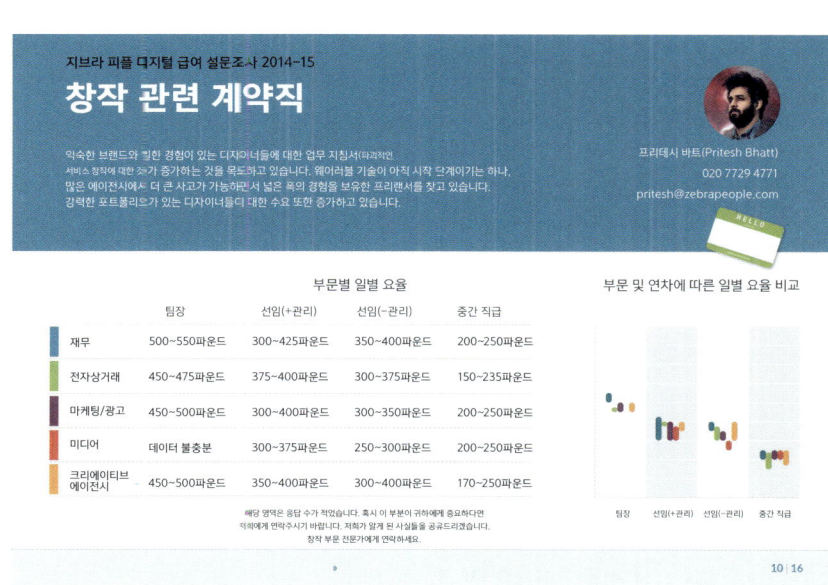

[그림 7.3] 지브라 피플: 부문별 프로젝트 관리 급여에 대한 보고서

따라서 그 대신 보고서에서 해당 문제를 인정하기로 했다(그림 7.3 참조). 그리고 보고서의 대상인 사람들(직원을 채용하고자 하는 고용주와 이직하고자 하는 사람들)에게 직접 말할 수 있는 기회를 만들었다.

전달할 때 사용할 형식을 정하라

대부분의 사람은 연구 결과를 전달하고자 할 때 자신이 선호하는 워드 프로세서나 프레젠테이션 디자인 프로그램을 직관적으로 사용하려고 한다. 그런 보고서나 프레젠테이션으로 바로 넘어가기 전에 [표 7.1]에 기타 아이디어 몇 가지를 정리해두었으니 참고하기 바란다.

[표 7.1] 결과 보고를 위한 기타 아이디어

아이디어	비고	장점
이번 주 결과	아주 간략한 발표: 이메일 목록, 인트라넷 페이지 또는 조직의 메시지 서비스 채널을 활용할 수 있다.	간단 설문조사를 여러 번 반복할 수 있다.
포스터	수치를 핵심 결과로 가져가는 것에 집중하라. 다른 텍스트는 최소화하라. 사람들이 멀리서도 포스터를 쉽게 읽을 수 있도록 큰 활자를 사용하라.	학자인 대상자들에게 또는 대형기관에게 인사이트를 전달할 때 좋다.
인포그래픽	포스터와 마찬가지로 포함할 세부 정보를 신중하게 선택하라.	서로 연관된 핵심 수치 몇 개를 요약하기에 좋다.
스티커 또는 티셔츠	1984년 디자이너 캐서린 햄넷Katharine Hamnett이 마가렛 대처Margaret Tatcher 총리를 만났을 때 '58%가 퍼싱을 원하지 않는다'라고 적힌 티셔츠를 입어 영국에서 유명해졌다.	눈에 띄는 방식으로 하나의 최고핵심질문에 대한 답변을 전달하는 매우 짧은 구절과 하나의 수치를 표현하기에 좋다.

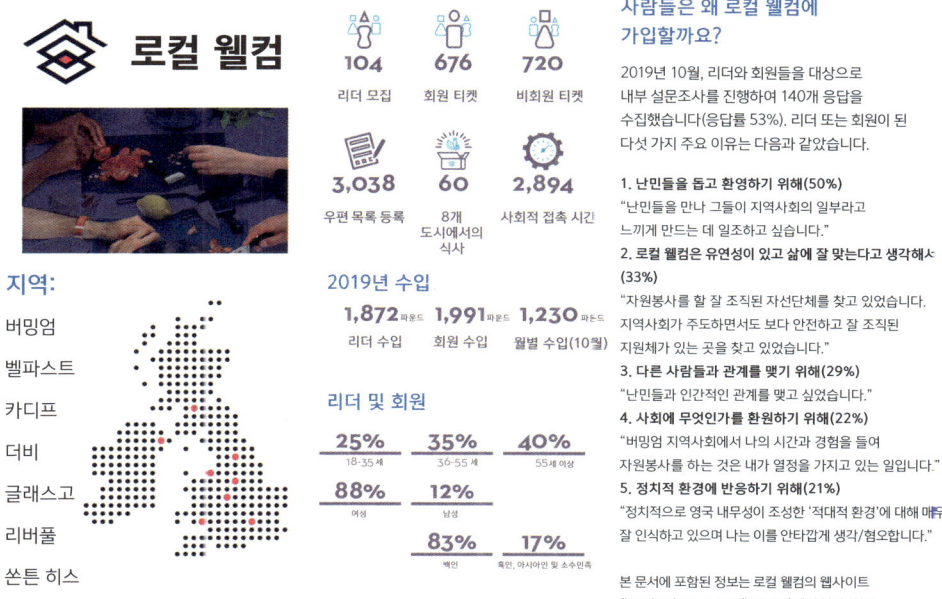

[그림 7.4] 에페 하룻Efe Harut은 영국 자선단체 로컬 웰컴Local Welcome의 설문조사 결과를 전달하기 위해 이와 같은 인포그래픽을 만들었다.

슬라이드를 주장/근거 형식으로 발표하라

슬라이드로 전달된 결과를 잠시 살펴보도록 하자. [그림 7.5]처럼 한 주제(명사 하나)와 하위 주제(명사와 형용사 몇 개 정도인 경우가 많다)로 구성된 슬라이드는 매우 자주 보는 형식 중 하나다. 내 기억으로 이는 1990년대에 마이크로소프트 파워포인트가 출시되었을 때 디폴트로 제공된 형식인데, 그 이후로도 계속해서 인기를 유지해왔다.

이 형식보다는 '주장/근거 형식'을 사용하기 바란다. 주장/근거 형식은 모든 슬라이드의 주요 포인트를 온전한 문장으로 표현하며, 선택적으로 추가적인 세부 정보 또는 근거로 뒷받침한다.

[그림 7.6]을 보자. 주장/근거 형식은 모든 슬라이드의 주요 포인트(주장)를 한 문장으로 사고하고 표현하도록 한다. 나의 예시에서는 슬라이드의 주요 포인트

주제	당사 소개
• 하위 주제 첫 번째 하위 주제 • 하위 주제 두 번째 하위 주제 • 하위 주제 세 번째 하위 주제 • 그리고 또 다른 하위 주제	• 훌륭한 제품 라인으로 가장 잘 알려져 있음 • 1995년 설립 • 2005년 이후 95% 이상의 고객 만족도를 지속적으로 달성하고 있음 • 당사의 가치제안은 고객서비스

[그림 7.5] 주제/하위 주제 슬라이드와 예시

이 문장은 주장 문장이다.	우리는 고객서비스에 집중한다.
• 여기에 들어가는 내용은 근거다. • 근거는 주장을 뒷받침하거나 확대한다. • 이 슬라이드에는 4개의 글머리 기호가 있다. • 이미지, 표, 차트, 영상을 사용할 수도 있다.	• 훌륭한 제품 라인으로 가장 잘 알려져 있음 • 1995년도 설립 • 2005년 이후 95% 이상의 고객 만족도를 지속적으로 달성하고 있음 • 당사의 가치제안은 고객서비스

[그림 7.6] 주장/근거 슬라이드 레이아웃과 문장 및 뒷받침하는 세부 정보의 예시

를 강조하기 위해 문장 하나를 추가했다. '근거'는 예시처럼 글머리 기호를 사용할 수도 있고, 이미지, 표, 차트, 영상 등을 사용할 수도 있다.

슬라이드에 맞는 하나의 문장을 만들 수 없다면 다음과 같은 두 가지 선택지가 있다.

- 슬라이드를 각각 요약된 주장을 담고 있는 포인트들로 나눈다.
- 슬라이드를 같이 제외한다.

모든 슬라이드를 주장/근거 형식으로 만들었다면 《사용자 경험 시선 추적: 연구에 대한 실용적 지침Eye Tracking the User Experience: A Practical Guide to Research》의 저자 아가 보즈코Aga Bojko에게서 얻은 좋은 팁을 활용할 수 있다.

'모든 슬라이드의 헤더를 모아놓은 문서를 만든다. 그 문서가 발표의 스토리를

담고 있는지 확인한다.

주장/근거 형식은 다음 사항을 의미하기도 한다.

- 발표를 듣지 못한 사람도 나중에 슬라이드를 발표할 때 주요 포인트를 볼 수 있다.
- 마지막 순간에 급한 일이 생기거나 기술적인 문제로 본인이 슬라이드 발표를 할 수 없다면 다른 사람이 대신 발표하면서 자신 있게 모든 주요 포인트를 다룰 수 있다.
- 어떤 사람이 차트나 다른 이미지를 보지 못하거나 이해하지 못한다고 해도 주장 부분에 포인트가 나오기 때문에 핵심은 놓치지 않을 것이다.

나는 주장/근거 형식을 발견하기 오래전부터 이 형식을 사용했다. 모든 슬라이드에 주장 문장을 작성하는 데 익숙해지기까지 시간이 조금 걸렸지만 이제는 다른 방법으로는 발표하지 않는다.

문서를 주장/근거 형식으로 작성하라

슬라이드에 주장/근거 형식을 사용하는 것을 강력하게 지지하게 된 이후 문서, 특히 보고서도 비슷한 방식으로 작성할 수 있다는 사실이 점차 분명해졌다. 이 책의 소제목이 대부분 완전한 문장이라는 사실을 알아차렸는가? 목차를 보면 핵심 포인트가 나와 있는 것을 알게 될 것이다.

조직에서 특정 보고서 양식을 사용한다면 소제목을 완전한 문장으로 쓰게 하기까지 약간의 실랑이가 있을지도 모른다. 나는 도든 하위 소제목에 완전한 문장을 넣어 동료들이 익숙해지도록 했다.

역피라미드를 선택하라

발표의 전반적인 흐름에 있어 시작할 수 있는 세 가지 전형적인 양식을 소개하도록 하겠다(표 7.2 참조).

- 역피라미드
- 방법론 먼저
- 프레젠테이션 젠

'역피라미드'는 가장 중요한 메시지로 시작하고 추가적인 세부 정도로 뒷받침하는 신문기사 같은 양식이다. 부록에 추가 세부 정보를 넣을 때도 조정이 잘된다.

'방법론 먼저'는 과학 논문의 전형적인 양식이다. 수행했던 것으로 시작하여 발견한 것으로 진행된다. 이 과정은 방법론에 대한 비평을 받을 수 있으나 결과가 양질의 과정에 기반을 두고 있다는 신뢰 구축도 가능하다.

'프레젠테이션 젠'은 프레젠테이션 디자이너 가 레이놀즈Garr Reynolds가 만든 용어다. 이 양식은 몇 개 단어를 동반할 수도 있는 설득력 있는 이미지를 제공한다. 슬라이드가 연사와 분리될 수 없기 때문에 이 양식을 선택한다면 연설을 기록하여 발표 시 참석할 수 없거나 필요할 수도 있는 사람들에게 전사본을 제공하도록 한다.

[표 7.2] 각 발표 양식의 장단점

양식	장점	단점
역피라미드	가장 중요한 메시지를 주목받게 한다.	결과가 놀랍다면 방법의 어려움에 놓일 수도 있다.
방법론 먼저	방법론에 대한 신뢰 구축이 가능하다.	바쁜 사람들은 결과에 도달하기 전에 지루함을 느낄 수도 있다.
프레젠테이션 젠	메시지를 설득력 있게 전달할 수 있다.	발표 때 없었던 사람에게는 그다지 유용하지 않다.

같은 결과라도 보여주는 방법은 다양하다

설문조사 목표에 따라 동일한 데이터를 어떻게 보여줄 수 있는지를 소개하도록 하겠다. 실제 설문조사에서 본 질문을 변형했으나 데이터는 내가 만들었다.

데이터를 보여주어라

[그림 7.7]을 보자. 이 형식은 질문이 위에 있고 실제 데이터가 표로 나와 있으며 추가적인 해석이 없다.

다음의 경우에 가장 적합하다.
- 모든 데이터를 보고자 하는 사람들
- 나중에 빠르게 살펴볼 수 있는 참조용
- 정확한 결문에 대한 기록
- 상대적으로 간단한 질문의 결과 공유

선택지	응답자 수
1	434
2	190
3	39
4	8
5	0
6명 이상	5

본인을 도함하여 몇 명의 성인이 당신의 잡지를 읽거나 훑어봅니까?

[그림 7.7] 데이터를 보여주는 형식

데이터에 주장/근거 형식을 적용하라

앞서 이야기했듯 나는 슬라이드의 주요 포인트와 뒷받침하는 근거가 있는 하나의 문장으로 된 주장/근거 형식을 좋아한다. 의사결정자들이 가장 관심 있는 부분이 사람들이 그들의 잡지를 공유하는지 여부라고 가정해보자. [그림 7.8]을 보자. 공유하지 않는 응답자, 공유하는 응답자로 데이터를 변환한 다음 미가공 데이터를 퍼센트로 바꾸었다.

676명 응답자 중 약 3분의 1이 잡지를 공유한다.

성인	
공유하지 않는다.	65%
1인과 공유한다.	28%
2인과 공유한다.	6%
3인과 공유한다.	1%
4인과 공유한다.	–
5인 이상과 공유한다.	1% 미만

[그림 7.8] 데이터에 대한 주장/근거 형식

다음의 경우에 가장 적합하다.
- 주요 해석과 뒷받침하는 데이터를 보고자 하는 사람들

주요 메시지에 집중하라

[그림 7.9]는 데이터의 모든 하위 카테고리를 하나로 종합했다. 카테고리는 3개가 있다. (개인적으로 파이형 차트의 최대 카테고리 개수를 6개로 제한하고 있다.)

다음의 경우에 가장 적합하다.
- 데이터 일부를 보고자 하는 바쁜 이해관계자들

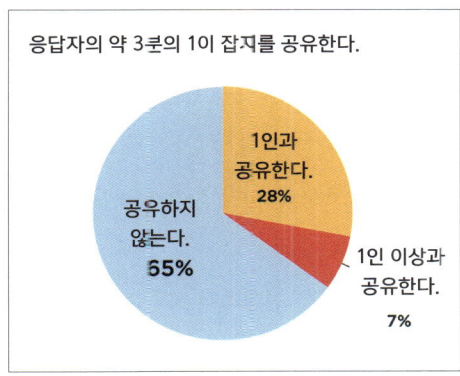

[그림 7.9] 파이형 차트의 주장/근거 형식

사건 전후를 비교하라

나는 '재미를 공유하세요'라는 캠페인을 진행한 고객을 위해 작업을 한 적이 있다. 캠페인의 영향을 평가하기 위해 캠페인 전후로 설문조사를 진행했다. [그림 7.10]에서는 2개의 파이형 차트를 비교하는 것이 어렵기 때문에 설문조사의 목표에 맞게 주장을 변경하고 파이형 차트를 삭제했다.

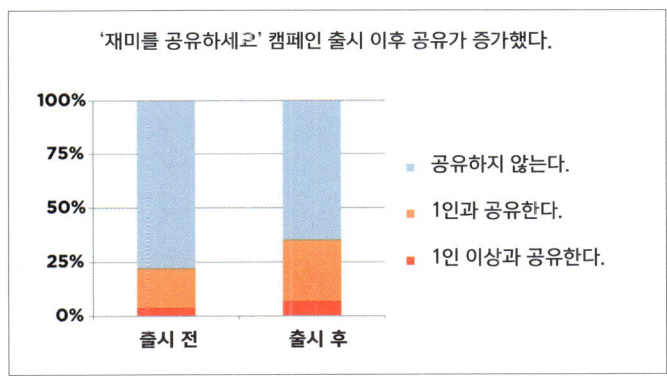

[그림 7.10] 비교 막대 차트의 주장/근거

다음의 경우에 가장 적합하다.
- 전후 데이터 비교

설문조사 결과를 비교하라

또 다른 유형의 설문조사는 어떤 연령 집단이 잡지를 가장 많이 공유하는지를 볼 수 있다. 이 설문조사는 캠페인 전후를 비교하는 대신 두 가지 질문을 한다. 이미 본 질문과 연령에 대한 질문이다. 이 설문조사를 기반으로 하여 내릴 결정은 다음과 같다.

'고객이 특정 연령 집단을 대상으로 공유 캠페인을 진행해야 하는가?'

이번에는 [그림 7.11]과 같이 연령을 비교했다.

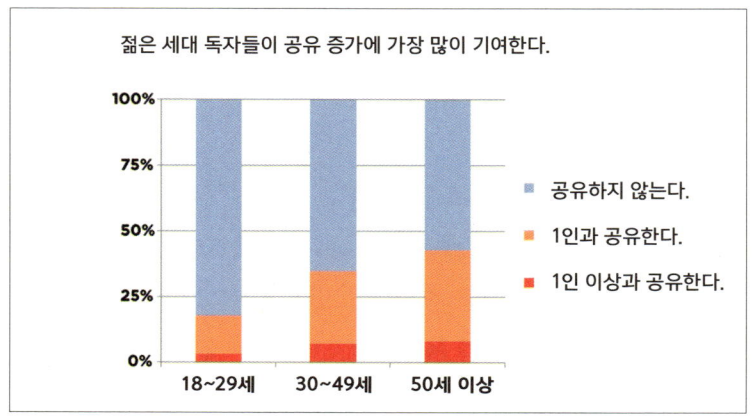

[그림 7.11] 주장/근거와 설문조사 막대 차트

다음의 경우에 가장 적합하다.
- 의사결정을 위한 기반을 정확히 짚어낸다.
- 권고 사항 이면의 수치를 보고자 하는 이해관계자들

설득력 있는 이미지와 핵심 포인트를 만들어라

이해관계자들이 결종에 집중하도록 해야 할 때가 있다. 설문조사를 통해 탄탄한 데이터를 수집했으니 그들이 원할 때 제공할 수 있다. 이 버전은 주장과 관련 있는, 기억에 남을 만한 이미지로 핵심 주장을 뒷받침해준다. 여기서 어려운 점은 이미지 선택이다. 강력하고 정확하며 공감대를 형성해야 한다. [그림 7.12]에서 사용한 이미지는 '이 조직은 남성에게 너무 집중하고 있다'라는 메시지를 이해관계자들에게 전달할 수 있다.

[그림 7.12] 설득력 있는 이미지와 주장

다음의 경우에 가장 적합하다.

- 뒷받침 데이터를 별도로 제공하는 대면 발표

보고서에도 동일한 방법을 사용할 수 있다

여러 가지 형식으로 결과를 보고할 수 있다. 예를 들어, 북아일랜드의 연구소 ARK는 2008년부터 P7 아이들(미국의 5학년과 같다. 10~11세 어린이)을 대상으로 연례 설문조사를 진행해왔다. 2018년 그들은 영어나 아일랜드어 이외의 언어를 배우는 것에 대해 다음과 같은 질문을 받았다.

'LANGLRN: 학교에서 어떤 언어를 배우나요?'

질문 이름은 LANGLRN이라는 약어를 사용하고 있으며, 미가공 데이터는 www.ark.ac.uk/klt/datasets에서 다운로드받을 수 있다. 웹에서 각 질문에 대한 데이터도 확인할 수 있다. [그림 7.13]을 보자.

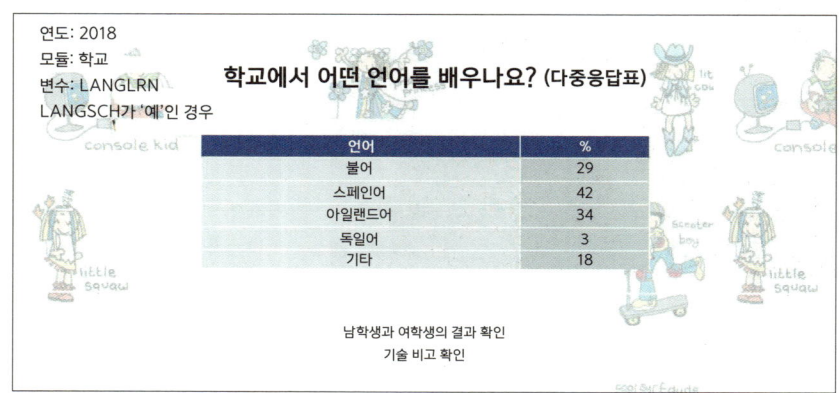

[그림 7.13] 2018년 LANGLRN 질문 요약 표

출처: www.ark.ac.uk/klt/2018/school/langlrn.html

또는 [그림 7.14]처럼 아이들을 위한 결과 요약표의 동일한 데이터를 확인할 수도 있다.

[그림 7.14] 아이들을 위한 LANGLRN 질문
출처: https://www.ark.ac.uk/klt/2018/comic2018.pdf

최고의 인사이트를 얻어라

1장에서 [그림 7.15]처럼 적절한 방법을 선택하는 매트릭스에 대해 이야기한 바 있다.

관찰	사용성 평가 현장조사	분석 A/B 테스트
질문	인터뷰	설문조사
	왜? (정성적 질문)	얼마나? (정량적 질문)

[그림 7.15] 적절한 방법 선택을 위한 매트릭스

우리는 지금까지 많은 과정을 거쳐왔고 설문조사 진행 과정에서 최소 두 가지 방법을 사용했다.

- 가장 주목할 만한 주제가 무엇인지 알아내기 위해 정의된 집단 사람들 인터뷰하기
- 설문지 사용성 테스트

잠시 다시 짚고 넘어가도록 하자. 최고의 인사이트는 다른 방법과 함께 설문조사를 활용할 때 얻을 수 있다. 그러니 다른 결과가 있는지 살펴보도록 하라.

예를 들어, 사람들에게 웹사이트가 유용하다고 생각하는지 질문했다면, 해당 웹사이트의 어떤 부분이 실제로 사용되는지 비교할 수 있는 분석 자료가 있는가? 고객에게 왜 회원가입을 결정했는지 질문했다면, 전환율을 확인할 수 있는가? [그림 7.16]을 통해 알 수 있듯 설문조사는 사용성 테스트와 인터뷰를 포함한 다른 많은 것과 함께 사용자 경험 박스에 들어 있는 다양한 도구 중 하나일 뿐이다.

[그림 7.16] 설문조사는 사용자 경험 박스에 들어 있는 도구 중 하나일 뿐이다.

앞서 로컬 웰컴 인포그래픽을 잠시 언급했다. 디자이너 에페 하룻이 어떻게 다양한 자원을 활용했는지 [그림 7.17]을 통해 다시 한 번 살펴보자. 왼편에는 사람들이 자선활동에 참여한 사진과 활동 지역 지도가 보인다. 상단 중앙에는 로컬 웰컴이 보유한 다른 데이터에서 가져온 활동에 대한 핵심 사실들에 삼각법을 적용해놓은 것이 있다. 하단 중앙에는 설문조사의 대표성 질문에 대한 일부 수치가 나와 있다(다른 데이터와 크로스 체크도 되어 있다). 그리고 마지막으로 오른쪽은 최고핵

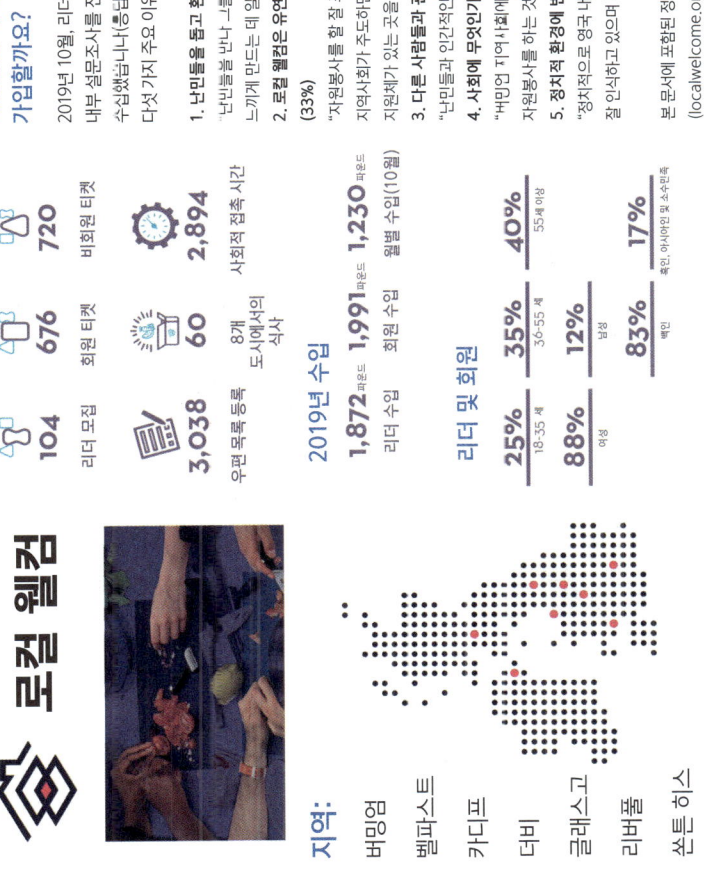

[그림 7.17] 로컬 웰컴 인포그래픽

심질문에 대한 답변과 신중하게 선정한 '현장' 인용문으로 전형적인 코멘트를 나타냈다.

보고서 관련 주의 사항

이 책의 시작 부분에서 설문조사 문어를 처음 소개했을 때 [그림 7.18]처럼 '질문하고자 하는 이유', '질문하고자 하는 대상', '수치'에 대한 선택을 나타내는 것이라 설명했다.

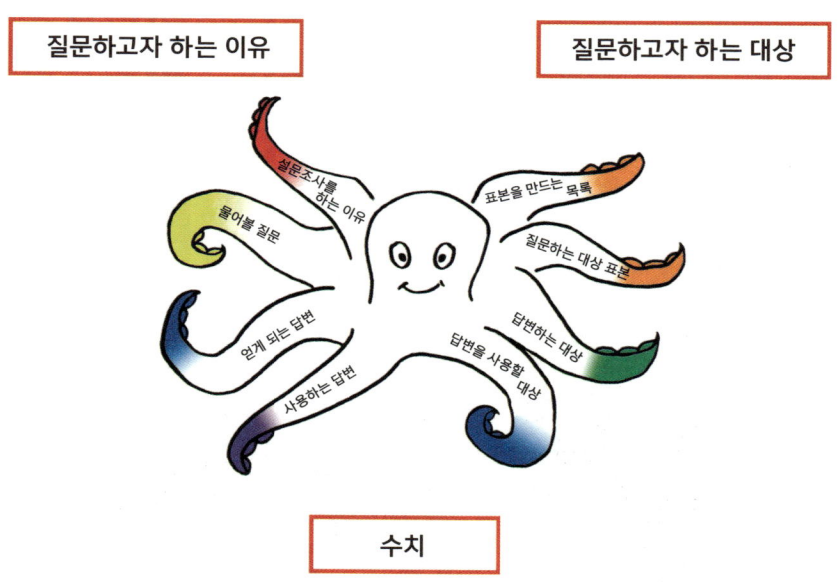

[그림 7.18] 설문조사 문어는 설문조사에서 선택하는 방법에 대한 촉수를 가지고 있다.

그 후 설문조사를 만들 때 선택에서 발생하는 다양한 오류에 대해 다루었다. 등장한 순서대로 오류들을 정리해보았다.

- 1장 '목표': '타당성 부족'은 물어보는 질문이 설문조사를 하는 이유와 질문하고자 하는 것과 일치하지 않을 때 발생한다.
- 2장 '표본': '범위오차'는 표집하는 목록이 질문을 하고자 하는 정의된 집단 외 사람들을 일부 포함하거나 정의된 집단 내 일부 사람을 제외할 때 발생한다. '표집오차'는 표집하는 목록의 모두가 아닌 일부 사람에게 질문하기로 할 때 발생한다. '무응답 오차'는 설문지에 답변하는 사람들이 설문지에 답변하지 않는 사람들과 달라 의사결정에 영향을 미칠 때 발생한다.
- 3장 '질문': '측정오차'는 답변의 실제 값과 수집하게 되는 답변의 차이를 의미한다. (4장 '설문지'에도 해당)
- 6장 '응답': '조정 오류'는 어떤 사람의 답변을 포함할지, 그 답변을 어떤 식으로 가중치를 둘지에 대해 결정하는 과정이 완벽하지 못할 때 발생한다.

이제 마지막 오류다. 총조사오차는 모든 개별 설문조사 오차의 결과다. [그림 7.19]를 통해 이 오차들을 설문조사 문어에 붙이면 어떤 모습일지 살펴보자.

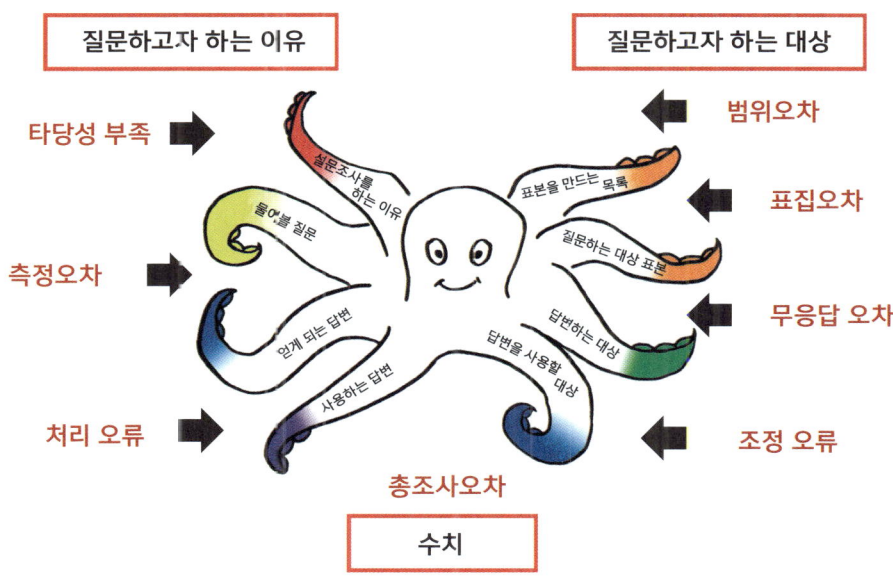

[그림 7.19] 모든 오류를 모아놓은 설문조사 문어

앞서 설문조사를 올바르게 수행하는 일은 결코 쉽지 않다고 이야기했다. 이제 설문조사 과정의 다양한 선택들이 총조사오차를 어떻게 최소화할 수 있는지 알게 되었을 것이다.

설문조사 문어는 오류가 서로 관련되어 있음을 보여준다. 그동안 표집오차를 줄이기 위해 대규모 표본에 많은 돈을 지출(하지만 측정오차를 줄여줄 인터뷰와 질문 테스트에는 돈을 아낀다)하는 사람들을 너무나도 많이 봐왔다. 당신은 그런 실수를 하지 않길 바란다. 지금까지 양질의 선택을 하기 위해 노력하여 총조사오차를 최소화하고 자신 있게 의사결정에 사용할 수 있는 수치를 얻었을 것이라 확신한다.

이 시점이면 알게 될 사실

이제 끝났다. 당신은 이제 모든 것을 알고 있다.

사실, 농담이다. 설문조사 과정에서 양질의 선택을 하면 총조사오차를 최소화할 수 있다는 사실을 깨달았을 것이다.

하나의 대규모 설문조사보다는 하나씩 할 때마다 교훈을 얻을 수 있고 더 개선될 수 있는 간단 설문조사를 자주 시행하길 바란다. 그래도 대규모 설문조사를 해야 한다면, 다양한 단계에서 계속해서 반복해야 한다. 즉, 현장 업무 전 인터뷰 2~3회, 몇 차례의 사용성 테스트, 그리고 탄탄한 시범 테스트를 하면 총조사오차를 최소한으로 줄이는 데 도움이 될 것이다.

설문조사 문어에 관해 이야기할 수 있는 세 가지 방법

설문조사 문어와 그와 관련된 모든 오차를 살펴보았다. 당신의 팀과 이해관계자들이 만화 같은 촉수를 좋아한다면 설문조사 문어로 즐거운 시간을 보내길 바란다.

동일한 용어를 사용하는 보다 공식적인 발표를 원한다면 [그림 7.20]을 참고하라. 완전히 학문적인 언어를 사용하고자 한다면(이해관계자들이 과학자이거나 당신이 참조를 좋아한다면) [그림 7.21]과 같은 다이어그램이 적합할 것이다. 설문조사 문어의 촉수와 각 상자를 비교하면 무슨 뜻인지 알 수 있다.

힌트
- 구성 개념은 설문조사 문어의 '질문하고자 하는 것'에 해당한다.
- 설문조사 통계는 내가 '수치'라 설명한 부분이다.
- 수학적으로 파고들 생각이 없다면 작은 이탤릭체는 무시해도 된다.

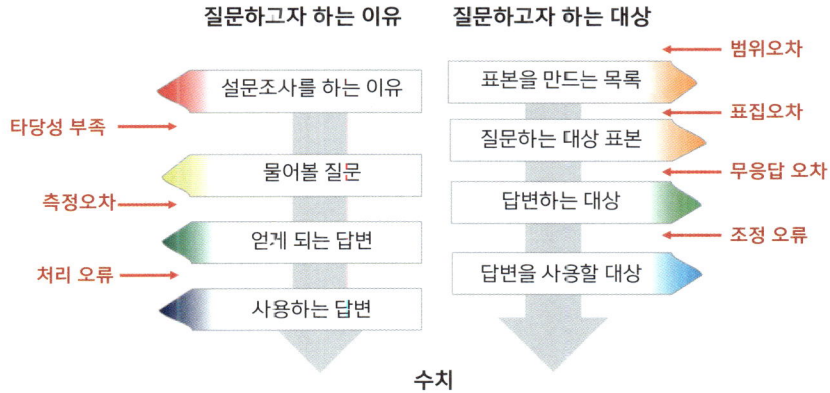

[그림 7.20] 설문조사 문어를 제외한 총조사오차

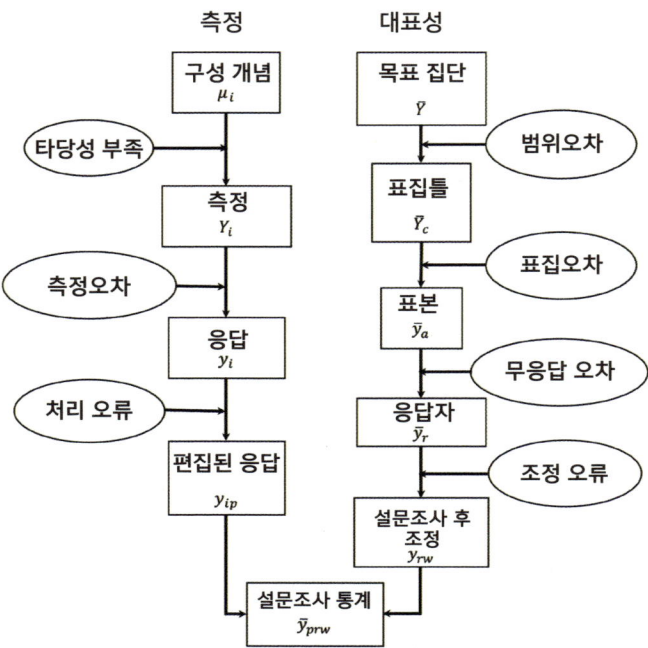

[그림 7.21] 총조사오차 다이어그램

8장.
최소한 이것만은 지켜라

마지막 8장에서는 설문조사에서 최소한 지켜야 할 것들에 관해 생각해볼 것이다. 스티브 크룩의 저서 《Rocket Surgery Made Easy》에 동일한 제목의 장이 있다. 크룩은 '최소한 지켜야 할 것들'에 대해 다음과 같이 이야기했다.

"사용성 문제를 어떻게 해결할지 결정할 때 항상 질문해야 할 것은 '우리가 관찰한 문제를 방지하기 위해 할 수 있는 가장 작고 간단한 변화는 무엇일까?'다."

어느 날 설문조사의 여러 가지 어려운 개념에 대해 생각하는데 갑자기 이런 물음이 머릿속에 떠올랐다.

'최소한 지켜야 할 것들은 무엇일까?'

크룩은 이 말을 빌려도 괜찮다고 했고, 나는 다음과 같이 변형하여 사용하고자 한다.

'각 장에서 가장 작고 간단한 부분을 가져와 좋은 결과를 만들 수 있을까?'

그리고 '작고 간단하다'라는 것은 설문조사 과정의 어느 지점에 와 있는지, 주어진 시간이 어느 정도인지에 달려 있음을 깨닫게 되었다. 따라서 설문조사 과정의 다양한 단계에서 1시간 안에 할 수 있는 몇 가지로 시작해보았다. 처음부터 시작하는 것이라면 하루 안에 간단 설문조사를 만드는 계획도 있고, 시간이 일주일 주어진 경우에 할 수 있는 것에 대한 제안도 있다.

7단계 설문조사 과정

설문조사 과정은 [그림 8.1]과 같이 7단계가 있다. 지금까지의 설명을 통해 각 단계가 서로 구분되는 것은 아님을 알았을 것이다. 설문조사 문어에서도 겹치는 문제가 있었다. 예를 들어, 처음에 목표에 관해 생각할 때 마지막에 내릴 의사결정에 대해서도 생각해야 한다.

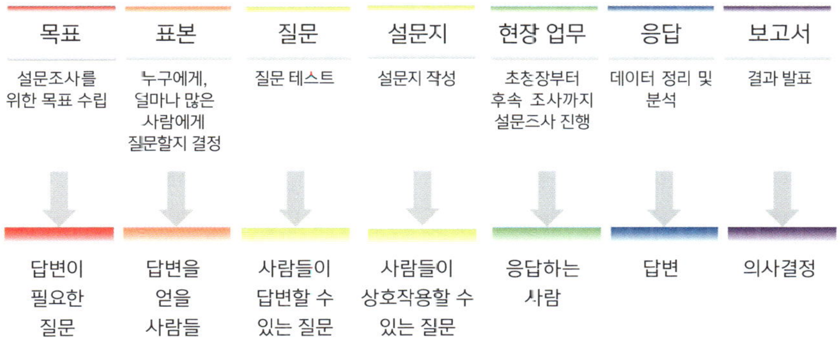

목표	표본	질문	설문지	현장 업무	응답	보고서
설문조사를 위한 목표 수립	누구에게, 얼마나 많은 사람에게 질문할지 결정	질문 테스트	설문지 작성	초청장부터 후속 조사까지 설문조사 진행	데이터 정리 및 분석	결과 발표
↓	↓	↓	↓	↓	↓	↓
답변이 필요한 질문	답변을 얻을 사람들	사람들이 답변할 수 있는 질문	사람들이 상호작용할 수 있는 질문	응답하는 사람	답변	의사결정

[그림 8.1] 7단계 설문조사 과정

1시간밖에 없을 경우 해야 할 일

안타까운 소식은 시간이 1시간밖에 없을 때는 7단계 설문조사 과정을 수행할 시간이 없다는 것이다. 이미 어느 정도는 진전이 되었기를 바란다. 1시간 동안 다음 사항 중 최소 한 가지를 시도해볼 것을 권고한다.

- **아직 최고핵심질문을 정의하지 않았다면:** 설문지를 검토하여 어떤 질문이 최고핵심질문 후보인지 확인하라. 설문조사를 기반으로 하여 어떤 결정을 내릴 계획인지 생각해보라. 의사결정과 설문조사 질문들 사이에 분명한 관계가 있는가? 이 시점에서 설문조사가 적절한 방법이 아님을 발견할 수도 있다. 그래도 괜찮다. 설문지 작성에 들어간 수고는 낭비가 아니다. 인터뷰를 하는 기반으로 사용할 수 있다.
- **아직 설문지를 작성하지 않았다면:** 정의된 집단 사람들을 대상으로 다루고자 하는 주제에 대해 몇 차례 인터뷰를 진행하라. 1시간 중 20분 동안 준비하고 각 인터뷰에 20분을 사용하라. 사람들이 그 주제를 어떻게 생각하는지 많이 배우게 될 것이며 질문 작성이 훨씬 쉬워질 것이다.
- **설문지가 있다면:** 테스트하라! 정의된 집단 사람들 중 2~3명을 골라 설문지에 답변하게 하라. 질문에 대한 별도의 인지 인터뷰와 그 후 설문지에 대한 별

도 사용성 테스트를 할 시간이 없다면 이 두 가지를 합쳐 사용성 테스트 중 사람들에게 '소리 내어 생각'하도록 요청할 수 있다. 만약 정의된 집단 사람을 아무도 찾을 수 없다면 어떻게 해야 할까? 사용성 테스트를 위한 설문지 작성에 참여하지 않은 사람에게 요청하면 어느 정도 가치 있는 정보를 얻을 수 있다. 정의된 집단 사람에게 요청하는 것만큼 좋지는 않지만, 그래도 최소한 독립적인 피드백을 얻을 수 있을 것이다.

- **응답이 있고 이를 처리해야 한다면:** 응답 중 100개 이하로 무작위 표본을 준비하라. 1시간 안에 최대한 표본을 정리하고, 코딩하고, 생각하라. 이제 전체 데이터세트에 대해 어느 정도 시간이 걸릴지 예측이 될 테니 그런 수고가 필요한지 여부를 결정할 수 있고, 필요한 의사결정을 내릴 수도 있다.
- **응답을 처리했다면:** 당신 또는 이해관계자들이 내리고자 하는 의사결정을 다시 한 번 확인하라. 이제 결정을 내릴 만큼 응답에서 충분한 정보를 얻었는가? 처음에 추구했던 의사결정이 보고서에 확실히 포함되어 있는가?

하루가 주어진 경우 해야 할 일

[표 8.1]처럼 하루 안에 설문조사를 할 수도 있다. 다른 사람들과 협업해야 한다면 이해관계자들의 지원을 얻거나 다른 사람들에게 도움을 요청해 함께 일하며 일정에 따라 시간을 분배하라.

[표 8.1] 하루 안에 설문조사를 할 경우의 스케줄

	스케줄
오전 9시	목표 및 표본 • 최고핵심질문을 결정하라. • 집단을 정의하고 대표성 질문을 결정하라.
오전 10시	설문지 • 초청장 및 감사 페이지 작성을 포함하여 설문지를 작성하라. • 누군가에게 간단한 사용성 테스트를 하라. '소리 내어 생각'하게 하여 동시에 인지 인터뷰를 진행하라.
오전 11시	현장 업구 1부 • 시범 테스트를 진행하라. 10명에게 초청장을 보내고 오후 1시까지 응답할 것을 요청하라.
정오	점심
오후 1시	현장 업구 2부 • 시범 테스트를 기반으로 설문지를 반복하라. • 보다 큰 표본에 설문지를 보내고 오후 3시까지 응답할 것을 요청하라.
오후 2시	응답 1부 • 일부 응답이 올 것이다. 데이터 정리를 시작하라.
오후 3시	응답 2부 • 어떤 기술 통계를 사용할지 결정하라. • 모든 열린 박스 응답을 읽고 답변에 따라 정리하라.
오후 4시	보고서 • 전달하고자 하는 보고서를 작성하라.

보다 나은 결과를 원한다면 이틀에 걸쳐 일을 나누어 첫날 아침에 보다 큰 표본에게 설문지를 보내고 그 다음날 오후 데이터 정리 및 분석을 다시 시작할 수 있다. 그렇게 하면 정의된 집단 사람들이 하루 동안 답변할 시간이 있고 그들의 다양한 직업과 생활 패턴을 더 존중해줄 수 있다.

일주일이 주어진 경우 해야 할 일

너무 압박이 느껴지는 스케줄이었는가? [표 8.2]는 일주일 안에 설문조사를 할 때의 일정이다. 참고하기 바란다. 일주일 동안의 일정을 타이트하게 만들어라. 하지만 좀 더 여유를 가질 수도 있고, 5개의 질문과 한두 개의 대표 질문을 해볼 수도 있다. 너무 빡빡한 한 주라는 생각이 드는가? 그 생각이 맞다. 노력의 양 측면에서 내가 설문조사 작업을 할 때 자주 수행하는 작업에 가깝다. 하지만 나는 보통 3주에 걸쳐 작업 목표를 잡고 다음과 같이 휴식 시간을 보낸다.

- 월요일과 화요일 아침: 표와 같다. 하지만 시범 테스트 사람들에게 답변할 시간을 일주일 준다.
- 일주일 후 화요일 오후부터 수요일 오후: 표와 같다. 하지만 주요 표본 사람들에게 답변할 시간을 일주일 준다.
- 또 일주일 후 목요일과 금요일: 표와 같다.

이 계획에 조정이 필요하다면 시범 연구를 제외하지 말라. 시범 연구를 하고 현장 업무를 줄이는 것이 시범 연구를 건너뛰고 현장 업무를 엉망으로 할 위험을 감수하는 것보다 훨씬 낫다.

[표 8.2] 일주일 안에 설문조사를 할 경우의 일정

	오전	오후
월요일	목표 및 표본 • 설문조사의 목표를 설정하라. • 최고 핵심질문을 결정하라. • 집단을 정의하고 대표성 질문을 결정하라. • 표집 방법을 결정하라.	질문 및 설문지 • 질문을 작성하라. • 초청장과 감사 페이지를 포함하여 설문지를 작성하라. • 누군가에게 간단한 사용성 테스트를 하라. '소리 내어 생각'하게 하여 동시에 인지 인터뷰를 진행하라. • 목록에서 사람들을 추리고 있다면 목록의 질을 확인하라.
화요일	현장 업무 1부 • 시범 연구를 수행하라. 정오까지 설문지를 준비하고 화요일 안에 답변을 요청하라.	응답 • 일부 응답이 올 것이다. 데이터 정리를 시작하라. • 시범 연구를 기반으로 어떻게 변경하고자 하는지 생각하라.
수요일	반복 • 시범 연구의 응답을 검토하라. • 설문지를 반복하고 다시 테스트하라.	현장 업무 2부 • 보다 큰 표본에 설문지를 보내고 목요일 저녁까지 응답을 받아라.
목요일	응답 • 현장더서 설문지와 관련하여 문제가 있는지 여부를 확인하기 위해 응답을 확인하라.	응답 • 일부 응답이 올 것이다. 데이터 정리를 시작하라. • 어떤 기술 통계를 사용할지 결정하라. • 모든 열린 박스 응답을 읽고 답변에 따라 정리하라.
금요일	응답 • 응답 처리를 완료하라.	보고서 • 전달하고자 하는 보고서를 작성하라.

설문조사 체크리스트

자, 아래 질문에 답할 수 있다면 다음 단계로 넘어갈 준비가 된 것이다.

목표(1장)

체크리스트 질문	준비 완료 상태
누구에게 질문하고자 하는가?	집단에 대한 명확한 정의가 있고 집단에 누가 속하고 누가 속하지 않는지 정확히 알고 있다.
왜 그 사람들에게 질문하고자 하는가?	하나의 최고핵심질문이 있다.
어떤 결정을 내릴 것인가?	최고핵심질문 답변의 점수를 측정하고 카운트하는 방법에 합의했으며 발표 초안 또는 다른 결과 공유 방법이 있다.

표본(2장)

체크리스트 질문	준비 완료 상태
표본을 어떻게 찾았는가?	· '목록에서 추리기' 방법을 선택했다면 목록이 있고 목록의 질도 조사했다. · '정해진 순간에 사람들 포착하기' 방법을 선택했다면 어떻게 사람들을 포착할지 생각했고 시범 연구에서 그 아이디어를 테스트할 준비가 되었다. · '눈덩이 굴리기' 방법을 선택했다면 눈덩이를 굴리기 시작할 방법을 결정했다.
몇 명의 사람이 응답해야 하는가?	목표로 하는 응답 수에 합의했다.
예상하는 응답률은 어떻게 되는가?	이전의 유사한 설문조사 또는 지금 설문조사의 시범 테스트로 예상 응답률을 계산했다.
대표성 질문을 결정했는가?	설문조사 주제에 대한 적절한 수의 질문이 있으며 이를 통해 이미 가지고 있는 정의된 집단 사람들에 대한 기타 데이터와 설문조사 결과를 비교할 수 있다.
주목할 만한 문제를 알고 있는가?	정의된 집단 사람들을 대상으로 인터뷰를 완료했고 문제를 정의했으며 다른 유형 연구 결과로 이상적으로 삼각법을 적용했다.

질문(3장)

체크리스트 질문	준비 완료 상태
질문에서 익숙한 단어를 익숙한 방법으로 사용하고 있는가?	• 정의된 집단 사람들을 대상으로 인지 인터뷰를 완료했다. • 인지 인터뷰에서 발견한 사항을 기반으로 설문지를 반복했다. • 인지 인터뷰를 다시 진행하고 문제가 해결되었는지 확인했다. (질문 작성은 어렵다. 완전히 완료되지 않은 느낌이 드는 경우도 있지만 가용한 시간 안에 감당할 수 있는 모든 반복을 수행했다.)
사람들이 질문에 대한 답변을 가지고 있는가?	
사람들이 답변을 공개하는 것을 편하게 느끼는가?	

설문지(4장)

체크리스트 질문	준비 완료 상태
개인정보 정착을 정리했는가?	• 기존 개인정보 정책을 확인하여 PIA를 작성했으며 모든 문제를 고려하고 해결했다. • 개정된 개인정보 공고를 발표했거나 준비된 상태다.
방법과 설문지 도구를 선택했는가?	설문지 초안을 작성했다.
설문지가 초청장에서 감사 페이지까지 제대로 작동하는가?(전자·설문지만 해당)	설문지를 작성하지 않은 최소 1명이 여러 가지 브라우저와 전형적인 보조공학으로 설문지를 테스트했다.
정의된 집단 사람들이 당신의 설문지를 사용할 수 있는가?	최소 3명을 대상으로 사용성 테스트를 완료했고 그에 따라 설문지를 수정했으며 다른 사람을 대상으로 다시 사용성 테스트를 진행했다.

현장 업무(5장)

체크리스트 질문	준비 완료 상태
후속 조사를 제공할지 여부를 결정했는가?	접근 방식을 결정했으며 PIA와 교차 확인했다.
시범 테스트를 수행했는가?	• 처음부터 끝까지 수행했다. • 응답을 분석했다. • 발표 초안 또는 결과를 전달할 다른 방식을 정리했다. • 설문지에 적절한 변경 사항을 적용했는지 확인했다. 목표와 표집 방법에 대한 변경 사항 또한 고려했으며 적절히 변경했다.

응답(6장)

체크리스트 질문	준비 완료 상태
데이터를 백업하고 조사 기록을 성성했는가?	설문조사의 모든 세부 사항이 완료되기 전까지는 절대 끝날 수 없는 부분이다. 아직 시작 하지 않았다면 당장 시작해야 한다. 데이터세트에 변경 사항을 적용할 때 매일 백업을 하고 조사 기록을 업데이트해야 한다.
개인정보 삭제 및 범위 확인과 같은 기본적인 데이터 정리를 했는가?	모든 후속 절차를 담당자에게 위임했으며 적절한 개인정보가 삭제되었다.
제외해야 할 응답이 있었는가? 이유는 무엇인가?	모든 제외 사항은 조사 기록에 문서화되어 있음을 알고 있다.
가중치를 사용하기로 선택했는가? 이유는 무엇인가?	가중치를 사용한다면 조사 기록에 가중치가 적용되어 있고 무엇을 수행했는지에 대한 세부 사항이 나와 있다.
응답이 대표성이 있는지 확인했는가?	대표성 질문에 대한 답변을 확인했고 예상 결과와 비슷하다.
모든 열린 답변에 적절한 주의를 기울였는가?	모든 답변을 읽고 생각해보았다. 그 후 목표에 따라 다음 사항을 수행하기로 결정했을 수 있다. · 조치를 취할 수 있는 사람에게 답변을 보낸다. · 답변을 다듬고 그룹으로 묶어 수치 분석에 적절하게 만든다. · 답변의 하나 이상 측면을 카테고리로 코딩한다. · 상기 내용을 종합으로 수행하거나 다른 것을 수행한다.
놀랍거나 예상치 못한 것을 발견했는가?	어떤 유형의 연구든 연구를 수행하는 이유 중 하나는 알지 못했던 부분을 배우기 위함이다. 보통 놀랍거나 예상치 못한 일이 발생한다. 이를 발견하면 응답을 충분히 살펴봤음을 알게 될 것이다.

보고서(7장)

체크리스트 질문	준비 완료 상태
목표와 비교하여 무엇을 발견했는가?	응답을 통해 무엇을 알게 되었는지, 무엇을 알고자 했는지를 생각했으며 알고자 했던 것 중 알게 된 부분을 결정했다.
기술 통계를 사용했는가?	수치 방법을 선택해 보고서에 일부 수치가 있으며, 보고서를 읽는 사람들이 수치를 비교하고 사용하도록 돕기 위해 일부 기술 통계를 사용했다.
결과를 어떻게 전달했는가?	관심사가 다른 이해관계자 집단이 있기 때문에 적절한 보고 방법을 선택했으며, 보고서를 받은 사람들이 해당 방법이 정확하고 유용하다고 생각했는지 확인했다.
삼각법을 사용했는가?	이미 가지고 있는 기타 데이터와 해당 설문조사에서 알게 된 사실을 비교하고, 무언가를 추가 혹은 변경할지 결정했다.

결국은 '반복'이다

우리는 함께 긴 과정을 거치며 많은 기술적 개념을 다루었다. 일부는 익숙해졌기를 바란다. 설문조사 방법론과 통계의 세계로 뛰어들고 싶은 마음이 들었을지도 모르겠다. 정말 놀라운 세계이며 철저히 업무하는, 마음 넓은 사람들이 가득한 분야다. 한편으로는 **빠르면서도 유용한 소규모 간단 설문조사**를 여러 차례 하고자 하는 동기가 생겼기를 바란다.

어느 쪽이든 반복을 하게 될 것이다. 무엇인가를 시도하고, 그것이 통하는지 성찰해보고, 더 잘 작용하는지 확인하기 위해 변형을 시도해보는 것이다.

그동안 나도 반복할 것이다. 나의 블로그(Effortmark.co.uk)에서 함께해주길 바란다. 코멘트나 질문을 작성해 보내주어도 좋다.

무엇보다, 즐겁게 하기를 바란다.

감사의 말

2010년 계약서에 서명한 후 이 책을 세상에 내놓기까지 10년이 넘는 시간이 걸렸다. 그 오랜 시간 동안 지지해주고 기다려준 로젠펠드 미디어의 모든 분들께 감사의 마음을 전하고 싶다. 특히 루 로젠펠드Lou Rosenfeld와 마타 저스타크Marta Justak에게 감사드린다.

그런데 이 책의 집필은 왜 이렇게 오래 걸렸을까? 몇 가지 이유가 있다. 첫째, 계약서에 서명했을 때 생각했던 것만큼 설문조사에 대해 아는 것이 많지 않았다. 양식 전문가로서 작업을 통해 사람들이 질문에 어떻게 답변하는지에 대해서는 많이 배웠으나 표집이나 현장 업무처럼 설문조사의 다른 측면과 사용자 경험 전문가들이 자신들의 작업에 설문조사를 어떻게 사용하는지에 대해서는 훨씬 많은 것을 알아야 했다.

나는 수년간 여러 나라에서 인터뷰와 워크숍을 진행했다. 나의 인터뷰에 참여해준 모든 분들과 다양한 워크숍에 방문해준 사용자 경험 전문가, 시장조사자, 설문조사 방법론 학자 분들께 감사드린다. 나의 자매 앤 터너Ann Turner에게도 고마움을 전하고 싶다. 그녀는 답변으로 무엇을 할지 알기까지 질문을 하지 않는 것의 중요성을 내게 잘 설명해주었다.

둘째, 나는 설문조사뿐 아니라 설문조사 방법론에 대해서도 배워야 한다는 사실을 깨달았다. 그에 대해 배울 수 있도록 2000년대 후반에 나를 고용해준 칸타 오퍼레이션즈Kantar Operations의 알렉스 존슨Alex Johnson에게 감사드린다. 우리 팀의 일원이었던 시장조사자이자 설문조사 방법론 학자 조 다울링Zoe Dowling은 나에게 큰 영감을 주었을 뿐만 아니라 이 책의 검토자가 되어주었다. 그에게 진심

감사의 말 **341**

으로 감사드린다. 지난 몇 년간 인터넷 설문조사 방법론 워크숍에 참석해 믹 쿠퍼Mick Couper, 게르 스나이커스Ger Snijkers, 프레드 콘래드Fred Conrad, 바샤 베호바르 Vasja Vehovar와 같은 주요 전문가들로부터 배움을 얻을 수 있었다. 초보자의 질문을 인내심 있게 들어주고 답변해준 모든 분들께 감사드린다.

셋째, 통계의 문제가 있었다. 설문조사는 정량적 방식이고, 나는 2010년에 통계 과정을 시작했다. 그리고 찾을 수 있는 초보자용 통계 책을 모두 읽었다. 그 중 도움이 된 것이 있었는지는 잘 모르겠다. 통계적인 관점에서 이 책을 기술적으로 검토해준 제임스 루이스James Lewis에게 감사하다고 말하고 싶다.

2013년은 힘든 시기였다. 도움이 필요하다는 사실을 깨달은 나는 제인 매튜스Jane Matthews에게 연락했고, 그녀는 나의 인생 코치가 되어주었다. 우리는 다양한 방식으로 협업했다. 그녀는 나와 함께 사람들에게 설문조사 과정을 가르쳤으며 수많은 시간 동안 이 책에 모두 언급할 수 없을 정도로 많은 일을 도와주었다. 그녀가 없었다면 이 책은 분명 세상의 빛을 보지 못했을 것이다. 정말 감사하다.

2015년 초, 나는 이 책에 통일된 개념이 필요하다는 것을 알게 되었다. 그것은 바로 총조사오차다. 그해 가을 볼티모어의 총조사오차 컨퍼런스에 초청되었고, 그때 설문조사 문어가 처음 공개되었다. 그곳에서 UX 전문가이자 이 책의 검토자 휘트니 퀘센베리Whitney Quesenbery, 여러 초안을 학생들과 인내심 있게 테스트한 캐서린 서머즈Kathryn Summers, 수년간 여러 초안을 검토해주고 강력한 지지자가 되어준 제니스 지니 레디시를 만날 수 있었다. 이들의 지지와 격려는 정말 소중했다.

2016년이 되자 구조와 통합된 개념을 갖게 되었고, 나의 책장은 참고 문헌과 논문 수집본으로 가득 찼다. 마침내 지속적인 진전을 이루고 있었다. 2017년에는 끝날 것이라 생각했다.

그러나 2017년 2월, 급성 골수성 백혈병과 자궁내막암으로 병원에 입원하게 되었다. 훌륭한 NHS, 그리고 내가 회복할 수 있도록 도와준 여러 사람들, 새로운 면역계가 필요했던 나에게 줄기세포를 내어준 나의 형제 마틴 생키Martin Sankey에게 어떻게 감사를 전해야 할지 모르겠다. 다행히도 회복은 했지만 2018

년에 양측성 폐렴으로 다시 입원하게 되었다. 또다시 NHS에서 나를 회복시켜주었으나 이 저술은 잠시 미뤄두어야 했다.

그러다 2019년부터 다시 조금씩 작업을 시작할 수 있었다. 그때부터는 비교적 빠르고 쉬웠다. 그해 9월, 대부분의 내용을 정리할 수 있을 정도로 몸이 충분히 회복되었다. 특히 '표본' 부분에 도움을 준 나인타라 랜드Naintara Land와 검토자 에이미 후프Amy Hup, 테스트를 진행해준 윌 미들턴Will Myddleton에게 감사드린다.

2020년, 마침내 리커트 척도와 통계적 유의성에 관한 내용을 정리했다. 오랜 시간 단어 하나하나를 살펴봐준 스티브 크룩에게 감사드린다. 그의 도움 덕분에 이 책의 내용이 훨씬 더 알차졌다. 원고를 상세하게 검토해준 사용자 연구자이자 설문조사 방법론 학자 진 폭스Jean Fox에게도 고맙다는 말을 전한다.

무엇보다 나의 남편 말콤Malcolm에게 감사의 인사를 하고 싶다. 남편에게 그가 기여한 부분이 무엇이라고 생각하는지 묻자 '설거지'라고 답했다.

지난 수년 동안 이 책에 어떤 식으로든 기여해준 분들이 너무나도 많다. 모든 분들의 수고에도 불구하고 오류나 누락된 부분이 있다면 전적으로 내 책임이다. 이 책이 부디 많은 사람에게 유용하게 쓰이길 진심으로 기도한다.

UX/UI 디자인을 위한 설문조사
세상에서 가장 쉬운 유저 리서치

발행일 2024년 7월 29일
발행처 유엑스리뷰
발행인 현호영
지은이 캐롤라인 자렛
옮긴이 김주희
디자인 강지연
주　　소 서울특별시 마포구 백범로 35, 서강대학교 곤자가홀 1층
팩　　스 070.8224.4322

ISBN 979-11-93217-49-8

Surveys That Work
by Caroline Jarrett

Copyright © 2021 Caroline Jarrett
Korean translation rights © 2024 UX REVIEW
Korean translation rights are arranged with
Rosenfeld Media, LLC through AMO Agency Korea
All rights reserved

이 책의 한국어판 저작권은 AMO 에이전시를 통해 저작권자와 독점 계약한 유엑스리뷰에 있습니다. 저작권법에 의해 한국 내에서 보호를 받는 저작물이므로 무단 전재와 무단 복제를 금합니다.

좋은 아이디어와 제안이 있으시면 출판을 통해 가치를 나누시길 바랍니다.
투고 및 제안 : uxreview@doowonart.com